# 공동 목적의 힘

Published by Jossey-Bass, A Wiley Imprint



이 도서의 국립중앙도서관 출판시도서목록(CIP)은 e-CIP홈페이지(http://www.nl.go.kr/ecip)와
국가자료공동목록시스템(http://www.nl.go.kr/kolisnet)에서 이용하실 수 있습니다.(CIP제어번호: CIP2011004449)

# 공동 목적의 힘

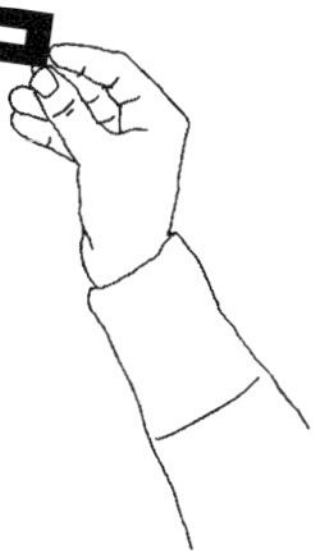

조엘 커츠먼 지음 | 신순미 옮김

리드리드출판

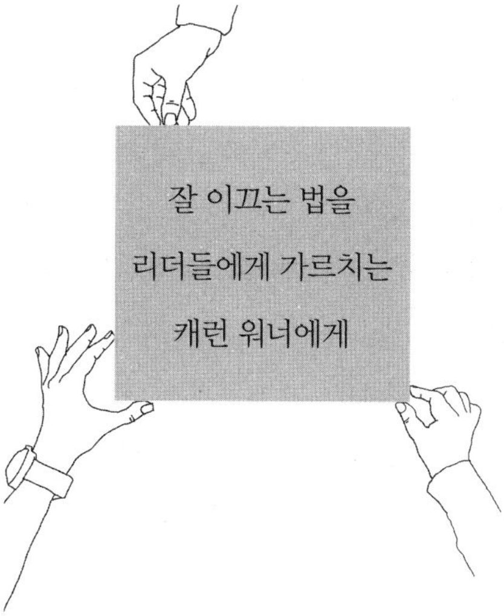
잘 이끄는 법을
리더들에게 가르치는
캐런 워너에게

커츠먼은 아주 중요하면서 의미 있고, 아주 긴요하면서 긴급한 문제들을 바탕으로 불타는 듯이 명료하게 글을 쓴다. …… 이 책은 21세기 조직을 위한 성공의 밑그림이 되어 줄 것이다. 커츠먼은 중요한 점 한 가지를 줄기차게 일깨운다. 이렇게 유별나게 격동적이고 불확실한 시대, 모든 조직이 조각나 응집력을 잃기 더 쉬운 시대에는 종전과 다른 새로운 조직의 내용과 형식을 상상하기 위해 우리가 다 같이 용기를 내어 개방적이 되어야 한다는 것이다. 나는 이 책에 굉장히 감동했는데, '나'라는 날짜가 찍힌 구닥다리 디스토피아가 여전히 지배하는 세상에서 '우리'를 회복하는 길을 덮고 있는 어둠에 빛을 비춰 주는 책을 만났기 때문이다.

**: 워렌 베니스, 서던캘리포니아대학 경영학 교수**

'그들'은 없고 '우리'가 있을 뿐이라는 커츠먼의 통찰은 기업, 스포츠 팀, 오케스트라, 연구소, 대학을 포함한 모든 조직에 유효하다. 정치 지도자들에게도 가치 있는 메시지다.

**: 마이클 밀켄, 밀켄연구소 회장**

리더십은 이제 서열 문제가 아니다. 리더십은 일단 사람들이 스스로 옳은 일을 하게 만든 다음 자꾸만 그런 일을 하게 만드는 것이다. 어떻게 그렇게 할까? 명령하는 것은 그 방법이 아니다. 조엘 커츠먼은 공동 목적의식을 수립하는 것이 그 방법이라고 말한다. 그리고 증명한다. 이 책은 내일의 리더들을 위한 리더십 설계도다.

**: 마이크 에브라소프, 《네 자신속의 또다른 너를 깨워라*It's Your Ship*》의 저자**

이 책은 개인과 기업의 이해관계를 일치시키고, 부하들의 재능과 아이디어에 힘을 실어 주고, 솔직하게 대화하고 열심히 듣고, 우리의 미래가 달린 젊은 세대에게 자긍심을 불어넣음으로써 기업의 잠재력을 최대한 이끌어 내기 위한, 통찰력 있고 유익한 길잡이다. 변화를 예상하고 성장을 지속함으로써 앞서 가는 기업으로 여러분의 기업을 이끌 방법을 찾고 있다면 이 책을 읽어라.

**: 라파엘 패스터, 비스티지인터내셔널 이사회 의장 겸 CEO**

조직들이 더 수평적으로 변하고 있기 때문에 리더십에 대한 우리의 생각도 변해야 한다. 이 책에서 커츠먼은 가치관이 과거 어느 때보다 더 중요하다는 점과 모든 직급에서 누구나 리더가 되도록 격려해야 한다는 점을 지적한다.

**: 개리 버니슨, 콘페리인터내셔널 사장 겸 CEO**

# 추천사

1990년대 말부터 조직 분야에서 중요한 변화가 속속 일어났다. 사실 조직 분야에서 그렇게 빠르고 의미심장한 변화가 일어나는 걸 지켜보기는 산업혁명 이후 처음이었다. 세계화와 기술 발전이 우리 사회에 끼친 영향에서 비롯된 이러한 변화는 21세기에 접어들면서 점점 더 분명해지고 있다.

21세기가 펼쳐지면서 새로운 현실이 더욱 뚜렷해지고 있다. 다국적 거대조직들이 등장하고, 인수와 합병으로 조직들이 통합되는가 하면, 그와 동시에 중소기업들이 번창하고 있다. 리더십의 새로운 모델들이 꽃을 피우고, 일부는 유례없는 성공을 거두었다. 예를 들어 팀 체제로 일을 더 잘하는 데 초점을 맞추고, 손님들을 가장 가까이에서 상대하는 실무자들이 중요한 결정을 내리도록 이들의 권한을 강화하는 모델들이 큰 성과를 낳았다.

그러나 어떤 리더십 모델이 어떤 특정 조직이나 산업, 팀에 효과가 있을지는 아무도 모른다. 고객과 기술과 운영 분야가 워낙 다양하다 보니 기업들은 정확한 업무 설명서와 안내서를 더는 제작할 수 없게 되었다. 세상은 너무나 크고 너무나 변화무쌍하고 너무나 다양하다. 따라서 리더와 폴로어가 스스로 올바른 결정을 내려야 한다. 그들이야말로 조직의 사명과 가치관, 전략, 브랜드를 내면화해 온 사람들이기 때문이다.

이를 아는 기업들은 조직을 구성하는 개인에게 신경 쓰는 것 못지않게 조직의 문화를 발전시키는 데에도 신경 쓰는 리더를 고용한다. 이러한 기업들은 공동 목적(조직 내부에 대의를 확립해 구성원들이 무엇을 왜 해야 하는지 알고, 또 조직이 무엇을 지향하는지 이해하게 함)을 중시하고 공동 목적의 편에 서는 리더를 고용한다.

이 책에서 조엘 커츠먼은 자신이 여러 해에 걸쳐 진행한 연구, 직접 관찰, 인터뷰, 그리고 리더들과 교류한 결과를 한 가지 중요한 개념으로 걸러 낸다. 좋은 리더십의 핵심이기도 한 그 개념은 바로 뛰어난 리더는 자신의 그룹이나 팀, 조직의 구성원들 사이에 '우리'라는 정서를 형성한다는 것이다. 뛰어난 리더들이 이렇게 하는 이유는 조직 구성원들이 일련의 공동 목표를 중심으로 동조해서 어떠한 환경이나 경쟁상대를 만나도 거뜬히 이겨 내도록 하기 위해서다.

리더와 리더십 측면에서 공동 목적에 이르는 길은 쉬운 길이 아니다. 이 책은 그 쉽지 않은 여정을 계속하면서 성공에 이르기 위한 길잡이를 제공한다.

산다는 건 좋은 것이다.

마셜 골드스미스

마셜 골드스미스는 《일 잘하는 당신이 성공을 못하는 20가지 비밀 *What Got You Here Won't Get You There*》과 《모조*Mojo*》를 비롯해 많은 책을 쓴 베스트셀러 작가다.

차례

추천사 8

머리글 **리더 혼자 하는 것이 아니다**

리더를 거부하다 19 | 리더 대 리더십 22

상벌보다 강력한 리더십 방식 24 | 공동 목적에 담긴 뜻 26

거창한 목표일 필요는 없다 29

1장

**계층구조에 마침표를 찍어라**

세상을 리더와 폴로어로 나눌 것인가 34

내가 더 잘 안다고 생각해서 실패했다 35

수평성은 발로반? 37 | 기회를 놓친다는 것 38

문제는 리더십이야! 42 | 인정 욕구를 인정하라 44

2장

**지금은 새로운 고용 법칙의 시대**

직원들은 CEO 불신, CEO는 직원 불신 50

조직은 완성된 작품이 아니다 62

충성심 대신 상호 이익 64 | 100세 기업에 있는 것 65

개인에게 권한을! 67 | 공헌자와 훼방꾼 대하는 법 70

3장
## 모든 직급에 리더가 필요하다
직급별 리더십의 내용 76 | 각본 없는 군대 79
리더의 의사결정 기준 81 | 공동 목적 조직의 출발점은 CEO 85

4장
## 조직의 비전, 사명, 가치관 내면화하기
175세 공동 목적 조직 92 | 창업주의 비전 그대로 94
하드파워 말고 소프트파워 98 | 우리 조직의 세계관은 무엇인가 101

5장
## 최고의 리더는 자신을 팀원으로 여긴다
리더의 행동을 모방하는 사람들 108 | 사례연구: FM글로벌 114

6장
## 공동 목적을 잘 가꾸는 비결
이직률이 낮은 팀은 새로움이 없다? 122
리더들을 어떻게 지키지? 125 | 비슷한 정신지도를 가진 경영진 127
벤치 리더를 존중하라 133 | 공동 목적 조직의 작동 방식 135
팀원들한테서 최상의 기량을 이끌어 내라 139 | CEO의 접근성 143
독이 되는 CEO 144 | 학습하는 문화 146

7장

## 리더십 문화를 어떻게 조성할까

관계망 구축 능력이 개인의 성패를 가른다 156

리더의 메시지 전달법 162

8장

## 우리는 모두 한배를 탔다

경쟁자에게 집착하는 건 금물 170 | 먹고 먹히는 세상? 172

우리 대 그들 그리고 잘못된 보상 175 | 진정한 경쟁 177

경쟁자를 대할 때는 90도 각도에서 178 | 사소한 것이 중요하다 180

기능이 아니라 경험을 판다 182 | 긍정적 정서가 변화를 낳는다 185

노사끼리 우리 대 그들 190 | 최우수 영업사원을 해고하는 사연 193

9장

## 긍정적으로 이끌어라

위기에 대응하는 리더의 지세 196 | 함께 생각하라 197

나보다 우리 204 | 접착제와 풀 207 | 불일치와 스트레스 208

10장

## 리더십은 멘탈 게임이다

리더십을 이용해 지식을 전수하라 216

리더십과 학습의 결합 218 | 무분별한 폴로어십 조심 221

폴로어십보다 협력, 협력보다 동조 226 | 리더의 세 가지 유형 228

내게 맞는 리더 역할 234 | 새로운 리더십 기술을 익히자 237

11장
**다른 세대, 다른 가치관, 다른 리더십**
최신 세대 이해하기, 하나 240 | 최신 세대 이해하기, 둘 243
일과 사생활 248

12장
**부드러운 리더십이 좋다**
누가 더 중요한 리더인가 252 | 친절한 리더가 살아남는다 257
가슴으로 이끌기 263

13장
**아이디어가 중요하다**
모든 리더십은 생각의 리더십 266
유명 콘퍼런스를 제대로 활용하라 269
아이디어의 중요성을 교육하는 방법 270
혁신은 개인과 팀의 합작품 274 | 다르게 생각하라 278
공부하는 리더여야 한다 283

맺는 글 **리더십의 미래**
우리에게 필요한 사람은 누구? 286 | 공동 목적 리더가 돼라 288

리더십 도서 목록 290

머리글

# 리더 혼자 하는 것이 아니다

제2차 세계 대전이 끝난 이후 리더십을 주제로 한 수만 가지 책과 논문, 연구, 이론이 생겨났고 해마다 수천 가지가 추가로 쏟아져 나오고 있다. 사람들은 이 주제에 매료돼서 어떻게 하면 더 나은 리더가 될 수 있는지, 혹은 리더의 위치에 오를 수 있는지를 알아내고 싶어 한다. 여러 저술가와 연구자가 기업, 정치, 종교, 지역사회 같은 다양한 관점에서뿐 아니라 심리학, 경제학, 사회학 같은 학문 분야에서도 리더십이라는 주제에 접근해 왔다. 그들은 영장류의 행동, 고래와 돌고래 떼, 재소자, 세계의 다우림과 대초원에 사는 토착부족, 최고경영자CEO, 정치인, 스포츠계 인물들을 연구했다.

그러나 이렇게 많은 연구를 했는데도 리더십이란 무엇이고, 리더들은 어떻게 발전하고, 또 (아마 가장 중요한 점일 텐데) 어떻게 해야 더 유능한 리더가 되는지에 대한 일치된 의견은 여태껏 나오지 않았다. 조직에서 승진하는 방법에 대해서는 "전부 운과 처세술이다" 하는 의견에서부터 "오직 노력과 준비뿐이다" "조직 안에서 자신을 알려야 한다" "공을 다투는 데 신경 쓰지 않고 제 할 일을 다하면 승진은 얼마든지 할 수 있다"는 의견까지 다양하다. 어떤 사람들은 팀의 힘과 팀 구축, 그리고 자신에게 맞는 팀 찾기의 중요성을 꼽기도 한다. 그런가 하면 스스로 몇 가지 가치 있는 과제를 선택해 거기서 출중함을 보여야 한다고 말하는 사람도 있다. 그러다 보니 리더십이라는 수수께끼를 풀어 줄 실마리를 찾으려는 욕구는 채워질 줄을 모른다.

내가 여러 해 동안 수행한 연구, 수백 차례의 인터뷰, 직접 관찰, 그리고 리더들과 교류한 결과물인 이 책은 리더십 문제에 대한 답을 하나 제시한다. 하지만 내가 생각하기에 이 책은 이미 발표된 많은 리더십 책이나 연구와 차이가 있다. 이 책은 리더십의 핵심이 '공동 목적' 창출임을 증명하고 있기 때문이다. 공동 목적은 새로운 개념이다.

공동 목적이란 무엇일까? 내게 공동 목적은 리더가 그룹이나 팀이나 공동체를 창의적이고 역동적이고 용기 있고 쉽게 꺾이지 않는 '우리'로 융합해 낼 때 생기는, 손에 잡힐 듯 생생하고 진기한 경험이다. 공동 목적은 구성원들이 목표를 이루어 내기 위해 지치지 않고 노력할 수 있도록 조직의 가치관과 도구, 목표, 희망을 내면화할 때 생긴다. 공동 목적은 간단한 생각에 바탕을 두고 있다. 리더는 자신이 이끄는 그룹과 별개가 아니라는 것이다. 오히려 리더는 조직의 접착제다. 리더는 조직을 단결시키고, 조직의 방향을 정하고, 조직이 일심동체로 움직이게 하는 힘이다. 공동 목적은 좀처럼 쉽게 이루어지지 않지만, 나는 리더가 특별히 크고 중요하고 고무적인 결과를 이끌어 낼 수 있을 때에는 그 바탕에 공동 목적이 작동하고 있음을 확인했다.

이 주제에 대한 내 관심은 내가 〈하버드 비즈니스 리뷰〉 편집장이 되기 한참 전에 불붙었다. 이 잡지를 언급하는 이유는 해마다 이 잡지에 들어오는 4천 건 넘는 기사 가운데 7분의 1이 리더십에 관한 것이었기 때문이다. 내 관심은 오래전 워렌 베니스가 자극해 주었다. 내가 〈뉴욕 타임스〉 편집자 겸 기자 겸 칼럼니스트일 때였다.

서던캘리포니아대학 경영학 교수이고 리더십을 오래 연구한 학자인 베니스는 이미 리더십에 관한 책을 여러 권 낸 상태였다. 기자로서 나는 〈뉴욕 타임스〉에 실리는 CEO 인터뷰 대부분을 담당했고, 또 상당히 많은 정치인과 군 지도자를 인터뷰했다. 그러한 인터뷰 덕에 나는 어떻게 특정 리더들이 매일매일 대원들(말 그대로 또 비유적으로)에게 동기부여를 할 수 있는지에 매혹되었다.

베니스가 뉴욕에 온 어느 날 나는 그에게 리더들이 어떻게 폴로어들followers(딱 들어맞는 말은 아니지만)을 감화시키고 격려해 행동에 나서게 하는지 물어보았다. 이를테면 드와이트 아이젠하워는 어떻게 영국 해협을 건너 빗발치는 탄환 아래서 노르망디 해안을 습격하도록 16만 병사들에게 동기부여를 했을까? 혹은 좀 더 일상적 차원에서 샘 팔미사노 IBM 회장 겸 CEO는 어떻게 38만8천 명의 직원이 자신들만을 위해 일하지 않고 서로 협력해서 일하게 할까? 리더들은 어떻게 조직 내 개인들이 조직의 이익 창출에 이바지하게 할까? 리더들은 무엇으로 사람들이 서로 동조하게 할 수 있을까? 또 무엇이 혼란을 예방해 줄까? 한마디로 리더는 어떻게 개인들을 '나'

에서 '우리'로 변화시킬까? 그리고 왜 어떤 리더들은 실패할까?

베니스의 대답은 현명했다. 리더 혼자 하는 게 아니라는 것이었다. 좋은 리더는 밖에서 그룹을 응원하는 외부인이 아니다. 좋은 리더는 그룹의 일원이고, 그룹의 구조와 정서에 깊이 밀착되어 있다. 베니스는 이렇게 말했다. "위대한 장군들은 진급하겠죠. 그래도 여전히 군인이에요. 자신을 외부인으로 여기거나 다른 구성원들보다 위에 있다고 생각하는 사람은 리더로 성공할 가능성이 거의 없어요."

"그러면 리더와 그를 따르는 사람들 사이에 동질감과 교감이 있어야겠군요?" 하고 내가 물었다.

"그렇죠." 베니스가 대답했다. "깊은 교감이 없거나 코드가 잘 맞지 않으면 그 리더는 실패할 거예요. 말 그대로 코드가 맞지 않으면 그룹에서 리더를 쫓아내거나, 아니면 그렇게 하는 과정에서 그룹 자체를 무너뜨리고 말 겁니다."

나도 그런 경우를 보았다. 내가 〈뉴욕 타임스〉에서 일할 때, 그러니까 1990년대에는 기자 출신이 아니면 편집국장이 될 수 없었다. 편집국에서 실권을 쥐려면 기자직을 수행하는 데 무엇이 필요한지 알고, 어떻게 그 일을 하는지 알고, 또 본인도 그러한 경험이 있다는 걸 일선 기자들에게 보여 주어야 했다. 기자들은 그런 능력을 〈월스트리트 저널〉 같은 다른 신문에서 얻었을지도 모른다. 어디에서 그런 능력을 얻었는지는 그리 중요하지 않았다. 중요한 것은 그런 능력을 얻었다는 것이었다. 편집자들은 명석할지는 몰라도 기자들처럼 현장을 뛰는 데서 생기는 신뢰 같은 건 절대 얻을 수 없다. 자신이 이끄는 그룹과 교감한다는 것은 자신이 그 그룹에 속해 있고, 그룹이 해야 할 일을 알고, 그 일을 해낼 수 있고, 부담을 감당하며 책임질 수 있다는 걸 증명한다는 뜻이다. 이러한 속성들은 그냥 시늉만 낼 수 있는 것이 아니다.

이러한 요건들은 신문사에만 국한되지 않는다. 대형 생명보험사인 뉴욕라이프에서는 적어도 한동안 모르는 사람의 집을 방문해서 생명보험을 팔아 보지 않고서는 승진하는 데 한계가 있다. UPS에서는 거의 모든 CEO가 처음에 택배 차를 운전하거나 창고에서 일했다. 역사가 가장 오래되고 가장 성공을 거두었고 가장 존경받는 기업의 하나인 프록터앤갬블(1837년 설립)은 외부인을 CEO로 영입한 적이 없다.

이러한 예들이 유별나게 들릴지 모르지만, 사실 자신이 이끄는 사람들과 깊은 교감을 형성하지 못한 채 리더로 성공할 수 있는 사람은 아무도 없다. 그리고 이러한 교감은 진실해야 한다. 리더와 폴로어들이 한 덩어리의 '우리'라고 느껴야 한다.

그러한 느낌은 갑자기 만들어질 수 있는 것이 아니다. 그러한 느낌은 진실해야 하고 마음에서 우러나와야 한다. 그런데 여러 해에 걸쳐 내가 인터뷰하거나 함께 일하거나 만나 본 모든 리더는, 리더와 그가 이끄는 사람들 사이의 교감이 연약해서 언제라도 깨질 수 있다고 털어놓았다. 리더는 자신과 그룹 사이의 공감대를 새롭게 조성해야 하고, 그것도 날마다 그렇게 해야 한다. 그렇지 않고 이러한 유대를 당연하게 여기면 그룹이 리더를 거부할 것이다. 최고의 성과는 리더와 그룹이 하나로 움직일 때만 나온다.

## 리더를 거부하다

한번은 내가 디트로이트에 기반을 둔 세계적인 자동차 부품 제조 회사에 컨설팅을 해준 적이 있다. 기어, 브레이크, 차축, 전자제품, 그리고 자동차를 움직이게 하는 수많은 그 밖의 구성요소들을 설계하고 생산하는 회사였다. 이 회사는 전 세계에 공장이 있었고 매출이 150억 달러를 넘었지만, 이윤은 거의 없었고 주가는 떨어지고 있었다.

나는 이 회사의 비용을 절약하고 순이익을 높여 줄 방법을 찾기 위해 컨설팅 회사에서 나온 팀과 함께 이 회사를 방문했다. 이것은 컨설팅의 기본이었다. 함께 간 컨설팅 팀은 세계적으로 비슷한 프로젝트들을 해본 경험이 있었다. 하지만 이 팀이 이 회사에서는 효과를 발휘하지 못했고 내 임무는 그 이유를 찾아내는 것이었다.

유리와 철골로 된 이 회사 본사에 들어서자마자 나는 뭔가 이상하다는 걸 감지했다. 분위기에서 실제로 그것을 느낄 수 있었고, 경비원들부터 조립 라인 인력들, 사무실의 회계 담당자들, 그리고 지게차 운전자들까지 그곳에서 일하는 거의 모든 사람의 우울한 얼굴에서 그것을 확인할 수 있었다. 구내식당에 들어갔을 때에도 느낄 수 있었다. 분위기가 침울했다.

무슨 문제가 있는지 알아보기 위해 회장 겸 CEO를 한번 만나 볼 필요가 있었다. 그는 상냥하고 유능하고 성공한 사람이었다. 고급 넥타이를 맸고 골프도 잘 쳤다. 사무실도 훌륭하고 비서가 두 명에 전 세계를 누빌 수 있는 멋진 비행기도 있었다.

그런데 그는 공학과 제조업 쪽의 문화와 사고방식이 강한 이 회사에서 영업 전문가로 최고 자리에 오른 인물이었다. 영업 전문가인 그는 자신이 판매하는 제품을 실제로 만드는 사람들과 교감하지 못했다. 불신이 사방에 퍼져 있었다. 게다가 그것으로는 부족한 듯, 그는 비용을 줄이는 방법을 놓고 직원들한테 인기 있는 제조 부문 책임자와 전쟁을 벌이고 있었다. 그 제조 책임자는 경험이 풍부한 엔지니어이기도 했다. 다들 전쟁이 벌어진 걸 알고 있었고, 회장 겸 CEO가 지기를 바라는 듯했다.

왜 그들은 회장 겸 CEO를 신뢰하지 않았을까? 직원 대부분은 영업 담당자들이 매출액 말고는 아무것에도 관심을 보이지 않는다고 느끼고 있었다. 영업 담당자들은 자기 회사가 만드는 제품이 세계 최고인지 최악인지 상관하지 않았다. 그들이 신경 쓴 것은 오로지 그들이 받는 판매수당이었다. 하지만 공학과 제조 팀들은 달랐다. 그들은 자신들의 디자인, 자신들이 만드는 제품의 질, 낮은 결함률, 자신들의 최첨단 아이디어에 자부심을 느꼈다. 그들은 언제나 식스 시그마의 모범이었다.

우리는 CEO에게 그가 맞닥뜨린 곤경을 극복하기 위해서는 실추된 그의 권위를 세우고, 리더십을 입증하고, 공학과 제조 쪽 사람들과 교감을 형성할 강력하고 상징적인 방법을 찾아야 한다고 조언했다. 우리는 그에게 제조 책임자와 마음을 터놓고 대화해 보라고 제안했다. "우리는 한배를 타고 있다. 그게 아니라면 당신은 다른 일자리를 알아봐야 할 것이다" 같은 대화 말이다. 그리고 제조 책임자한테 언제까지 기다려 주겠다는 짧은 시한을 주고 그를 따르는 사람들에게 자신과 회장 겸 CEO는 뜻이 잘 맞는다는 걸 보여 주게 하라고도 조언했다.

"안 그러면 당신이 회장 겸 CEO이기는 하지만 회사가 당신을 거부할지도 모릅니다" 하는 이야기도 해주었다.

말할 필요도 없이 이 회장 겸 CEO는 우리의 조언을 달가워하지 않았다. 그는 이렇게 대답했다. "이 회사 전체가 나한테 보고합니다. 이사회도 마찬가지고요."

안타깝게도 그는 자기 방식을 따랐다. 그는 제조 책임자를 만나지 않았고, 대원들과 교감하려 애쓰지 않았다. 제품 설계와 품질에 대한 고마움을 밝히지도 않았다. 사실은 그 반대로 했다. 제조 쪽 사람과 이야기하면서 "지나친 품질" 운운한 것이었다. 이 말은 회사 곳곳으로 퍼져 나갔다. 이 CEO에게 지나친 품질은 지나친 비용과 같은 뜻이었다.

회사의 주가와 함께 회사 분위기도 계속 가라앉았다. 그러자 여섯 달 뒤 비공개로 열린 이사회에서 이사들이 용기를 내어 이 회장 겸 CEO를 해임했고, 모두의 사랑을 받는 것으로 보이는 무뚝뚝하고 합리적인 엔지니어가 그의 후임이 되었다. 1년도 채 안 되어 이 엔지니어는 회사를 확 바꿔 놓았다. 그로부터 다시 1년 뒤 이 회사는 상당한 프리미엄을 받고 다른 회사에 인수되었다. 전 회장 겸 CEO는 공동 목적의식을 창출하는 데 실패하면서 CEO 자리를 잃었다. 이보다 더 심각한 것은 바로 그 실패가 이 회사의 주가가 맥을 못 춘 가장 유력한 이유였다는 것이다. 공동 목적을 창출하는 데 실패함으로써 회사의 가치를 망친 것이었다.

교감한다는 것은 단지 자신이 편안하게 느끼는 사람들과, 예를 들면 영업사원이 다른 영업사원들과 유대를 맺는다는 소리가 아니다. 교감한다는 것은 조직 전체와 유대를 맺는다는 뜻이다. 이베이의 전 회장 겸 CEO 멕 휘트먼이 언젠가 말했듯이, 어떤 면에서 조직의 리더가 된다는 것은 작은 도시의 시장이 되는 것과 같다. 그 도시에는 시장이 대화를 나눠야 하는 구청장들이 있고, 로맨스를 즐겨야 하는 유권자들이 있고, 반감을 중화해야 하는 반대세력들이 있고, 마음을 돌려놓아야 하는 무당파들이 있다. 도시가 최대한 원활하게 돌아가려면 도시 전체가 시장과 한마음이 되어야 한다.

## 리더 대 리더십

리더는 두각을 나타내는 사람이다. 하지만 '리더십'은 다르다. 리더십은 리더가 '하는' 행동이 중요하다. 리더와 리더십을 착각하는 리더는 위험천만한 추락을 경험할 수 있다.

리더십은 리더와 집단 사이의 계약에 가깝다. 낡은 비유를 하나 들어 보자. 리더가 배의 선장이라면 그는 이사회(또는 리더의 직급에 따라 이사회에 상응하는 곳)와 계약을 맺을 뿐 아니라, 돛을 내리고 밧줄을 감고 닻을 감고 갑판을 청소하는 사람들하고도 계약을 맺는다. 따라서 이사회만이 아니라 갑판원과 선원들도 리더를 쫓아낼 수 있는 사람들이다.

리더가 서명하는 계약서에는 리더가 목적지를 정하고, 거기까지

가는 항로를 계획하고, 승무원과 화물과 배가 안전하게 목적지에 닿게 하고, 도중에 선상반란이 일어나면 이를 진압해야 한다고 분명하게 적어 놓고 있다. 바람이 바뀌면 리더는 그때그때 침로를 바꿔야 한다. 하지만 물결이 거세진다고 리더 마음대로 목적지를 바꿀 수는 없다. 리더는 어떠한 어려움이 있더라도 목표를 이루어 내기 위해 고용되는 것이다.

잭 웰치, 루 거스너, 하비 골럽, 앤디 그로브 같은 몇몇 리더는 전설이 되었지만, 이들은 자신의 이름을 빛내거나 개인의 유산을 만들어 내려고 계약을 맺은 것이 아니다. 이들이 전설이 된 이유는 남다른 유형의 리더이기 때문이다. 게다가 이들은 인지도가 있으면 유명세를 치르기도 한다는 걸 안다. 오히려 이런 유형의 리더는 어렵고 때로는 위험한 일을 해내기 위해 계약을 맺는다. 그 일은 바로 합의한 목적지로 배를 조종해 나가는 것이다. 그 일을 잘 해내서 리더가 유명해진다면 그것은 좋은 일이다. 하지만 유명해지는 것이 목표는 아니다.

뛰어난 리더인 조지 피셔는 수학자 겸 엔지니어이기도 한데 모토롤라에서 휴대전화 기술과 컴퓨터칩 제조에 투자함으로써 침체에 빠져 있던 이 회사를 정상의 자리로 이끌었다. 그가 이끌 때 모토롤라의 주가는 치솟았고, 그가 떠나자 곤두박질쳤다. 코닥으로 자리를 옮긴 그는 필름과 관련 제품 제조업체로 굳어 있던 이 회사를 디지털 영상 회사로 탈바꿈시켰다. 피셔는 두 회사에서 모두 성공을 거누었지만 오래된 기업의 기득권을 극복해야 했나. 또 두 경우 모두 막강한 경쟁상대에 맞서 싸워야 했다(모토롤라에서는 그 상대가 인텔과 IBM과 히타치였고, 코닥에서는 후지필름이었다).

피셔는 자신이 하기로 계약한 일, 즉 각 기업의 앞날을 설계해서 안착시키는 일을 마무리하면 자리에서 물러났다. 그는 자신을 기념할 동상 하나, 정장을 차려입은 초상화 한 점, 자신의 이름을 딴 회사 캠퍼스 하나 남기지 않았다. 5만 달러짜리 옷걸이를 사지도 않았고, 100만 달러를 들인 생일파티도 열지 않았다. 그는 다만 자신의 일을 했을 뿐이었다.

## 상벌보다 강력한 리더십 방식

위대한 리더는 교감해야 할 뿐 아니라 집단의 정서를 알아차리는 (딱 들어맞는 말은 아니지만) 요령을 터득해야 한다. 사실 리더가 당근과 채찍으로 쓸 수 있는 자극은 여러 가지다. 리더는 돈을 비롯한 각종 보상을 제시할 수 있고, 인정해 주고 권력을 주고 승진시키는 방법을 쓸 수도 있다. 해고와 좌천, 질책을 비롯한 다양한 처벌을 할 수도 있다. 하지만 이러한 상벌의 효과는 한계가 있다. 처벌이나 보상보다 훨씬 더 강력한 방식은 위대한 리더들이 자신들이 이끄는 사람들의 감정을 일깨우는 방식이다. 즉 사랑, 증오, 두려움, 용기, 자부심, 공감을 불러일으키는 것이다.

빌 클린턴이 대통령 임기를 끝낸 지 얼마 되지 않았을 때 나는 콜로라도 아스펜에서 클린턴과 몇몇 벤처캐피털, 첨단기술, 언론사 중역들이 함께한 작은 모임에 참석했다. 여전히 권력의 정점에 있던 인물이 아스펜에 온 것은 르완다의 상황을 주제로 이 문제에 관심을 가진 영향력 있는 사람들과 이야기를 나누기 위해서였다(그때 나는 기업을 경영했다). 그런데 그 주제에 대해 30분쯤 이야기하고 나자 공화당원이던 한 벤처 자본가가 클린턴에게 주제에서 벗어난 질문을 했다. 민주당이 공화당한테 그토록 옹졸하게 구는 이유가 뭐냐는 것이었다. 클린턴이 르완다를 주제로 폴 카가메 르완다 대통령이 자기 나라를 구하는 데 도움을 줄 만한 방법에 관해 이야기하던 중이었음을 고려할 때, 그 질문은 엉뚱하고 주제에서 벗어나고 생뚱맞기 짝이 없는 질문이 분명했다. 하지만 어쨌거나 벤처 자본가는 그 질문을 했다.

나는 클린턴의 사려 깊음과 능력, 지성을 존경한다. 한데 앞의 질문을 받았을 때 그는 다른 사람으로 변했다. 질문자를 비난했는가 하면 공화당이 자신한테 저지른 온갖 안 좋은 일에 대해 자세히 설명할 때는 목소리가 떨렸다. 그는 다음과 같이 질문 형식으로 말했다. "아무런 문제도 없는 화이트워터 건에 대해 6년 동안 조사를 받는다는 것이 어떤 건지 당신이 상상이나 할 수 있습니까?" 그는 한꺼번에 분노를 터뜨렸고 이것이 공감과 함께 두려움까지 불러일으켰다. "그 사람들이 내 아내 힐러리한테 무슨 짓을 했는지 당신이 알기나 해요? 힐러리가 입은 피해를 짐작이나 할 수 있어요? 내 아내가 겪은 고통을요? 그 근거 없는 혐의에 힐러리가 낭비한 시간을요?"

카리스마 있고 공감 가는 화자인 클린턴은 오케스트라 지휘자가 지휘봉을 이용하듯이, 그래서 듣는 이들의 감정을 자극하고 조종하고 휘어잡듯이 자신의 감정을 이용했다. 그날 오후 꼬박 30분 동안 그를 지켜보는 것은 바그너의 오페라를 듣는 것과 다를 바 없었다.

클린턴의 정서적 호소력은 강렬했다. 거기에 리듬감 있는 억양과 거침없는 감정표출, 울림 있는 주제들이 어우러져 있었다. 그것은 감동을 주는 걸작이었고 그 자리에 있던 15명 전부를 매혹했다. 처음에는 그랬다.

하지만 그 다음에는 당혹스러워졌고 거기에 있던 여러 사람, 특히 클린턴을 좋아하는 사람들은 적잖이 거북해지기 시작했다. 왜 그랬을까? 그 이유는 위대한 리더들이 자신들의 감정 구사력을 모두 '여러분'이나 '우리'와 관련해서 활용하는 것과는 달리, 클린턴이 오페라조로 쏟아낸 감정은 모두 '자신'에 관한 것이기 때문이었다. 가장 중요한 점은 아마 클린턴의 감정분출이 의제에서 한참 동떨어져 있었다는 점일 것이다. 그는 르완다에 관해 이야기하러 왔다가 자신에 관해 이야기하는 것으로 끝을 맺고 말았다. 더 나쁜 것은 다른 사람한테 자신의 의제를 빼앗기고 초점을 옮기고 주제를 헛되게 바꾼 것이었다. 리더라면 절대로 해서는 안 되는 일이다. 클린턴 같은 성취와 능력, 타고난 리더십 기술이 있는 사람에게 그날은 생애 최고의 날이 아니었다. 그는 시차 때문에 힘들었을지도 모르고 어쩌면 피곤했을지도 모른다. 그렇지만 그가 더 좋은 모습을 보여 줄 수도 있었을 텐데 그렇지 못했다는 점은 누구나 알고 있었다.

## 공동 목적에 담긴 뜻

위대한 리더들은 대의를 확립함으로써 사람들에게 동기부여를 할 뿐 아니라 이를 바탕으로 그룹과 교감하고 또 그룹의 일원이 된다. 위대한 리더들은 자신의 감정은 물론이고 아이디어, 논쟁, 숫자 같은 그 밖의 수단을 전략에 따라 원칙 있게 사용함으로써 '우리' 의식을 조성한다. 리더의 권위는 거의 정신분열을 일으키는 과제라고 할 수밖에 없는 일, 그러니까 그룹의 진정한 일원으로 받아들여지는 한편 그룹의 진로를 끊임없이 조정하기 위해 그룹과 충분한 거리를 두고 냉정한 시선을 유지하는 일을 효과 있고 균형 있게 해내는 데서 나온다. 그렇게 하기 위해서는 리더가 어떤 감정을 언제 드러낼지를 생각하고 있어야 한다. 리더는 공동 목적을 창출하기 위해 자신의 리더십 수단을 총동원해야 한다. 공동 목적은 한 사람이 다른 사람의 일거수일투족을 일일이 지시하지 않고도 그 사람이 행동에 나서게 하는 비결이다. 공동 목적은 '나'를 '우리'로 변화시킨다.

공동 목적은 우리가 실감할 수 있는 힘이다. 공동 목적은 위대한 기업과 위대한 운동에 활기를 불어넣는다. 정치인이 이를 잘 이용할 수도 있다. 공동 목적을 돌보고 가꾸고 보호하면 손에 잡힐 듯 생생한 '우리' 의식이 생겨나고 이를 기업 안에서 느낄 수 있다. 공동 목적은 우리 모두 한배를 타고 있다는 느낌이고, 우리가 해야 할 일과 여기에 있는 이유, 우리가 지향하는 바를 우리 모두 잘 알고 또 이해하고 있다는 느낌이다.

공동 목적 조직의 예는 굉장히 드물지만 그래도 모든 분야와 각 세대에서 발견할 수 있다. 미국 항공우주국NASA의 '아폴로 프로그램'이 딱 맞는 예다. NASA는 1961년 케네디 대통령의 강력한 요구에 따라 더할 나위 없이 대담한 목표를 이루어 냈다. 케네디는 사람을 달에 보냈다가 무사히 귀환시키되 이 일을 10년 안에 해내도록 NASA에 촉구했는데, NASA는 모든 악조건과 높은 위험에도 굴하지 않고 전 세계가 지켜보는 가운데 이 목표를 달성해 냈다.

이것은 단지 중요한 일을 잘해 낸 정도가 아니었다. 케네디의 담대한 비전은 하나의 목표를 중심으로 미국을 뭉치게 했고 NASA를 뭉치게 했다. 얼마나 담대했던 것일까? 1961년 당시 미국은 이른바 우주경쟁에서 소련에 훨씬 뒤져 있었다. NASA는 설립된 지 3년밖에 되지 않았고 인간을 우주로 올려 보내거나 바닷속으로 내려 보낼 수 있는 정도였던 데 반해, 소련은 이미 우주비행사를 지구 궤도에 진입시켰다. 미국의 로켓은 원시적이었고 컴퓨터는 거의 없었다. '우주비행사'라는 말은 아직 생소했다. 그뿐만 아니라 1961년에는 달까지 갈 수 있는 로켓의 설계도도 없었다. 이러한 상황에서도 NASA가 성공을 거둔 요인은 모든 의심과 한계를 제쳐놓고 새로운 각오로 그룹 전체가 하나가 되어 성공 의지를 다진 데 있었다.

이보다 최근에는 픽사가 공동 목적을 개발해 전혀 새로운 예술 형식과 강력한 문화, 그리고 영화 한 편에 10억 달러가 넘는 기업 가치(최대 경쟁사 기업 가치의 10배)를 창출했다. 픽사는 적은 예산으로 기술을 개발하고, 제휴 파트너인 월트디즈니와 벌인 자존심 싸움에서 승리하는 한편, 전 세계가 보고 싶어 하는 영화들을 제작하기에 충분한 공동 목적을 창출한 것이었다. 그리고 2006년, 마침내 74억 달러에 디즈니에 팔리게 되었다. 미키 마우스처럼 연륜 있는 생쥐 디즈니가 디지털 회사인 픽사를 사들인 이유 가운데 하나는 디즈니의 한물간 구식 문화를 최첨단 디지털 문화로 바꾸기 위해서였다.

구글은 유명한 공동 목적 조직이고, 어느새 '인터넷으로 검색하다'를 뜻하는 세계적인 단어로 자리 잡았다. 구글은 커다란 사명이 있고 더 높은 목표를 위해 지성과 감성을 모두 동원해 영감을 주는 리더십 팀이 있는, 강하고 선구적인 기업이다.

하비 골럽은 2001년까지 아메리칸익스프레스 회장 겸 CEO를 지낸 전설적 리더다. 그는 제임스 로빈슨 3세가 이끌 때 침체에 빠졌던 이 회사를 회생시켜 세계에서 가장 성공하고 존경받는 기업의 하나로 만들었다. 그는 딱 한 가지 조치를 함으로써 이러한 결과를 얻었다고 밝힌 적이 있다. 8만 명의 직원 전체가 이 회사의 브랜드가 지향하는 바를 이해하게 하는 것이었다. "누구나 그것을 이해하면 두툼한 직원지침서나 경영자 훈련 프로그램, 우리가 판매하는 서비스에 대한 가격표가 필요 없을 거예요. 다들 본능이 이끄는 대로 옳은 일을 할 테니까요." 공동 목적을 활용해 그는 이 회사의 사명선언문이 고스란히 이 회사를 상징하는 브랜드가 되게 할 수 있었고, 세계에서 가장 존경받는 서비스 브랜드가 된다는 아메리칸익스프레스 정신에 대한 믿음을 직원들과 고객들에게 심어 주었다.

## 거창한 목표일 필요는 없다

공동 목적은 위대한 리더들과 위대한 리더십의 목표다. 공동 목적은 한 무리의 자유 계약자들이 하나로 뭴 수 있는 공동 목표들을 중심으로 동조해 여간해서는 패배를 모르는 단결되고 질서 있는 집단,

곧 조직으로 변모하는 비결이다. 민간 유인우주선 설계 분야에서 버트 루탄이 이끄는 '스페이스십원' 팀이 안사리 엑스프라이즈를 받고, MP3 플레이어 '아이팟'이 성공을 거둔 데는 공동 목적의 힘이 컸다. 공동 목적은 이미 오바마 지지자들에게 희망을, 더 오래 전 마틴 루서 킹 주니어 지지자들에게는 꿈을 불어넣어 주었다. 공동 목적은 인간을 달에 보냈다. 뉴욕의 쌍둥이 건물이 무너지고 있을 때 구조 작업을 위해 그 건물로 들어간 구조요원들의 영웅다운 행동 뒤에도 공동 목적이 있었다. 공동 목적은 단지 느낌이 아니다. 바로 힘이다.

'우리' 의식을 조성하는 가장 쉬운 방법은 안타깝게도 '그들'이라는 유령을 만들어 내는 것이다. 거의 어떤 리더라도 그렇게 할 수 있다. '그들'의 등에 업혀 '우리'를 확립하는 방식은 바이마르 공화국이 붕괴하고 권력을 잡은 나치가 분열된 독일인들을 뭉치게 한 방법이었다. 전혀 다른 수준이기는 하지만 마이크로소프트가 아직 신생기업이었을 때 이 회사는 '우리 대 그들' 그리고 '우리'가 '당신들'보다 더 똑똑하다는 의식을 조성해 단결되고 공격적인 문화를 구축했다.

그러나 이러한 방법을 쓴 거의 모든 다른 조직처럼, 우리 대 그들 의식을 바탕으로 동기부여를 하면서 마이크로소프트의 문화는 통제력을 잃고 말았다. 이 회사는 이런저런 소송, 법무부의 조사, 기업분할이라는 위협에 맞닥뜨렸고 유럽연합의 규제를 받기에 이르렀다. 마이크로소프트에 대한 반발이 퍼질 대로 퍼져 있었다. 독일과 스페인 정부 같은 큰 고객들이 마이크로소프트의 반대 진영인 오픈소스 소프트웨어 쪽으로 돌아섰다. 벤처캐피털 회사들은 반反마이크로소프트 펀드와 전략은 물론 마이크로소프트에 대항하는 첨단산업 기업들의 연합까지 낳았다. 마이크로소프트의 시장지배력에 대항하기 위해 '리눅스'를 비롯한 그 밖의 표준들이 생겨났다. 이 모든 반대세력에 떠밀려 마이크로소프트는 변화해야 했다. 그것도 큰돈을 들여 한시바삐 변화해야 했다. 우리 대 그들 전략은 공동 목적으로 가는 지름길이기도 하지만, 혼돈과 파멸과 조직적인 반대세력을 만나는 징검다리가 될 수도 있다.

리더가 우리 대 그들 전략을 써서 그룹을 단결시키는 것보다 더 나쁜 방법이 딱 한 가지 있다. 그룹을 엉뚱한 혜택과 짝짓는 것이다. 이런 식으로 리더들이 더 높은 목표를 추구할 때는 거의 불가사의한 결과가 나왔다. 예를 들어 환경운동가들 가운데 어떤 이들은 지구온난화의 위험을 내세워 자신들의 오랜 적과 공동 목적을 창출해 왔다. 환경운동 단체인 시에라클럽의 리더 칼 포프는 한때 이 클럽이 꼽은 최악의 기업 명단에 오른 GE원자력과 제휴해 왔다. 이러한 연대가 가당치 않음을 이해하기 위해서는 GE가 1977년에 금지된 물질인 다이옥신과 그 밖의 독성물질들을 허드슨 강에 내다버린 책임이 있음을 떠올리고, 포프 같은 환경운동가들이 전에 원자력에 대해 어떤 말을 했는지 기억하기만 하면 된다. 한편 같은 이유로 파격적 억만장자이자 열성 공화당원인 분 피켄스(민주당 대통령 후보이던 존 케리에 반대하는 '진실을 위한 쾌속정 참전용사들' 광고 비용을 댄 적이 있다)는 지금 앨 고어가 주도하는 환경 프로젝트의 지지자가 되었고 오바마 대통령과 정중하게 만나기도 했다.

하지만 더 높은 목표가 반드시 거창한 목표를 뜻하지는 않는다. 세계에서 가장 큰 유람선 운영 회사인 카니발크루즈의 공동 목적은 고객들에게 영원히 잊지 못할 경험을 안겨 주는 것이다. 이 회사 회장 겸 CEO 미키 애리슨은 하루가 멀다 하고 모든 직원에게 이 목표를 되풀이해서 이야기한다. 애리슨은 모든 방법을 다 써서 직원들한테 고객들은 평소에 열심히 일하고 1년에 1~2주 시간을 쪼개 즐기려는 사람들이라는 걸 상기시킨다. 이 조직의 모든 활동은 고객들을 즐겁게 하는 데 초점이 맞춰져 있다.

– 1장 –

# 계층구조에 마침표를 찍어라

## 세상을 리더와 폴로어로 나눌 것인가

오늘날 리더십이라는 주제에는 커다란 괴리가 있다. 나는 기업과 정부, 비영리조직의 고위 리더들이 의사결정권을 조직의 아랫사람들에게 넘겨야 할 필요성에 대해 이야기하는 걸 자주 들었다. 리더들이 이런 생각을 하는 이유는 고객과 이해관계자들에게 더 신속하게 대응하는 조직, 맞수들보다 더 경쟁력 있는 조직을 만들기 위해서다. 빠르고 적절한 대응을 중시하는 조직들은 문제가 경영진한테 올라갈 때까지 기다리기보다, 문제가 생기면 즉시 해결하고 기회가 생기면 즉시 그 기회를 살릴 수 있는 사람들을 원한다. 대응 시간 최소화하기가 조직에서 이렇게 중요했던 적은 여태껏 없었다.

조직의 대응 시간을 단축하려면 모든 직급과 직무에서 리더가 필요하지만 중역들은 여전히 리더, 폴로어, 부하직원, 직속부하라는 관점에서 말하고 심지어 생각도 그렇게 한다. 이러한 중역들은 수평성의 가치를 지지할지는 몰라도 여전히 계층 관점에서 생각한다.

이것 못지않게 나쁜 것은 오늘날의 경영 문헌 대부분과 많은 경영자 교육 훈련 프로그램들이 계속해서 세계를 리더와 폴로어로 나누고 있다는 것이다. 이러한 구분은 우선 현실에서 통하지 않는다. 모든 직급과 모든 직무 담당자들에게 문제를 해결할 권한이 없는데 어떻게 그들이 문제가 생기자마자 이를 해결할 수 있겠는가? 이뿐만 아니라 세계를 리더와 폴로어로 나누면 혼란과 상당한 조직적 사후 비판, 불안을 낳는다. 리더십에 대한 가치관에 따라 사람들이 얻는 결과가 달라진다. 더 나아가 리더십에 대한 가치관에 따라 사람들이 결과를 얻을지 아니면 아예 못 얻을지가 달라진다.

## 내가 더 잘 안다고 생각해서 실패했다

2001년 9월 11일에 벌어진 끔찍한 사건 직후 나는 로버트 뮬러 연방수사국FBI 국장이 사전에 이 테러 음모에 대한 중요한 정보를 입수하고도 FBI가 별다른 조처를 할 수 없었던 이유를 설명하는 회의에 참석했다. 뮬러는 FBI 요원들이 9.11 테러 음모자들의 이름과 행방까지 파악하고 있었음을 인정했다. 이 정보를 입수한 요원들은 공격이 임박했고 FBI 차원의 대응을 준비해야 한다고 상사들에게 알리려 애썼다. 그러나 역사가 보여 주듯이 FBI를 비롯한 정부의 안보 담당 조직들은 아무런 조치도 하지 못했다.

뮬러는 FBI의 잘못을 설명하면서 FBI 문화에서는 정보를 입수한 요원들이 그 정보에 따라 행동할 권한이 없다고 말했다. 요원들은 긴박한 사태에 대한 정보를 파악하면 FBI의 지휘 계통에 따라 의사 결정권자에게 반드시 그 정보를 보고해야 한다. FBI는 위험한 세계에서 활동하기 때문에 잘못된 정보에 따라 조직이 움직이는 사태를 예방하기 위해 지휘 계통이 엄격하게 짜여 있다.

그렇지만 FBI가 아무런 조치도 하지 않은 이유는 정보에 가장 밝을 것으로 보이는 계층구조의 맨 윗사람들이 부하들이 보고하는 정보를 건성으로 검토하는 경향이 있기 때문이다. 윗사람들은 테러 음모처럼 중요하고 끔찍한 일이 실제로 진행되고 있으면 자신들이 모르고 있을 리 없다고 생각한다. 그러다 보니 테러 예방에 중요한 정보가 FBI의 숱한 조직적 블랙홀 가운데 하나로 빨려 들어가 제때에 손을 쓸 수 없었던 것이었다.

이보다 나중에 또 다른 조직 환경인 엔론에서는 이 회사의 노련한 회계 책임자 셰론 왓킨스가 켄 레이 회장에게 이 회사의 여러 파트너십(특정 프로젝트를 수행할 투자 자금을 마련하기 위해 설립된 비공개·비상장 합자회사)과 관련된 회계 처리 방식에 문제가 있다는 신호를 보냈다. 하지만 레이 회장은 이 문제를 이사회에 가져가 적절한 조치를 하기보다 부하직원이 제공한 정보를 무시하는 쪽을 택했다. 정말로 뭔가 잘못되었다면 회장인 자신이 당연히 알고 있었을 걸로 생각한 것이었다. 누가 뭐래도 레이는 텍사스의 평범한 에너지 회사 엔론을 월가의 총아로 바꿔 놓은 주인공이었으니까.

레이 회장이 아랫사람의 통찰과 경고에 귀를 기울였더라면 역사상 세계 최대의 파산사태가 벌어지는 걸 막을 수도 있었을 것이다. 이보다 나중에, 그러니까 사상 최악의 금융위기가 발생하기 2년여

전에 나는 루이스 라니에리가 방을 가득 메운 은행, 투자, 사모펀드, 헤지펀드, 보험업계 리더들에게 서브프라임 모기지(비우량 주택담보 대출) 시장이 폭발하기 직전이고, 실제로 폭발하면 그 결과는 대재앙이 될 거라고 경고하는 걸 들었다.

그 방에 있던 사람들이 라니에리의 말을 새겨들어야 했던 이유는 무엇일까? 그 이유는 그가 모기지 담보증권MBS, 즉 조만간 폭발해서 세계 금융 시스템을 붕괴시킬 바로 그 상품의 창안자 가운데 한 사람이었기 때문이다. 라니에리의 말을 흘려들은 벌은 가혹했고, 그 방에 있던 많은 리더가 일자리와 재산을 잃었다. 심지어 그들이 몸담았던 조직까지 사라졌다. 이렇게 된 이유는 그 방에 있던 사람들이 강력하기는 했지만 남용된 금융수단인 모기지 담보증권의 창안자이자 호감형에 약간 부스스한 외모의 라니에리보다 자신들이 더 똑똑하다고 믿었기 때문이었다. 어쨌든 라니에리가 시장을 만들어 내기는 했지만 그는 외부인이었고 시장은 자신들이 훨씬 더 잘 안다고 그들은 자부하고 있었다.

## 수평성은 말로만?

조직 구성원들이 계속 리더와 폴로어의 관점에서 생각할 때 리더들이 저지를 수 있는 잘못은 경고를 귓등으로 흘려듣거나 경고가 울릴 때 행동을 억압하는 구조를 만들어 내는 것만이 아니다.

묘하게도 엔론에서는 레이 회장과 현재 수감된 CEO 제프리 스킬

링이 엔론은 수평조직이라 이곳에서는 누구나 기업가 혹은 잠재적 기업가라는 이야기를 자주 했다. 이들은 2000년에 우리(내 공저자와 나)가 한 인터뷰를 포함한 여러 인터뷰에서 엔론이 시가총액으로 따져 세계에서 가장 큰 기업이 된 이유는 이 회사 사람들이 사내에서 새로운 계획을 추구하고 새로운 사업을 시작하기에 충분한 자율성을 갖고 있기 때문이라고 설명했다. 그러면서 이를 '방임 통제' 모델이라고 불렀다. 사람들을 통제하는 데는 느슨하지만, 재정을 통제하는 데는 엄격하다는 것이다. 이 회사를 정직한 CEO가 경영했거나 회장이 회계 책임자인 왓킨스의 경고를 귀담아들었더라면 이 모델은 실제로 효과를 거두었을지도 모른다.

금융업계와 FBI 모두 정보를 입수하고 그에 따라 행동하는 자신들의 능력에 자부심이 있다. 하지만 이들 조직의 하향식 구조가 중요한 정보의 흐름을 방해해 사람들의 행동을 가로막고 말았다. 그들이 결국 행동하지 못한 이유는 말로는 수평성이 필요하다고 하면서도 금융조직과 FBI 둘 다 전통적인 계층구조에 따라 설계되고 구성되었을 뿐 아니라 사람들도 그에 따라 보상받고 행동할 권한을 얻었기 때문이었다.

## 기회를 놓친다는 것

새로운 지식이나 정보를 그냥 썩히는 일은 계층구조의 맨 윗사람들이 너무 바쁘거나, 너무 고립되어 있거나, 자신들이 다 안다고 생각해서 그러한 정보를 거들떠보지 않을 때 벌어지는 결과 가운데 하나일 뿐이다. 또 다른 결과는 기회를 놓치는 것이다. 무능한 리더십 탓에 조직이 기회를 붙잡지 못한 사례를 헤아리기는 참으로 어렵다. 한마디로 그러한 예가 너무 많아서다.

불행하게도 무능한 리더십은 지속되는 경향이 있는데, 이것이 바로 한때 위대했던 조직들이 서서히 시들어 죽는 이유이기도 하다. 세계에서 가장 큰 헤드헌팅 회사인 콘페리의 조 그리세딕 부회장이 내게 말했듯이, A급 선수들은 다른 A급 선수들을 뽑아서 자신들 주변에 배치하고 그들 중에서 선택한 선수들로 팀을 구성한다. 하지만 B급 선수들은 자신들의 리더십이 도전받지 않도록 B급 심지어 C급 선수들을 고른다. 시간이 가면서 B급 선수들의 뒤를 잇는 것은 그들이 뽑은 B급 그리고 이어서 C급 선수들이다. 게다가 계층 조직의 리더는 사실상 도전을 받지 않기 때문에 B급 선수의 독선 행위가 계속 유지된다. 그 결과 한때 위대했던 조직들이 시들어 죽고 마는 것이다. 기회를 놓치는 것은 나쁜 소식을 외면해 버리는 것과 마찬가지로 조직을 죽이는 일이다.

한 장수기업의 경험이 교훈을 줄지도 모른다. 웨스턴유니언은 1851년에 설립되어 전신을 상용화한 기업이다. 전신이 한몫을 담당한 최초의 전쟁인 미국 남북전쟁이 끝난 1865년, 웨스턴유니언은 미국에서 가장 크고 가장 가치 있는 통신 회사가 되어 있었다. 또 1884년에는 다우존스 산업평균지수에 가장 먼저 이름을 올린 주식 가운데 하나였고 진국직인 통신기반구조도 구축했다. 그런 뒤 이 회사는 잠에 빠져들었다.

웨스턴유니언은 당시의 대다수 기업처럼 하향식으로 조직되었다. 모든 전략적 결정과 자본배분 결정은 맨 위에서 내렸다. 이 회사 리더들에게 도전장을 내밀 수 있는 사람은 없었다. 리더들은 경험이 풍부했고 비슷한 배경을 가지고 있었다. 그들은 자신들이 물려받은 알짜 기업을 잘 보존하려는 의지가 강했다. 그리고 외부인들과 새로운 생각을 의심했다.

1879년 매사추세츠에 기반을 둔 교육자 겸 첨단기술 발명가인 젊은 알렉산더 그레이엄 벨이 자신의 발명품 가운데 하나인 전화를 웨스턴유니언에 소개하고 관심을 이끌어 내려 했다. 벨은 자신의 특허들과 전국에 깔린 웨스턴유니언의 전신망을 합치면 이 회사가 새롭고 훨씬 더 큰 가치를 지닐 수 있는, 전국 규모의 전신전화 회사로 빠르게 탈바꿈할 수 있다고 말했다.

처음으로 도전을 받은 웨스턴유니언의 리더들은 한자리에 모여 벨의 특허들을 검토하고서 "별것 아니다" 하는 판단을 내렸다. 물론 우리는 지금 벨의 특허들이 기업 역사를 통틀어 가장 가치 있고 미국과 전 세계 전화산업의 기초를 이루었다는 사실을 안다. 벨의 특허들은 벨전화시스템과 AT&T를 비롯한 많은 기업의 탄생으로 이어졌다. 거의 한 세기 동안, 벨이 설립한 기업들은 세계에서 가장 큰 가치가 있었고 그 기업들의 주식을 소유한 투자자 수백만 명을 부자로 만들어 주었다.

전화를 거절한 뒤 웨스턴유니언은 또 다른 새 발명품인 라디오를 소개 받았다. 라디오가 있으면 정보가 즉시 전 세계를 이동할 수 있어서 바다에 있는 배들과 하늘 높이 떠 있는 비행기들은 말할 것도 없고 모든 지역사회에 정보가 가 닿았다. 그러나 웨스턴유니언은 라디오도 그냥 지나쳤다.

그 후 1930년대 말 웨스턴유니언은 또 다른 신기술인 텔레비전을 힐끗 쳐다보았다. 이 회사와 거래하던 업체 몇 곳이 TV와 TV 생산장비를 제조하기로 했지만 웨스턴유니언 리더들은 이번에도 참여하지 않기로 했고, 미래의 수입원이 될지도 모르는 분야 대신 '그 당시' 이 회사의 수입원이던 전보 전송과 송금 업무에 집중하기로 했다.

그보다 더 나중에 웨스턴유니언은 인터넷이 도입되는 걸 지켜보았고, 이 새로운 분야에 참여할 생각을 잠깐 해보았다. 그럴 만도 했다. 웨스턴유니언은 유선과 극초단파 통신에 바탕을 둔 기반구조를 갖추고 있었기 때문에 한다하는 디지털 인터넷 서비스 제공업체가 될 수도 있었을 것이다. 하지만 결국 웨스턴유니언은 인터넷에 투자하지 않았다.

마지막으로 1970년대 초에 웨스턴유니언은 모토롤라가 휴대전화 기술을 개발하고, 1980년대 중반에 벨의 기업 가운데 한 곳인 AT&T가 이 기술을 상용화하는 걸 지켜보았다. 이번에도 웨스턴유니언의 기반구조는 이 기술을 지원할 수 있었을 것이다. 그러나 이 회사는 투자하지 않기로 했다. 웨스턴유니언은 자사의 통신망과 기업을 그대로 유지하기는 했지만 수십 년 동안 진행된 진보와 변화를 이용하지는 못했다.

현재 웨스턴유니언은 명맥을 유지하고는 있지만 절뚝거리고 걸으면서 사라지기 직전이고 빚더미에 올라앉았는가 하면 여러 번 인수되고 팔리는 과정을 겪었다. 게다가 이 오래된 기업은 꾸준히 성장하기보다 천천히 쇠퇴하는 데 긴 생명 대부분을 소비해 왔다. 1871년에 그랬듯이 지금도 웨스턴유니언의 가장 크고 유일한 사업은 송금 사업이다.

웨스턴유니언의 리더들은 잡아야 할 기회를 한 번도 잡아 본 적이 없다. 이들은 지난 130여 년 동안 가장 중요한 기술발전들을 말 그대로 그냥 지나쳐 버렸다. 이 회사의 편협한 리더십과 고립된 리더십 구조가 새로운 생각에 개방적이었더라면 한때 눈부시게 빛나던 이 회사가 어떻게 달라졌을지는 그저 상상해 보는 수밖에 없다. 이 회사가 전화에 투자했으면 어떻게 되었을까? 라디오는? TV는? 인터넷은? 휴대전화 기술은? 이 회사가 혁신에 바탕을 둔 기업이었다면 어떻게 되었을까?

얼마나 많은 다른 조직들이 웨스턴유니언과 똑같은 운명에 놓여 기회를 놓치고, 혁신에 실패하고, 변화를 거부하고, 폐쇄적인 B급과 C급 선수들의 지휘를 받고 있을까? 얼마나 많은 조직이 미래가 문을 두드릴 때조차 그 미래를 외면하고 있을까? 딱하게도 그 대답은 '너무나 많다'는 것이다.

## 문제는 리더십이야!

이러한 예들은 리더가 조직에 치명적 약점을 초래하고, 성장을 억압하고, 사업 범위를 제한하고, 손해를 끼친 사례 가운데 아주 일부에 지나지 않는다. 리더십 때문에 비슷한 손해를 입은 조직들은 꽤 많을 것이다.

그런데 리더십은 커다란 재앙을 예방하고 기회를 붙잡기 위해서만 중요한 것이 아니다. 리더십은 조직의 가장 귀한 자원인 인재들을 지키는 데도 중요하다. 케이스웨스턴리저브대학 경영학 교수이자 조직 속의 개인에 대한 연구자로 유명한 리처드 보이애치스는 내가 한 인터뷰에서, 어떤 기업들은 리더십 방식 때문에 사실상 정서적으로 독이 되는 일터가 되고 있다고 말했다.

독이 되는 조직의 리더들은 조직의 인재들에게 해를 끼치는 문화를 조성한다. 아니 독이 되는 문화가 생기도록 내버려 둔다. 리더십이 형편없고 독이 되는 조직들은 남아 있는 직원들(가장 뛰어난 인재들은 대개 이런 조직을 떠난다)의 기를 꺾을 뿐만 아니라 생산성과 기대치, 사기와 창의성이 낮은 환경을 만들어 낸다. 거기서 그치지 않는다. 무능한 리더가 이끄는 조직은 회복력을 잃는다. 더 나아가 보이애치스의 연구가 보여 주듯이 이런 조직에서 일하는 사람들한테서는 무시할 수 없는 생리적 증상이 나타날 수 있다. 다시 말해서 어떤 조직들은 리더십이 너무 형편없고, 직원들의 꿈을 마냥 억누르고, 직원들의 능력과 열정에 깊은 피해를 줘서 직원들의 건강을 해칠 수 있다는 것이다.

모든 조직이 처음에는 커다란 꿈과 높은 희망, 숭고한 목표를 가지고 시작하는데 왜 어떤 조직들은 결국 세상에서 잊히고 마는 것일까? 한때 위대했던 조직들이 몰락하고 마는 이유는 무엇일까? 그 답은 그 조직을 이끄는 리더십 방식에서 찾을 수 있다.

## 인정 욕구를 인정하라

개인은 상업이라는 수레바퀴의 톱니가 아니라 이를 훨씬 뛰어넘는 존재다. 이것은 우리가 어제오늘 알게 된 일이 아니다. 사람들은 복잡하다. 사람들은 희망, 두려움, 야심, 꿈, 그리고 여러 방면에 걸친 재능이 있다. 대다수 사람은 자신을 표현하고 싶어 하고 보탬이 되고 싶어 한다. 또 소속되고 싶어 한다.

수십 년 동안 세계 곳곳에서 이루어진 여러 연구가 확인해 주듯이, 압도적으로 많은 사람이 봉급을 받기 위해서만이 아니라 그 이상의 것을 위해 일한다. 사람들은 성취감과 자기표현, 가치를 더할 기회를 찾기 위해 일한다. 여러 연구 결과, 큰돈을 버는 것은 일부 개인들 특히 월가 사람들한테는 중요하지만 대다수 사람의 목록에서는 일반적으로 1위에 오르지 않은 것으로 나타났다. 그들의 목록에서는 무엇이 1위일까? 사명이 분명한 성공하는 조직에서 성공하는 팀의 일원이 되는 것으로 나타났다.

연구 결과가 확인해 주듯이 조직에서 일하는 사람들은 변화를 일으키고, 자신의 뜻을 관철하고, 자신의 성취를 인정받고 싶어 한다. 중앙정보국CIA은 눈에 띄지 않고 주목받고 싶어 하지 않는(그리고 어쩌면 그래야 하는!) 성향의 사람들이 매력을 느끼는 비밀스러운 조직이지만 심지어 이곳에서 일하는 직원들도 인정받고 싶어 한다. 그래서 비밀 유지와 신중함, 눈에 띄지 않는 몸가짐을 중시하는 이 조직도 우수한 직원들한테는 상을 주고 훈장도 준다.

자신의 성취와 성공한 결과를 인정받으려는 욕구는 워낙 보편적이어서 개인들은 어떤 상을 받기 위해 그 상에 걸린 상금의 몇 배나 되는 돈을 쏟아붓기 일쑤다. 우주 분야의 안사리 엑스프라이즈는 민간 분야에서 정부의 도움 없이 독자적으로 3인승 우주선을 개발해 100킬로미터 상공까지 성공리에 발사했다가 귀환시키고 2주 안에 다시 한 번 성공하는 첫 번째 팀한테 상금 1천만 달러를 주었다.

이 상은 2004년에 엔지니어들, 기술자들, 그리고 항공기와 우주 분야 기업가들로 구성된 팀에 돌아갔는데 우주선 설계의 선구자 버트 루탄이 이끌고 마이크로소프트 공동 창업자 폴 앨런이 자금을 댄 팀이었다. 이 팀은 '스페이스십원'이라는 우주선을 개발해 발사했다. 1천만 달러의 상금을 타기 위해 이 팀은 얼마를 썼을까? 어림잡아 2천 500만 달러였다.

인정받으려는 욕구는 보편적이다. 2004년에 미국 국방부 고등연구계획국DARPA이 캘리포니아 사막을 통과해 약 230킬로미터를 스스로 운전할 수 있는 무인 로봇 자동차를 처음부터 새로 개발해 성공하는 첫 번째 팀한테 상금 200만 달러를 주겠다고 발표하자 195개 팀이 경쟁에 참여했다. 이 팀들은 36개 주에서 왔고 대학 35곳, 고등학교 세 곳, 기업 수십 곳과 많은 개인이 포함되어 있었다. 2005년에 우승팀이 나왔는데 이 상을 타기 위해 참가 팀들은 총 1억 달러를 쓴 것으로 알려졌다.

인정받고 싶어 하는 것은 첩보원들, 우주 열광자들, 로봇광들만이 아니다. 훨씬 작은 규모에서는 복구되었거나 상을 탄 적 있는 빈티지 자동차, 비행기, 보트, 그 밖의 품목들을 경매하는 웹사이트들을 슬쩍 바라보기만 해도 된다. 이런 품목들을 복구하는 비용은 거의 예외 없이 이들의 경매 제시 가격과 최종 낙찰 가격을 뛰어넘는다.

사람들이 이런 품목들을 복구하는 데 그렇게 많은 돈을 들이는 이유는 무엇일까? 그 이유는 이러한 복구 작업이 감당할 수 없는 상태에 빠져서가 아니다. 그 이유는 사람들이 일단 모든 책임을 지고 알아서 하는 프로젝트를 시작하면 자신들의 역량을 최대한 쏟아붓지 않고서는 못 배기기 때문이다.

최선을 다하고 이를 인정받으려는 욕구는 후천적으로 생기는 것이 아니다. 우리한테 원래부터 있는 것이다. 최선을 다하기와 인정받기, 이 두 가지 측면을 고려해서 걸스카우트와 보이스카우트 그리고 이들의 형제자매 조직인 브라우니와 컵스카우트는 리더십상 외에도 메리트배지(소년들)와 금상, 은상, 동상(소녀들) 같은 수백 종의 공로상과 표창을 주고 있다. 대략 8~18세 소년소녀들을 위한 이들 프로그램은 20세기 초에 시작해서 세계적으로 수억 명의 단원들을 보유해 왔다. 우수상을 받아 자신들의 성취를 인정받고 싶은 소년소녀들은 열심히 노력해야 한다. 그리고 학교가 의무적인 것과는 달리 이들 프로그램은 자발적이다. 또 여러 시간을 준비하고 연구하고 조사해야 한다.

나는 사회학자도 인류학자도 아니지만 세계적으로 온갖 유형의 조직에서 현직 리더들을 직접 관찰해 왔다. 지난 몇십 년에 걸쳐 전 세계 수백 명의 전문가들과 리더십에 대해 논의한 결과, 분야나 국적에 상관없이 특정한 공통점들이 드러났다.

모든 연령대와 모든 지위에서 대다수 사람은 최선을 다하고, 최대한 공헌하고, 그리고 이를 인정받고 싶어 한다. 사람들이 최선을 다하지 않는다면 그들이 아니라 그들의 리더(힘 있는 사람들)를 비판하라. 사람들이 실력 발휘를 위해 독자적으로 또 자발적으로 시간과 비용을 기꺼이 바치려고 한다면, 왜 직장에서는 더 기꺼이 그렇게 하지 않는 것일까? 사람들이 조직을 위해 선뜻 희생하지 않는 까닭은 무엇일까? 그 답은 리더가 누구인지를 살펴보면 찾을 수 있다.

조직들을 직접 관찰하면서 나는 너무나 많은 리더가 사람들을 억누르고, 그들의 발전을 방해하고, 그들의 열의와 예리함을 꺾어 놓는 걸 확인했다. 고의든 아니든 리더가 왜 그런 짓을 하는 것일까? 너무나 많은 리더가 권력을 움켜쥐고서 사람들의 결정 능력을 제한하고 있다. 사람들은 기대를 받는 만큼 해내는 경향이 있다. 기대를 하는 둥 마는 둥 해보라. 그러면 딱 그만큼의 결과를 얻을 것이다. 리더가 자신의 팀이나 조직, 회사에 권력을 나누어 주지 않는다면 그 리더는 사실상 주변 사람들한테 아무런 도움도 받지 못할 상황을 조성하고 있는 것이다. 자신들이 자유롭게 행동할 수 있다는 생각을 그 사람들이 하지 않을 테니까 말이다. 그뿐만 아니라 권력을 움켜쥠으로써 리더는 성공과는 거리가 먼 조건인 뒷말과 불신으로 가득한 환경을 조성하고 만다.

– 2장 –

# 지금은 새로운 고용 법칙의 시대

## 직원들은 CEO 불신, CEO는 직원 불신

1999년부터 2005년까지 프라이스워터하우스쿠퍼스에서 생각의 리더십 부문 글로벌 리드 파트너로 일할 때 나는 전 세계 CEO들을 대상으로 1년에 한 번씩 조사를 벌였다. 조사 결과를 발표하는 일은 언제나 큰 행사였고, 발표는 대개 스위스 다보스에서 열리는 세계경제포럼 연례 회의에서 이루어졌다. 언론사들이 항상 참석했다.

해마다 이 조사는 한 가지 이상의 주제에 초점을 맞추었다. 기업의 투자 동향, CEO들이 미래를 낙관하는지 비관하는지, 기업들이 고용을 늘릴지 줄일지, 리더들이 금융시장을 어떻게 바라보고 있는지를 포함해 그 당시 세계의 경영 리더들이 가장 큰 관심을 둔 문제들을 다루었다. 인터뷰 담당자 수십 명이 전화로 CEO들의 의견을 묻기도 하고 어떤 경우에는 직접 만나서 대답을 듣기도 했다.

한데 2005년에 수집한 자료에서 놀라운 점이 눈에 띄었다. 이미 해리스와 로퍼 같은 여론조사 기관들의 장기적인 조사에서 잘 확인

되었듯이, 직원들과 일반인들 사이에서는 기업의 최고위 리더에 대한 불신이, 특히 CEO의 보수에 대한 불신이 점점 자라나 이제는 뿌리 깊이 자리 잡게 되었다. 비영리단체인 공정경제연합과 기업 지배구조 감시단체인 코퍼레이트라이브러리에 따르면, 어떤 기업에서는 CEO의 보수가 일선 근로자 임금의 400배나 되는 것으로 추산되었다. 그런데 2005년에 벌인 조사에서는 CEO들 역시 직원들을 불신하기 시작한 것으로 나타난 것이다. 구체적으로 CEO들은 직원들의 조언을 의심하고, 직원들의 위험관리 능력을 걱정하고, 직원들이 보고하는 재무 수치가 믿을 만한지 의심했다.

우리가 어디까지 추락한 건지 생각해 보라. 그것이 대다수 기업에 무엇을 의미하는지 생각해 보라. 어찌 된 일인지 세계에서 가장 뛰어난 경영 사상가들의 조언과 연구도 소용없이 CEO들과 직원들은 가장 중요한 그들 관계의 일부를 독으로 물들이는 환경을 조성하고 말았다.

배타적이기는 했지만 불가사의할 만큼 충성스러운 관계였던 1950년대와 1960년대의 비즈니스 시대를 회상해 보라. 이 시대에는 CEO가 자신이 경영하는 기업에 대해 모르는 것이 없는 가부장 같은 인물이었고 충성스러운 장기근속 직원들의 지지를 받았다. 그 직원들은 정직하고 성실하고 겸손하기로 정평이 나 있었다. 내가 극도로 간단명료하게 표현하고 있는 이러한 관계는 과거에 조직과 그곳에서 일한 사람들 사이의 오래된 계약이었다. 조직은 직원들에게 일자리의 안정성을 제공했고 신뢰가 기득했다. 그 보답으로 직원들은 IBM에서 일하면 파란색 피를 흘렸고, 캐터필러에서 일하면 노란색 피를 흘렸다. 또 코카콜라에서 일하면 붉은색 피를 흘렸다. 그들의 관계는 상호적이고 상기적이었다.

이제 우리는 CEO들이 직원들을 의심하고 직원들이 보고하는 숫자를 믿지 못하는 시대, 그리고 직원들 역시 CEO를 불신하고 CEO들은 탐욕스러우며 솔직히 말해서 그렇게 유능하지도 않다고 여기는 시대에 살고 있다. 이것은 고용자와 피고용자 쪽 모두 상대에 대한 충성심을 버린 임의 관계(특별한 이유 없이 고용자가 피고용자를 해고할 수 있고 또 피고용자도 자유롭게 그만둘 수 있는 고용 관계) 형태의 새로운 계약 관계를 보여 준다. 옛날처럼 지금도 관계는 상호적이다. 당신은 나를 신뢰하지 않고, 나는 당신을 신뢰하지 않는다는 점에서 그렇다. 경기가 좋을 때는 직원들이 회사를 떠나는 것으로 불만을 표시한다. 경기가 좋지 않을 때는 잘리지 않는 한 남아 있지만 마지못해 남아 있는 것이다.

그것이 발전인가?

오늘날의 조직 계약은 공동 목적 리더십의 씨앗을 뿌리기에 알맞지 않은 땅처럼 보일지도 모른다. 하지만 어떤 면에서는 오늘날의 환경이 사실상 상명하복 방식의 계층구조와 그에 따른 많은 혼란을 정리하기에 가장 좋은 환경일 수도 있다.

먼저 최근의 상황을 생각해 보라. 금융, 자동차, 부동산, 건설, 생활필수품과 그 밖의 분야에서 세계의 리더들이 무릎을 꿇었다. 많은 기업이 도산에 직면해 정부의 지원과 구제금융, 그리고 그 밖의 독한 약을 요청했다. 세계에서 가장 유명한 브랜드 몇 곳이 더는 독립된 기업으로 남아 있지 못하고 사라졌다. 일부 세계적인 거대 기업들은 살아남기 위해 스스로 규모를 줄이거나 정부의 조치에 따라 규모를 줄여야 했다.

왜 이런 일이 생겼을까?

많은 분석가가 그 이유로 쉬운 신용대출, 악성 비우량 주택담보대출, 증권화 같은 신종 금융기법, 널뛰는 석유 가격과 상품 가격, 복잡하고 위험한 금융파생상품, 세계적인 부동산 과잉을 꼽는다. 이 모두가, 그리고 더 많은 지적이 맞는 말이기는 하지만 이러한 지적들은 원인이라기보다 기본적인 일련의 문제점에 더 가깝다. 내가 보기에는 세계적 기관들, 정부의 규제 담당 기구들, 다양한 기업과 그 외 조직들의 나쁜, 그리고 많은 경우에 지독히 나쁜 리더십이 진짜 원인이다.

나쁜 리더십은 기울어 가는 기업 내부의 한 개인이나 몇몇 개인들 탓이 아니다. 나쁜 리더십은 오히려 조직의 구조에 자리 잡고 있다. 나쁜 리더십은 시간이 지나고 심지어 세대를 거듭하면서 지속될 수 있다. 동료나 이사회, 주주, 고객, 그 밖의 사람들이 미리 그 싹을 싹둑 잘라 내지 않으면 나쁜 리더십은 하향 악순환을 하면서 계속되기 쉽다.

한때 세계에서 가장 존경받는 기업의 하나였던 GM의 안타까운 경우를 생각해 보라. 위대한 경영 사상가 피터 드러커는 1943년에 GM을 연구해 그 결과를 《기업의 개념*The Concept of the Corporation*》이라는 책으로 1946년에 발표했다. 이 책은 역사상 가장 중요한 경영 서적 가운데 한 권이 되었고 드러커의 명성을 높여 주었다. 드러커가 연구할 당시 GM은 세계에서 가장 크고 가장 성공한 기업의 하나였다. 그러나 1943년에 벌써 드러커는 앞으로 발생할 리더십 문제들의 씨앗을 발견했다. 그 문제들은 특히 이 회사 리더들이 외부의 비판 그리고 고객과 대리점들의 불만에 귀를 막고 있는 것과 관련되어 있었다.

드러커의 연구에 GM은 어떤 반응을 보였을까? GM의 내부구조와 제품 라인, 대리점 관계를 구축했고 GM의 성장을 이끈 인물로 GM의 CEO 겸 회장에서 갓 물러난 알프레드 슬론은 이 책의 존재 자체도 인정하지 않았다. 1943년에는 아무도 드러커의 경고를 진지하게 받아들이지 않았다.

딱한 일이다. 한때 위대했던 이 기업이 민첩하고 개방된 문화를 발전시켰더라면 어땠을지 상상해 보라. 부품 공급업체들, 대리점들, 고객들, 근로자들, 그리고 GM이 끊임없는 전쟁을 벌이는 문화 대신, 이 기업이 도요타에 가까운 공동 목적 조직이 되었으면 어땠을지 상상해 보라. 도요타에서는 관계가 장기적이다. 또 경쟁자들끼리 치열한 싸움을 벌이기보다 공급업체부터 제조업체, 대리점까지 다들 공동의 이익을 위해 노력하는 하나의 네트워크를 이루고 있다고 여긴다. 도요타의 중요한 공급업체 공장에 불이 났을 때 다른 도요타 공급업체들이 즉시 불탄 공장 대신 부족한 부품들을 생산해 낸 사례들이 있다. 불탄 공장의 화재 피해가 복구되면 공급업체들은 전체 공급망에서 자신들이 담당하던 예전 역할로 되돌아갔다. 불탄 공장의 일감을 완전히 빼앗아 오려고 하는 것이 아니고 말이다. 이러한 예는 욕심이 아니라 모든 이해관계자의 장기적 생존이라는 목표가 도요타 체제를 관통하고 있음을 보여 준다.

GM에 대한 드러커의 초기 관찰 결과와 경고는 무시되었다. 그래도 이 회사는 1950년대와 1960년대에 번창했다. 하지만 1970년대 초가 되자 이 회사의 맹점들이 회사 발전을 방해하기 시작했다. 기름값이 치솟자 더 좋은 품질의 일본 자동차들이 대대적으로 미국 시장에 들어왔다. 게다가 환경운동이 뿌리내리기 시작했다.

GM은 환경과 비싼 기름값을 염려하는 사람들이 기존 고객이거나 잠재 고객임을 깨닫기는커녕 이들을 외면하거나 이들의 입을 막으려 했다. 1970년대에 갓 시작된 환경운동의 영향으로 환경의식을 가진 소비자들이 이제는 주류를 이루고 있다. 그리고 이들 가운데 다수가 과거에 GM이 연비가 높은 일본 자동차 수입을 제한해 달라고 정부에 촉구했고, 연비 기준에 맞서 싸웠는가 하면, 환경문제를 무시했던 사실을 기억하고 있다.

GM이 1970년대 중반부터 30년 넘게 시장점유율을 계속 잃은 것은 놀라운 일이 아니다.

1943년에 이미 느린 하향 악순환의 씨앗이 발견된 이후에도 그렇게 귀한 대접을 받던 조직이 어떻게 그 정도로 추락할 수 있을까? GM의 고통을 30년 동안 이어진 불운 탓으로 돌릴 수 있는 사람은 아무도 없을 것이다. GM은 실패했지만 다른 자동차 회사들, 특히 일본 자동차 회사의 미국 현지 공장들과 포드는 성공을 거두었다. 전 세계 다른 기업들도 세계적인 금융위기에 굴복했을지는 모르지만, 그들 모두 GM처럼 정부의 구제금융을 받지는 않았다. 한 예로 이달리아의 피아트는 1990년내에 부채를 비롯한 이런저런 문제로 힘겨워하던 시기를 헤쳐 나갔고(실제로 한때는 GM에 회사를 팔려고 했다), 리더십이 바뀌면서 막강한 기업으로 부활했다. 그리고 부활한 피아트는 2009년 사모펀드인 서버러스로부터 크라이슬러의 지분을 인수했다. 이 사모펀드는 2007년 메르세데스벤츠의 독일 모기업인 다임러크라이슬러로부터 크라이슬러를 인수한 바 있다. 다임러 소유였을 때 크라이슬러는 투자에 굶주렸고 인재들이 빠져나가 어려움을 겪었다. 서버러스 아래 있을 때에는 금융위기로 타격을 입은 데다 엉뚱한 리더들이 자리를 차지하고 있었다. 피아트가 크라이슬러를 인수했을 때 피아트는 크라이슬러의 구세주였다.

내가 보기에 GM의 문제들은 사실 리더십 문제들이다. GM의 리더들은 정작 보아야 할 것은 보지 못했거나(경영상 가장 큰 잘못 가운데 하나다), 보고도 못 본 척하는 쪽을 택했다. 이것 말고 달리 어떻게 GM의 전 회장 겸 CEO 릭 왜고너가 2008년 말 의회에 공적자금을 활용한 구제금융을 요청하기 위해 워싱턴DC에 가면서 개인 전용기를 타고 갈 수 있었는지를 설명하겠는가?

개인 전용기를 타는 것이 눈살을 찌푸리게 할 행동은 아니다. 세계적 기업의 CEO들은 많은 곳을 다녀야 하고, 그것도 다급하게 그래야 할 때가 종종 있다. 어떤 경우에는 개인 전용기가 가장 좋은(사실상 유일한) 교통수단일 때도 있다. 경기가 좋아서 회사가 성장하고 있을 때에는 누구도 이런 문제로 야단을 떨지 않을 것이다. 그렇지만 금융위기가 한창일 때라면? 수십 년에 걸친 무능한 리더십을 구제해 달라고 공적자금을 요청하기 위해 워싱턴에 갈 때라면?

이 문제뿐만이 아니라 GM을 비롯해 미국에 기반을 둔 자동차 회사 대표들이 참석한 의회 청문회도 만만치 않은 반론을 불러일으켰고 정치화되었다. 당연히 GM 내부의 누군가는 여론의 추세는 물론이고 자신들이 얼마나 면밀한 조사 대상이 되었는지를 알고 있어야 했다.

GM에서 아무도 왜고너에게 상업용 비행기의 이코노미석을 타고 가야 한다고 말하지 않았다면, 그것은 경영진이 안고 있는 심각한 일련의 약점을 보여 주는 것이다. 왜고너의 청문회 준비를 도운 그 누구도 그에게 그런 말을 할 만큼 충분히 상황을 인식하지 못했거나, 그만한 관심을 두지 않았거나, 그만한 용기가 없었다는 뜻이니까 말이다. 또 누군가 상업용 비행기를 타라고 조언했지만 왜고너가 이를 무시했다면, 이것 역시 나쁘기는 매한가지다. 어느 쪽이 되었든 1943년에 드러커가 관찰한 조그마한 문제의 씨앗이 커다란 문제의 나무로 자란 것이다. 그러한 문제들 때문에 왜고너는 2009년 오

**피터 드러커가 관찰한 1943년 무렵 GM의 위험신호**

- 최고위 임원들의 편협성
- 열악한 노사관계
- GM과 대리점망 사이의 불화
- 고객 무시
- 사려 깊은 외부 비판 외면

자료: 피터 드러커, 《기업의 개념》
(Edison, N. J., Transaction Books, 1993. 첫 출간은 1946년.)

바마 행정부의 자동차 산업 특별 팀한테 격식도 갖추지 않은 채 사임 요구를 받는 망신을 사고 결국 자리를 잃게 되었다.

GM이 벼랑 끝에서 비틀거린 경험이 이번이 처음은 아니다. 1992년 GM이 곤경에 빠졌을 때 나는 〈뉴욕 타임스〉 칼럼니스트 겸 경제부문 편집자였다. GM의 매출은 곤두박질치고 있었고, 회사채 신용등급은 하락했다. 운도 쇠퇴하고 있었다.

그때 나는 MIT 교수이자 대량생산을 연구한 학자이고 《세상을 바꾼 기계*The Machine That Changed the World*》의 저자이기도 한 제임스 워맥에게 디트로이트의 상처 입은 거인 GM을 위한 처방전을 써 달라고 부탁했다. 워맥의 글이 워낙 좋아서 나는 그가 세계 자동차 산업에 대해, 특히 도요타 같은 일본 자동차 업체들에 대해 연구한 결과를 소개하는 데 필요한 지면을 최대한 내주었다. 그는 GM을 구해줄지도 모를 통찰력 있는 처방전을 써 주었다. 워맥은 제조, 경영, 마케팅, 비용, GM의 노사문제를 두루 다루었다.

이 기사가 나가자 많은 관심이 쏟아졌다. 당시는 신문의 전성기라서 GM의 고위 인사들 가운데서도 워맥의 기사를 본 사람이 틀림없이 있을 것이다. 워맥이 열거한 조치들을 모두 실행에 옮길 수는 없다 해도 그의 글 대부분은 정곡을 찌르고 있었다. 게다가 글쓴이가 세계 최고 공대 MIT의 교수이자 연구책임자라면, GM 관계자한테서 그의 견해를 들어 보고 싶다는 전화를 받았을 거라고 여러분은 생각했을지 모른다. 어쨌든 GM은 고전하고 있었으니까.

하지만 기사가 나가고 며칠 뒤 워맥에게 전화를 걸어 GM(여전히 세계 최대 자동화 회사였다)의 누구한테서라도 연락을 받았는지 물었더니 "아무 연락도 없었습니다" 하는 대답이 돌아왔다. 그러고는 이렇게 덧붙였다. "연락이 올 걸로 기대하지도 않았어요. GM에서는 아무도 외부인이 자기네 회사를 이해할 수 있다고 믿지 않거든요."

워맥의 조언이 묵살되었다는 말을 듣고 나는 실망했다. 그의 글은 설득력 있고 사려 깊은 분석 기사였다. 게다가 추가로 인쇄되어 널리 배포되었다고 들었다.

그럼 그렇게 사려 깊은 분석 글이 외면당한 것은 누구의 잘못일까? 조립 라인 근로자? 매장 영업사원? 부품 제조업체? 중간 관리자들? 아니면 최고위 리더들?

워맥의 처방이 GM의 문제를 해결하는 방법에 관한 유일한 분석은 아니었다. 많은 컨설팅 회사가 GM에 컨설팅을 해주었고, 경영학 교수들이 사례연구를 썼다. 기자들이 이 회사의 시련을 진단하는 기사를 내보냈고, 금융 분석가들이 이 회사를 꼼꼼히 조사해 이 회사의 문제점들에 대한 주의를 환기시켰다. 파격적인 억만장자이자 한때 대통령 후보였고 GM 이사였던 로스 페로조차 회사 리더들이 엉망이라고 말했다. 결국 그는 GM 이사회를 떠났다.

물론 GM의 리더 중에는 이러한 분석 가운데 몇 가지를 읽은 사람이 틀림없이 있을 것이다. 하지만 두 눈을 질끈 감은 채 읽었거나 아니면 회사 구조가 너무 굳어 있어서 아무도, 정말 '한 사람도' 워맥의 기사나 다른 기사, 책, 연구, 논문을 GM의 경영진 앞에 가져다 놓을 만한 배짱이 없었다. 또 GM 최고위 팀의 한 리더가 우연히 자기 회사에 관한 글을 보게 되더라도 다른 리더와 함께 돌려 읽는 법은 없었다.

딱하게도 GM만 그런 것이 아니다. 금융위기가 터지기 직전에 베어스턴스, 메릴린치, 리먼브러더스, 스코틀랜드로열뱅크, UBS와 그 밖의 금융 회사 리더들은 자기자본의 35배가 넘는 차입금을 이용한 투자행위가 위험하다는 사실을 분명히 알고 있었을 텐데도 그런 일이 벌어지도록 내버려 두었다. 이들은 자기자본의 35배나 되는 돈을 빌려서 서브프라임 모기지나 파생상품이나 그 밖의 금융상품 포트폴리오를 구매하면 그 포트폴리오 가격이 불과 3퍼센트만 떨어져도 자기 회사가 무너진다는 걸 틀림없이 알고 있었을 것이다. 3퍼센트 하락은 금융 분야에서 흔히 있는 일로, 정상적인 시세변동폭 안에 들어오고도 남는다. 그러나 월등히 높은 지능을 가진 트레이더와 애널리스트, 자산관리자들이 대거 포진하고 있는 이런 금융 회사들이 그렇게 높은 차입투자에 문제가 있다는 사실을 알아차리지 못했다.

"이 사람들이 도대체 무슨 생각으로 그랬을까?" 하고 묻는 사람이 틀림없이 있을 것이다. 여기에 덧붙여, 조직에 좀 더 합리적인 행동을 촉구한 몇몇 아웃라이어들의 염려를 쉬쉬하며 억누른 금융기관들은 도대체 무슨 생각으로 그랬을까? 물론 서브프라임 시장에 대한 루이스 라니에리의 비판을 들은 리먼브러더스나 메릴린치나 베어스턴스의 누군가는 틀림없이 걱정하는 목소리를 냈을 것이다. 세계에서 가장 큰 금융기관들의 누군가는 금융붕괴가 발생하기 2년 전에 이 사태를 예측한 경제학자 누리엘 루비니의 그 유명한 글을 틀림없이 읽었을 것이다. 그러지 않았을까?

분명히 그랬다. 그들은 그런 이야기를 들었고 그런 글을 읽었다. 그러고는 무시했다.

미국의 대형 주택건설 회사들은 어떤가? DR호튼, 풀테, 레나, 센텍스, KB홈스의 일부 현명한 리더들은 집값을 갚을 능력이 없는 사람들한테 주택담보대출을 제공해야만 자신들이 집을 팔 수 있다면 뭔가 일이 잘못될 수 있음을 틀림없이 알고 있었을 것이다. 미국에서 가장 큰 주택건설 회사들이 이 점을 몰랐을 리 없다. 어찌 되었든 이 회사들은 몇십 년 동안 그리고 일부는 몇 세대 동안 주택건설 사업을 해왔고, 또 온갖 사업 조건과 온갖 지역에서 활동해 온 기업들이다. 그런데도 이들 대기업의 리더들은 계속 땅을 사들이고 이를 여러 구획으로 분할해 시장 수요를 훨씬 뛰어넘는 주택 물량을 쏟아냈다.

어떻게 그렇게 많은 리더가 그렇게 많은 회사를 도산시키거나 도산 직전까지 몰고 갈 수 있었을까? 어떻게 그렇게 많은 독립된 회사들을 그렇게 형편없이 이끌 수 있었을까?

이들 각 사례에서는 조직 하나하나는 물론이고 심지어 해당 산업 전체가 잘못된 리더를 선택하도록 구조화되었거나, 아니면 우수한 리더들에게 재앙을 예방할 적절한 수단을 제공하지 못했다. GM의 경우처럼 많은 조직에서 리더들이 고립되어 있거나, 혹은 외부 상황을 무시하면서 이를 당연하게 여기는 변화가 장기간에 걸쳐 일어나 있었다.

이들 조직에 닥친 재앙을 고려할 때 세계는 이제 새로운 리더십 모델을 받아들일 때가 되었다. 새로운 리더십 모델이란 회사 안팎으로 개방되고, 더 나아가 회사 안팎에서 정보를 구하고, 변화를 추구하는 데 조직의 역량을 동원할 수 있는 모델을 말한다. 물론 세계가 목격하고 있는 현재 상황을 고려할 때 앞선 세대들이 구축해 온 미덕을 보호하는 리더십이 우리에겐 필요하다.

리처드 보이애치스는 《사람을 통한 가치 창조*Creating Value Through People*》에서 굉장히 중요한 점을 지적했다. "무능한 리더가 이끄는 조직은 인재를 유치하거나 지킬 수 없을 겁니다" 하고 말한 것이다. 이 말이 옳다는 것은 한두 번 증명된 것이 아니다. 여러분이 젊고 똑똑하고 MIT나 스탠퍼드, 캘리포니아공대, 카네기멜론대학을 갓 졸업한 엔지니어라면 수십 년 동안 계속 쇠퇴해 온 조직에서 일하고 싶겠는가, 아니면 새로운 생각에 개방적인 회사에서 일을 시작하고 싶겠는가? 상사들이 편협하기로 소문난 조직에서 일하고 싶겠는가, 아니면 리더들과 쉽게 만날 수 있고 직급에 상관없이 모든 사람을 팀의 동등한 구성원으로 여기는 조직에서 일하고 싶겠는가?

## 조직은 완성된 작품이 아니다

이제는 상명하복 방식으로 작동하는 계층구조의 횡포에 마침표를 찍어야 한다. 오늘날의 임의 근로 환경이 가치 창조 과정에서 고용자와 피고용자 사이의 상호 이익과 책임을 강조하는 이른바 성숙한 노동관계를 형성할 기회를 실제로 만들어 내고 있기 때문이다.

조직은 사람이 아니다. 조직은 사람이 설계하고 발전시키고 변화시키는 것이다. 그리고 사람이 파괴하는 경우가 비일비재하다. 살아남는 조직들의 비결은 구성원들의 생산성과 환경의 변화에 대한 대응력을 높여 주는 데 있다. 편협성, 경직성, 환경의 변화에 대한 부적응이 조직을 망치는 요인들이다.

조직구조는 어쨌든 고정된 것이라거나 함부로 침범해서는 안 될 만큼 신성한 것이라거나 개혁할 수 없는 거라는 생각은 한마디로 틀린 것이다. 모든 조직은 작가가 아직 결말을 정하지 않았거나 어떤 결말이 날지 작가조차 모르는 소설처럼, 완성된 작품이 아니라 진행 중인 작품으로 보아야 한다.

조직은 개인이 혼자서 이루어 내기에는 힘에 부치는 목표들을 달성하기 위해 사람들이 발전시켜 온 수단이다. 조직은 공동 목표를 이루어 내도록 사람들을 동조시키기 위한 수단이다.

조직의 목표를 달성할 사람들의 능력을 방해하는 조직은 반드시 개혁해야 한다. 다른 사람들을 억압하거나 깎아내리거나 다른 사람들의 생산성을 헛되게 하는 리더를 줄곧 발탁하는 조직은 이 상황을 바로잡을 신속한 조처를 해야 한다. 내부와 광범위한 외부 환경의 변화에 무신경한 조직, 시장이나 지리적 조건이나 인구통계나 기술의 중대한 변화를 그냥 놓치고 지나치는 조직은 당장 개혁해야 한다.

조직 자체는 아무런 생각도 하지 않는다. 따라서 사람들이 조직을 고치는 수밖에 없다. 조직이 스스로 고치지는 못한다. 사람만이 조직을 고칠 수 있다. 조직은 사람이 만드는 구성물이기 때문에 우수한 리더는 자신이 이끄는 조직이 발전을 방해하는지 아니면 촉진하는지를 항상 지켜보아야 한다.

## 충성심 대신 상호 이익

윈스턴 처칠이 국가는 친구가 없고 이해관계가 있다고 말한 적이 있다. 조직과 그곳에서 일하는 사람들도 마찬가지다. 조직이 사람을 해고하는 데 아무런 거리낌이 없고, 개인들이 회사를 떠나는 걸 전혀 꺼림칙해하지 않는 시기에는 언제나 충성심이 세 가지 종류의 이해관계로 대체되었다.

- 개인의 이익_사람들은 높은 급여와 복지 혜택을 원하지만, 개인적으로 또 직업적으로 성장하고 도전받고 목표를 달성하고 흥미로운 사람들과 함께 일하고 다른 사람들의 능력에 자신의 능력을 더할 기회도 원한다. 또 존경받고 싶어 하고, 리더십 전문가 존 카첸바흐가 《왜 자부심이 돈보다 중요한가*Why Pride Matters More Than Money*》에 썼듯이 자신이 하는 일에 자부심을 느끼고 싶어 한다.
- 상호 이익_조직과 개인은 가치를 창조해야 하고, 그 일을 함께 해내야 한다. 가치를 창조하지 못하는 개인은 자의든 타의든 조직을 떠나게 된다. 가치를 창조하지 못하는 조직은 실패하고 만다. 가치측정 기준들은 추상적이지 않다. 가치측정 기준들은 꾸준히 개선되는 성과와 성장을 중시한다. 정체는 절대 용납되지 않는다. 상호 이익과 관련해 한 가지 고려할 점이 있는데, 개인이 성장하고 발전하려면 조직이 가진 모든 수단과 능력을 이용할 수 있어야 한다는 것이다.
- 조직의 이익_조직이 사람일 수는 없지만 그래도 조직의 최우선 관심

사는 살아남는 것이다. 그러려면 조직이 튼튼하고 민첩하고 유연하고 발 빠른 대응을 해야 한다. 또 필요할 때 즉석에서 상황을 처리할 자유를 인재들에게 주어야 한다. 조직은 다양한 능력을 조화시키고 자원을 분배하고 성과측정이 계속 이루어지는 곳이다. 조직은 또 사람들이 들고나는 가운데서도 가치관과 목표를 계속 살려 이어 나간다.

우수한 리더십의 목표는 조직이 계속해서 세력을 넓혀가도록 이러한 이해관계의 균형을 유지하는 것이다.

## 100세 기업에 있는 것

이러한 이해관계를 잘 조화시킬 수 있는 위대한 조직들은 온갖 고난을 견뎌 낼 수 있다. 이것은 내가 한 고객을 위해 성공한 조직들은 어떻게 시련을 견뎌 내고 100세 기업이 되는지에 초점을 맞춘 연구를 해보아서 안다. 이 연구를 할 때 나는 장수하면서 성공한 조직들을 망한 기업들('고인의 명복을 빕니다'를 뜻하는 'RIP 기업'으로 이름 붙였다)로 구성된 비교군과 대조해 보았다. 1925년에 설립되어 버마쉐이브라는 면도 크림을 생산하던 버마비타는 사라졌는데, 1837년에 설립된 프록터앤갬블 같은 기업은 어떻게 계속 성공하고 성장하는 것일까? 1848년에 설립된 라자드브러더스는 살아남아 성장하고 있는데, 1884년에 설립된 니커보커트러스트는 왜 망했을까? 이 프로젝트를 위해 나는 약 100개 기업을 연구했다.

내가 연구한 100세 조직 가운데 개인의 이익과 상호 이익, 조직의 이익이 잘 조화를 이룬 조직은 거의 모든 사태를 이겨 내는 능력이 있었다. 그 기업들은 두 차례의 세계 대전을 (두 조직은 미국 남북전쟁까지) 겪으면서도 번영했다. 이들은 대공황, 열두 차례 정도의 불경기, 여러 시기의 인플레이션과 스태그플레이션, 하락장과 상승장, 금융붕괴를 이겨 냈다. 기술 변화에서도 살아남았다. 두 기업은 창업주들의 때아닌 죽음까지도 잘 견뎌 냈다.

이러한 이해관계들을 잘 조화시킴으로써 100세 기업들은 모든 예상을 뛰어넘어 여전히 공격적이고 활기차고 높은 경쟁력을 유지했다. 이들 기업은 구성원들이 더 큰 무언가에 속해 있다고 느끼게 하는 문화를 간직하고 있었고, 그래서 그들은 자신들이 특별하다고 느꼈다. 100세 기업들은 해당 산업 분야에서 공정하다고 여기는 방식으로 부를 함께 나누었다. 그들은 인재를 소중하게 여겼다. 이러한 조직에서 일하는 개인들은 자신들이 성장하고 있다고 느꼈고, 자신의 팀에는 자신이 좋아하고 또 본받고 싶은 사람들이 많다고 느꼈다. 조직의 생존이 걸린 위기상황이 닥칠 때, 리더들은 기업을 살려내기 위해 자신의 본분을 다했다. 정도의 차이는 있지만 성공하고 장수하는 조직들은 공동 목적의식이 있었다.

RIP 기업들은 왜 망했을까? 나는 이들에게 공통된 세 가지 요소를 발견했다. 공동 목적이 없고, 공동 비전이 없고, 공동 목표가 없다는 것이었다. 이들 조직에 가장 치명적이었던 행동은 조직이 나아갈 방향을 둘러싸고 끊이지 않는 다툼, 내분, 전략에 관한 분파주의, 그리고 이른바 내부 혼란이었다. 이러한 행동을 지켜보면서 사람들은 조직 리더들이 지금 자신들이 어디로 가고 있고 또 무슨 짓을 하고 있는지 제대로 알기나 하고 그러는지 의심했다. 또한 RIP 조직들은 융통성 없는 경영구조 탓에 고통을 겪었다. 어떤 조직에서는 회사가 선택한 방향에 구성원들이 의문을 제기하는 걸 두려워했다. 이들 기업에서는 신뢰가 깨져 있었다.

100세 기업들과 사라진 기업들 사이에는 기술, 시스템, 방법론, 지리적 조건, 제품까지도 아무런 차이가 없었다. 사라진 조직의 구성원들이 최고위 경영진한테 자신들의 의견을 밝힐 수 있고, 그런 의견을 고위 경영진이 귀 기울여 들었더라면 이들 기업 가운데 일부는 살아남았을지도 모른다.

## 개인에게 권한을!

사람들은 자신의 뜻을 관철하고 존중받고 자기 영역을 지배하려는 욕구가 있다. 위대한 리더들, 곧 공동 목적 리더들은 사람들에게 각자의 영역을 주고, 신뢰하고, 책임을 맡기고, 각자의 일을 할 기회와 자원을 제공한다. 하지만 그에 걸맞은 책임도 함께 묻는다. 다시 말해서 위대한 리더들은 함께 일하는 사람들을 성인으로 대우한다. 이것이 바로 현행 고용 계약이 옹호하는 내용이다.

"사람들에게 각자의 영역에 대한 지배권을 준다"는 말로 내가 '뉴에이지' 스타일의 무언가를 말하려는 것은 아니다. 그보다는 사람들이 각자의 일을 하려면 권한이 필요하다는 말을 하려는 것이다. 그 개인이 CEO라면 그는 회사 전체에 대한 권한이 필요하다. CEO의 보고를 받는 이사회와 주주들은 CEO가 자신의 일을 해내기에 충분한 신뢰와 권한을 주어야 한다. 또한 CEO가 결과를 책임지게 해야 한다. 현재의 결과만을 말하는 것이 아니다. CEO는 자신이 권한을 가진 기업이 미래에도 살아남을 수 있게 해야 한다.

각자의 영역에 대한 지배권을 준다는 것이 최고위층에게만 해당하는 것은 아니다. 출입구를 지키는 경비원에서부터 전화를 받고, 제품과 서비스를 판매하고, 회계를 담당하는 사람들까지 조직의 모든 이들에게 해당하는 것이다. 여러분이 어떤 일을 하고 있다면 여러분이 그 일을 '소유해야' 한다! 그 일을 하는 한 그 일의 '주인이 돼라!'

프랑스의 화학 회사 롱프랑의 CEO를 지냈고 나중에 비방디유니버설을 회생시킨 CEO 장르네 포르투는 사람들이 "회의에서 이렇게 저렇게 결정되었습니다" 하면 몹시 화가 난다는 말을 내게 한 적이 있다. 그의 대답은 이랬다. "회의가 결정하는 것이 아닙니다. 사람들이 결정하는 거죠." 달리 말하면 포르투가 이끌어 온 여러 기업에서는 얼굴 없고 이름 없는 직무가 따로 있지도 않고, 결정 권한을 가진 위원회가 따로 있지도 않다. 책임과 의사결정 권한이 사람들한테 있다. 책임의 단위가 사람이다. 포르투의 관점에서는 조직 구성원 모두가 개인이라는 말뜻에 딱 들어맞는 딱 맞는 사람들이다.

그는 내게 이렇게 말했다. "우리는 사람들을 존중하고 그들의 기여를 존중하려고 노력해요. 하지만 무엇보다도 이 회사에서 일하는 사람들은 자신들이 공동체 구성원이라는 의식이 있어요. 혼자서는 할 수 없는 일들을 해낼 수단을 공동체 구성원으로서 갖고 있는 거죠. 공동체 안에서 그들은 책임을 지고, 권한을 부여받고, 개인으로서 서로 존중한다고 느낍니다. 당연히 그래야 하고요." 조직은 구성원들이 일을 해내도록 도와주는 수단으로 여겨야 한다는 것이 포르투의 생각이다.

포르투는 말한 대로 실천해, 자신이 이끄는 조직에서 일하는 사람들에게 실제로 권한을 주고 책임을 맡기고 그들을 신뢰해 왔다. 하지만 나도 그렇게 한다고 주장할 수 있는 다른 고위 리더들은 거의 없다. 이번 장 첫머리에서 언급한 CEO 조사 결과가 보여 주듯이, 대다수 리더는 자신들이 의존하고 있는 아랫사람들을 너무나 불신해 그들한테 각자의 일을 할 충분한 권한을 주지 않고 있다. 리더들은 계속해서 팀원들을 지나치게 통제하고, 그렇게 함으로써 두려움과 사후 비판이 무성하고 평균 이하의 성과밖에 내지 못하는 분위기를 조성하고 있다. 함께 일하는 사람들을 과도하게 통제함으로써 리더가 자신이 이끄는 집단의 성과를 방해하고 있는 것이다.

왜 이런 식이어서는 안 된다는 것일까? 여러분이 자유롭게 행동할 수 없다면, 여러분은 아예 행동하지 않을 것이다. 여러분이 결정을 내릴 때마다 그 결정이 반박당하거나 뒤집어진다면, 여러분은 아예 결정을 내리지 않을 것이다. 여러분이 자원을 배분할 때마다 문제를 일으킨다면, 여러분은 아예 자원을 배분하지 않을 것이다. 제정신으로 누가 그렇게 하겠는가?

## 공헌자와 훼방꾼 대하는 법

달갑지 않은 진실이 있는데, 사람들이 다 똑같은 능력이나 성공 욕구나 의욕이 있는 건 아니라는 것이다. 사람들이 다 똑같은 동기를 가지고 날마다 필요한 결정을 내리는 것 또한 아니다. 이렇게 말하면 껄끄러울지 모르지만, 우리 대부분은 언제나 부정적이거나 까다롭거나 게으르거나 정직하지 않거나 아니면 한마디로 자기 일을 해낼 능력이 없거나 혹은 하려는 의지가 없는 동료를 지목할 수 있다. 이 범주에 속하는 사람들한테는 태도를 바꿀 기회를 한두 번은 줄 만하지만 그 이상은 아니다.

포르투가 언젠가 들려준 이야기인데 그가 롱프랑의 CEO가 되었을 때 그곳 사람들 대다수는 그를 지지했지만, 소수의 고위 관리자들은 그를 반대했다. 포르투는 이 반대자들, 그러니까 자신의 계획에 대해 끊임없이 '추가 설명'을 요구하는 사람들이 자신의 시간과 에너지를 너무 많이 빼앗는다는 걸 곧 깨달았다. 그들은 포르투와 언쟁을 벌였고, 별도의 회의를 요구했고, 추가 설명을 원했고, 그러고도 의견을 바꾸지 않았다. 점점 더 많은 시간과 관심을 이들이 빨아들이고 있었다.

포르투가 반대의견을 막은 것은 아니었다. 그는 반대의견을 허용했다. 사실 포르투는 자신의 생각에 문제를 제기하고 각자의 생각을 제시하는 사람들을 좋아했다. 그리고 그들의 생각이 옳으면 자신의 생각을 바꿨다. 한데 반대를 일삼고 전략에 대해 언제나 의견이 맞지 않는 몇몇 사람이 회사에 있었다.

이 문제에 대한 포르투의 해결책은 기가 막히게 간단했다. 만년 반대론자들한테 쏟던 시간과 관심을 딱 끊은 것이었다. 포르투는 그들을 상대하지 않았다. 포르투의 관심을 받지 못한 채 비교적 짧은 시간이 흐른 뒤, 반대론자 대부분은 입장을 바꾸고 태도를 달리했다. 그들은 여전히 포르투의 여러 결정에 맞섰지만, 건설적이고 창의로운 방식으로 그렇게 했다. 포르투는 그들이 일을 하는 데 필요한 권한을 줌으로써 그들의 변화를 보상해 주었다. 포르투는 그들에게 악의를 품지 않았다.

그렇지만 소수의 반대론자는 여전히 남아 있었다. 무조건 부정적이거나, 포르투를 싫어하거나, 포르투의 목표와 동조하도록 설득할 수 없는 사람들이었다. 이들에 대해 포르투는 가차 없었다. 그들을 해고한 것이었다.

일부 사람들이 부정적 태도를 버릴 수 없다는 걸 확인하게 되면 그런 사람들은 그들의 목적과 열정, 기회를 다른 곳에서 찾게 해야 한다고 포르투는 말했다. 그러지 않으면 그들이 너무 많은 시간과 에너지, 노력을 빼앗아갈 것이다.

만년 반대론자들을 단지 의견이 다를 뿐인 사람들, 그래서 그들의 말이 옳을 수도 있는 사람들과 어떻게 구분할까? 분명한 선이 있는 건 아니다. 하지만 사람들이 여러분의 '생각'에 동의하지 않을 때에는 그들을 포용하라. 그들은 여러분이 편협성에 빠지지 않게 막아 줄 해독제다. 그런 사람들이 결국 여러분의 조직을 비참한 운명에서 구해 줄지도 모른다. 하지만 사람들이 '여러분'을, 달리 말해서 여러분의 조직 내 위치와 권한과 직급을 못마땅해하면 그 사람들은 다른 일자리를 알아보아야 한다. 사람들이 여러분을 여러분 일의 주인으로 존중하지 않고 여러분의 영역 지배권을 인정하지 않을 때는 그들을 내보낼 때가 된 것이다.

라미트 발마와 제이크 뉴버그는 레볼루션프렙의 공동 창업자다. 2008년에 80퍼센트의 성장률을 보일 정도로 빠르게 성장하고 있는 이 회사는 학생들에게 대학과 대학원 입학시험을 준비시켜 주고, 개인지도를 해주고, 온라인 교육 서비스를 학교에 판매하는 사업을 한다. 전국적으로 70명의 직원을 고용하고 있고, 700명의 시간제 교사를 보유하고 있다. 짧은 시간 동안 발마와 뉴버그는 회사의 사명과 학생들의 교육 욕구를 충족하는 데 아주 충실한 젊은 직원들을 중심으로 탄탄한 공동 목적 문화를 구축해 왔다. 이 회사의 상근직원 대부분은 레볼루션프렙이 대학 졸업 후 그들이 가진 첫 직장이다.

이 역동적인 회사의 공동 창업자들은 반대의견을 어떻게 바라볼까? 그들은 생산적인 반대의견이라면 이를 받아들여서 새롭고 창의로운 생각을 찾아내는 데 이용한다. 그들은 반대의견을 이용해서 문제를 해결하고 이윤을 낳는 새로운 길을 찾아낸다. 하지만 반대의견이 끊임없는 부정적 사고방식의 징후라면 이를 곧장 처리한다.

발마는 이렇게 설명한다. "가차 없고 신속해야 합니다. 태도가 나아지지 않는 사람들은 해고해야 해요. 그것도 빨리해야 합니다. 리더의 가치관과 비전을 지지하지 않고, 리더의 목표에 동조하지 않는 사람들은 큰 손해를 끼칠 수 있거든요. 인적자원관리HR 측면에서 우리가 저지른 가장 큰 잘못은 달라질지도 모른다고 생각해서 누군가를 해고하는 데 시간을 너무 오래 끌었다는 겁니다." 이런 접근방식을 쓰면 초기 이직률이 높아지기 쉽다. 그렇지만 일단 가려낼 사람들을 가려내고 나면 남아 있는 사람들은 진득하게 오래가는 경향이 있다. 아쉽게도 간단한 진실이 있는데, 모든 사람이 모든 조직에 맞지는 않는다는 것이다. 공동 목적 조직도 예외가 아니다. 포르투, 발마, 뉴버그, 그리고 내가 만난 수많은 그 밖의 위대한 리더들이 이 점에 동의한다. 잘나가는 조직은 편협성에 빠지지 않기 위해 의견 대립과 논쟁과 창의로운 불화에 열려 있어야 하지만, 끝도 없이 부정적이거나 팀과 어울릴 길을 도저히 찾을 수 없는 사람들을 끌어안을 수는 없다.

그다음에는 아첨꾼들이 있다. 이런 사람들은 행동보다 말을 앞세우고, 일은 하지 않으면서 자존심을 세운다. 자신의 경력을 위해서라면 못할 말이 없는 사람들이다. 여러분도 이런 스타일을 알 것이다. 만일 단테가 경영책을 쓴다면 이런 사람들을 위한 지옥을 따로 마련해 두지 않을까. 이런 사람들은 CEO에게 이렇게 말한다. "당신은 세계에서 가장 영향력 있는 인물입니다. 워싱턴 청문회에는 기업 전용기를 타고 가시는 게 좋습니다." 혹은 이렇게 말한다. "당신은 회장 겸 CEO이십니다. 마음대로 사무실을 꾸미셔도 됩니다."

CEO들만 가입할 수 있는 조직인 비스티지인터내셔널의 CEO 라파엘 패스터에 따르면, CEO를 비롯한 리더들에게 중요한 것은 이 말을 명심하는 것이다. "다들 CEO한테 이렇게 저렇게 하라고 코치도 하고 조언도 하지만, 그런 말이 전부 유익한 것은 아닙니다. 따라서 리더가 해야 할 일은 자신이 존경하고 신뢰하고 조언을 구할 수 있는 사람들로 자문단을 구성하는 것입니다." 정보를 주고, 판단을 도와주고, 조언해 줄 독립적이고 신뢰할 수 있는 인맥을 구축하는 것이 최고의 리더를 그 밖의 리더와 가르는 요인일 때가 종종 있다.

공동 목적은 기업이나 조직의 다른 모든 자산과 마찬가지로 보호받아야 한다. 공동 목적은 브랜드나 특허보다 중요하면 중요했지 그보다 못하지 않다. 오히려 공동 목적은 조직 구성원들이 서로 교감하는 방식이기 때문에 반드시 보호받아야 한다.

– 3장 –

# 모든 직급에
# 리더가 필요하다

## 직급별 리더십의 내용

상명하복 방식의 계층구조를 왜 없애야 할까? 매리어트의 고급 호텔 체인인 리츠칼튼의 사장 겸 최고운영책임자 사이먼 쿠퍼가 가장 좋은 이유 하나를 제시했다. 그는 그것을 '각본 없는 서비스'라고 부른다. 무슨 뜻일까? 고급 호텔들을 비롯한 대다수 사업체들은 현재 예전보다 훨씬 다양한 부류의 손님들에게 서비스를 제공하고 있다. 그 결과 리츠칼튼 직원들이 고객들한테 받는 요청의 종류가 달라졌다. 20년 전에는 이 호텔 시설 대부분이 미국에 있었고, 고객은 혼자 또는 몇몇 동료와 함께 출장 온 고위직 백인 남성이 주류를 이루었다. 이렇게 어느 정도 동질적인 집단은 어떤 서비스를 원하는지 예측하기가 비교적 쉬웠다.

오늘날 호텔부터 콘도미니엄과 고급 타임셰어(1년을 52주로 나눠 일주일 단위로 원하는 기간만큼 관광지의 리조트를 소유하고 입주하는 숙박시설 이용 시스템)까지 여러 종류의 시설을 보유하고 있는 리츠칼튼 같은 고급 호텔 체인은 기존의 고객층뿐만 아니라 가족과 국외 여행자를 포함한 훨씬 다양한 고객층을 대상으로 완벽한 고급 서비스를 제공해야 한다. 게다가 이제는 미국 국내보다 국외에 더 많은 리츠칼튼 시설이 있다. 이 호텔은 런던, 베이징, 모스크바, 도하, 방갈로르, 뉴욕, 베를린 같은 다양한 지역에서 똑같이 수준 높은 서비스를 제공해야 한다. 하룻밤 묵을 객실은 누구나 판매할 수 있다. 그에 견줘 리츠칼튼 같은 고급 호텔 체인은 비싼 값을 한다고 인정받을 만한 경험을 판매해야 한다. 또 각 호텔에서 가능한 한 많은 수익을 뽑아내기 위해 스파, 헬스클럽, 각종 식당, 와인바같이 골라서 이용할 수 있는 다채로운 서비스를 판매해야 한다.

**각본 없는 서비스**

- 오늘날의 환경은 여러 가지 면(사람, 상황, 경쟁상대, 경제와 규제 환경)에서 다양하다.
- 이러한 다양성은 문제를 해결하기 위한 각본이나 지침서가 더는 소용없어졌음을 뜻한다.
- 조직에서 일하는 개인들이 기업의 비전과 사명, 브랜드에 대한 이해를 바탕으로 스스로 생각해야 하고 이를 위해서는 모든 직급에서 리더십이 필요하다.
- 리츠칼튼에서는 누구나 고객들에게 가능한 한 최고의 경험을 안겨 주는 일의 리더다.

더 다양한 고객층의 욕구를 충족시키기 위해, 호텔은 이런저런 고객 요청에 대해 몇 가지 해결책을 미리 적어 놓은 각본에 의존할 필요 없이 직원들이 알아서 움직이게 해야 한다. 쿠퍼를 비롯한 고위 경영진은 리츠칼튼 직원이 고객을 위해 특별한 일을 하려고 상사한테 전화를 걸어 허가를 받아야 한다면 시간도 걸리고 결국 고객을 짜증나게 할 것임을 안다. 또 고객과 함께 있지도 않은 상사한테 전화를 걸어 봤자 뾰족한 답이 나오지 않는다는 것도 안다. 그리고 손님 앞에서 전화를 걸어 대체 무슨 말을 하겠는가? "웬 양반이 바로 제 앞에서 까칠하게 나오면서 진짜 머저리같이 구는데요"라고 하겠는가?

그렇게 하지는 않을 것이다.

호텔 투숙객들의 특성이 훨씬 동질적이던 수십 년 전에는 고객 서비스 점검표가 효과가 있었을지 모르지만 다문화, 다언어, 다중서비스, 다국적 세상에서는 그런 점검표가 통하지 않는다. 손님들의 욕구를 충족시키기 위해서는 리츠칼튼 직원 누구나 리더가 되어야 하고, 또 모든 직급에서 그래야 한다.

내가 '우수 직원'이나 '팀원'이나 '동료'라고 하지 않고 굳이 '리더'라고 하는 이유는 무엇일까? 리더십은 목표를 추구하면서 결정을 내리고, 또 인적 물적 자원을 동원하는 일이기 때문이다. 리더십은 조직을 위해 위험을 무릅쓰고 모험을 감행하는 걸 뜻한다.

여러분이 리츠칼튼에서 사이먼 쿠퍼 직급의 리더라면, 리더십은 이 호텔 체인의 미래에 관한 결정을 내리고 목표를 달성하기 위해 세계적으로 수천 명의 인력과 수백만 달러의 자금을 움직이는 걸 뜻한다. 사람들을 불러 모아 전략을 세우고 그 전략이 완벽하게 실행되게 하는 걸 뜻한다. 또 낙심한 호텔 매니저를 격려해 그 매니저가 다시 최고의 성과를 내게 하는 걸 뜻한다. 그리고 최대 고객들을 골프에 데려가는 걸 뜻한다.

여러분이 객실 담당 여종업원 직급의 리더라면, 리더십은 욕실의 비품 상태를 확인한 다음 수건이나 샴푸를 더 가져다 놓을지 결정하는 걸 뜻한다.

여러분이 안내대 직원이라면, 리더십은 비행기로 세 시간 걸리는 거리를 아홉 시간이나 걸려서 이제 막 도착한 단골손님에게 객실을 승급해 줄지 결정하는 걸 뜻한다.

여러분이 수석 웨이터라면, 리더십은 웨이터들의 일이 너무 많을 때 여러분이 직접 음료 주문을 받을지 결정하는 걸 뜻한다.

손님을 행복하게 하는 방법을 직원들 스스로 결정하는 것이 바로 쿠퍼가 말하는 '각본 없는 서비스'다. 직원들은 스스로, 즉석에서, 자신이 판단해서, 그리고 자기 일의 주인이 되는 데서 나오는 자신감을 바탕으로 결정을 내려야 한다. 그것이 진정한 리더십이다.

그리고 각본 없는 서비스가 필요한 곳은 기업만이 아니다.

## 각본 없는 군대

보수적 계급구조로 짜인 미국 군대조차 리더십과 의사결정을 부하들에게 위임하려 하고 있다. 2005년에 세상을 떠날 때까지 국방부에서 군사력 변혁 책임자를 지낸 아서 세브로스키 해군 부제독은 기술 덕분에 미국 전투병들이 얼간이 같은 병사들이 아니라 전선의 지식근로자가 되었다고 주장했다. 세브로스키는 내가 만나 본 가장 지적이고 유능한 장교 가운데 한 사람이었다. 기술과 시스템, 사람을 살펴보고서 이들 모두가 어떻게 협력해서 일해야 하는지를 개념화하는 그의 능력은 둘째가라면 서러울 정도였다. 그의 생각은 경영과 전략 분야에 응용할 수 있는 여지가 크다.

타계하기 얼마 전에 세브로스키는 내게 소대원들이 이제는 전쟁터에서 수색 소탕 임무를 수행하지 않는다고 말했다. 대신 '탐색 적발' 작전을 수행한다는 것이었다. 그냥 말이 그렇다는 게 아니다. 소대원들이 적의 위치를 발견할 경우, 예전 같으면 병사의 임무는 그냥 적한테 대응하는 것이었는데 이제는 광범위한 대응 방안들 가운데 어떤 조처를 할지 즉석에서 결정하는 것으로 바뀌었다. 전쟁터의 병사들은 이제 군대 전체와 군의 방대한 자원에 연결되어 있다.

지식근로자인 병사들은 적을 발견하면 스스로 적을 처리하는 조처부터 무인항공기나 위성의 정보를 요청하고, 지원군을 요청하고, 공습이나 크루즈미사일 공격을 요청하고, 폭격을 요청하는 조처까지 무엇이든 할 수 있다. 여러 가지 다른 조처들도 있다.

중요한 것은 병사들이 호텔 근로자나 그 밖의 지식 서비스 근로자들과 마찬가지로 일상 임무에서 훨씬 더 다양한 상황에 부닥치고 있고, 더 다양한 문제와 더 다양한 해결책을 갖게 되었다는 것이다. 그렇게 많은 선택권과 맞닥뜨렸을 때 올바른 결정을 신속하게 내리려면 각 조직의 사명과 방법론, 조직이 지향하는 바를 깊이 있게 이해하고 있어야 한다. 조직의 가치관과 목적을 알고 있어야 한다.

시시각각 변화하는 위험한 상황에서, 현장에 없는 상관들이 각 병사의 움직임을 계획하게 하기보다 전선의 병사들이 정보를 교환하고 도움을 요청하고 평가를 내리며 계급에 상관없이 리더처럼 움직이는 미래를 세브로스키는 구상했다.

어느 곳에서나 조직에서 일하는 사람들은 갈수록 리더처럼 행동하라는 요청을 받고 있다. 커다란 파장을 끼칠 수 있는 결정을 즉석에서 내리라는 요청을 받고 있다. 이와 같은 결정을 내리기 위해서는 조직의 공동 목적에 대한 깊이 있는 이해가 필요하다.

## 리더의 의사결정 기준

중대한 결정을 내리기 위해서는 어떤 기준이 필요할까?

앞에서 하비 골럽이 말했듯이 의사결정은 브랜드, 곧 조직의 정체성에 대한 이해와 경험에 바탕을 두어야 한다. 골럽은 빵 굽는 솜씨가 일품이었고 집에서 구운 빵을 직원들한테 종종 가져다주었다. 하지만 그는 또 통찰력 있는 경영 리더였다. 그가 아메리칸익스프레스를 넘겨받았을 때 이 회사는 심각한 경영난에 빠져 있었다. 그런 회사를 그는 다시 한 번 세계 리더로 만들어 현 회장 겸 CEO인 케네스 체놀트에게 넘겨주었다. 기업은 사람이 중요하다는 걸 알고 있었던 점이 자신의 성공 비결이라고 골럽은 말했다.

공동 목적의식을 확립하기 위해서는 이렇게 조직의 정체성 같은 직접적이고 내면적인 지식이 필요하다. 그런가 하면 리더들은 또 자신의 경험과 조직 내부에서 자신이 관찰한 다른 리더들의 행동을 참고해서 결정을 내려야 한다. 그들은 조직의 공동 목적을 이해하고 잘 알고 또 내면화해 온 사람들이기 때문이다.

'공동 목적을 바탕으로 결정을 내린다'는 기준은 모든 직급의 리더에게 다 적용된다. CEO 이하 모두가 자신의 조직이 무엇을 지향하고, 왜 그것이 남다른지, 또 고객들에게 어떤 경험을 선사해야 하는지를 이해하도록 훈련받고 교육받아야 한다.

엄청난 성공을 거둔 또 한 사람의 호텔 경영자가 자신이 이끄는 조직 전반에 어떻게 공동 목적의식을 퍼뜨리는지 살펴보자. 라스베이거스와 마카오에 자리 잡은 수십억 달러 규모의 호텔인 윈리조트의 회장 스티브 윈은 유능한 호텔 경영자이자 흥행사이고 카지노 경영자이자 부동산 사업가다. 어느 날 그는 직원들이 각자의 지식을 동료한테 전해 줄 수 있는 방법에 대해 흥미로운 설명을 해주었다. 이러한 방법을 쓰는 이유는 윈리조트가 고객들에게 선사하는 경험의 진수를 직원들 각자가 철저하게 이해하도록 하기 위해서였다.

윈에 따르면 그의 호텔에서는 많은 직원이 최저임금과 팁을 받으며 일하는데, 자신들이 어떤 식으로 고객에게 봉사했는지를 동료한테 들려줄 수 있다면 윈리조트라는 브랜드의 진수를 이야기할 거라는 점을 그는 알고 있었다. 자신의 리조트에서 일하는 직원들이 이른바 '고객을 섬기는 영웅다운 행동'에 대해 이야기할 수 있으면, 윈리조트가 고객들한테 제공하는 경험이 어떤 것이어야 하는지를 직원들이 이해하게 될 거라는 말이었다. 그렇게 함으로써 직원들은 공동 목적을 창출하고 이를 소통하게 될 것이다.

그래서 이 회사에서는 직원들이 손님들을 행복하게 하려고 한 일을 이야기할 수 있는 내부 웹사이트를 구축했다. 그런 다음 직원들에게 사용법을 훈련했다.

직원들은 호텔과 손님들을 위해 자신들이 한 '영웅다운 행동'을 글로 올리고 그 행동을 인정받는다. 윈이 들려준 한 가지 이야기는 벨맨의 영웅다운 행실에 관한 것이었다. 그 이야기는 벨맨이 한 노부인의 짐을 객실까지 옮겨 주는 것으로 평범하게 시작되었다.

로스앤젤레스에서 라스베이거스까지 비행기를 타고 혼자 여행 온

**윈리조트의 리더십 확산법**

- 윈리조트의 직원들은 손님들을 돕기 위해 자신들이 한 영웅다운 행동을 이야기한다.
- 각 직원이 자신의 이야기를 할 수 있도록 관련 기술을 회사가 관리한다.
- 직원들은 호텔과 손님들을 위해 자신들이 한 '영웅다운 행동'을 글로 올리고 그 행동을 인정받는다.
- 이러한 영웅다운 행동은 다른 직원들의 본보기가 되고, 이는 이 호텔에서 일하는 사람 모두가 리더임을 강조함으로써 누구나 영웅다운 행동을 하는 문화를 구축한다. 비록 그들이 최저임금과 팁밖에는 받지 못한다 하더라도 말이다.

이 손님은 객실에 들어서는 순간 자신의 약을 미처 챙겨오지 않은 걸 깨달았다. 벨맨은 이 손님이 그 사실을 깨닫고 나서 갑자기 얼마나 불안해하는지를 지켜보았다. 손님들이 윈리조트에 오는 목적은 재미있게 즐기기 위해서지 불안하고 아프기 위해서가 아니다! 그래서 벨맨은 행동에 나서기로 마음먹었다.

"염려하지 마세요." 벨맨이 손님에게 말했다. "약은 제가 가져다 드릴 테니 편안하게 즐기세요."

벨맨은 이 손님의 로스앤젤레스 주소를 받아 적었다. 그리고 자신의 근무시간이 끝나자 옷을 갈아입고 직원 주차장으로 내려가 자신의 차에 탔다. 그는 차에 기름을 가득 채우고 네 시간 반을 운전해서 사막을 지나 로스앤젤레스 교외에 있는 그 손님의 집에 도착했다. 문을 두드리자 그 손님의 아들이 벨맨을 안으로 들어오게 하고는 약병을 건네주었다.

벨맨은 다시 자기 차를 타고 라스베이거스까지 네 시간 반을 또 운전했다. 호텔에 도착한 그는 제복으로 갈아입은 다음 손님이 머물고 있는 층까지 엘리베이터를 타고 가서 약을 전해 주었고, 약을 받아든 손님은 깜짝 놀라며 기뻐하고 안심했다.

그는 일을 마치고 직원 라운지로 가서 그 이야기를 웹사이트에 올렸고, 다른 사람들은 손님을 위한 그의 행동에서 교훈을 얻을 수 있었다. 윈에 따르면 이 사이트에는 현재 직원들의 그러한 행동을 소개한 이야기가 수백 건 올라와 있다. 가장 중요한 것은 윈 자신이 그 이야기들을 읽는다는 것이다. 그리고 벨맨, 안내대, 웨이터, 유지보수 담당자들은 업무와 관련해 자신들이 한 영웅다운 행동에 관한 이야기를 이 회사 창업자가 읽고 또 그에 관해 생각한다는 걸 알고 있다.

벨맨의 리더십 능력에 의문이 들 수 있는가? 윈리조트에서 일하는 사람들한테 '공동 목적'이 무엇을 뜻하는지 알쏭달쏭한 부분이 있는가? 이 이야기를 읽고 나서 윈리조트라는 브랜드 혹은 이 회사가 무엇을 지향하는지에 의문을 품는 사람이 있겠는가? 또 자신의 일에 성심성의를 다하는 벨맨이 자기 돈을 써가며 수백 킬로미터를 운전해서 오간 사실은 어떤가? 존경과 감사로 영웅들에게 보답하는 윈리조트의 문화에서 벨맨은 자신만의 방식으로 자신의 가치를 증명한 것이었다. 게다가 그 모든 일을 퇴근 뒤 개인시간에 해냄으로써 조직에 대한 벨맨의 몰입은 근무시간만이 아니라 24시간 내내 이어짐을 보여 주었다.

## 공동 목적 조직의 출발점은 CEO

어떤 조직에서는 퇴근시간인 대여섯 시 무렵이면 차들이 주차장 출구에 줄지어 늘어서 있다. 마치 제트 여객기들이 활주로에 늘어서 있는 것 같다. 다들 최대한 빨리 그 건물을 벗어나고 있는 것이다. 하지만 윈리조트의 벨맨이 그랬듯이 공동 목적 조직에서는 정말로 근무시간이 끝나고 나서도 사람들이 별도의 노력을 한다. 어떻게 그런 일이 가능할까?

공동 목적 조직의 출발점은 항상 최고위 리더다. 윈리조트에서는 다들 회장 겸 CEO인 스티브 윈이 이 호텔을 애지중지해서 라스베이거스 윈리조트의 스위트룸에서 살았다는 걸 안다. 사람들은 또 그가 이 호텔과 라스베이거스의 발전에 마음을 쓰는 걸 안다. 그리고 스티브 윈은 이 회사의 창업자이기 때문에 그의 부를 시샘하기보다 존경한다. 사람들은 스티브 윈의 사업 재능이 없으면 자신들이 일자리를 잃을 것임을 안다.

나는 위대한 리더들이 어떻게 자신들의 흔적을 조직에 남기고, 또 그 흔적이 어떻게 조직 전체에 복제되는지를 지켜보아 왔다. 한때 업계 꼴찌로 인식된 콘티넨털항공에서는 CEO 고든 베튠이 누구나 이해할 수 있는 간단한 기준과 철저한 일관성으로 회사 상황을 호전시켰다.

내가 베튠을 처음 만난 것은 그가 1995년에 CEO가 된 직후였다. 그는 콘티넨털항공에서 사람들을 자기 사무실로 불러 피자를 점심으로 먹으면서 이 항공사를 개선할 방법에 대해 이야기를 나누는 것으로 유명했다. 그는 이런 식으로 훌륭한 구상들을 얻었다. 하지만 그의 성품 또한 이 항공사의 문화를 바꾸는 데 한몫했다. 콘티넨털항공 사람들은 "고든이야말로 진정한 리더"라고 말하곤 했다. 그의 진정성은 굉장히 중요했다. 2004년에 그가 퇴직하자 이 회사의 실적이 나빠질 정도였다. 이것은 리더십의 중요성을 보여 주는 강력한 지표이자 각 세대 리더들이 리더의 본분을 다해야 한다는 암시이기도 하다.

항공기 정비사로 일을 시작한 베튠은 항공 업계에서 안전 다음으로 가장 중요한 기준이 정시운항임을 알고 있었다. 이 한 가지 기준에 집중함으로써 모든 사람의 행동이 달라졌다. "아주 간단해요." 베튠이 내게 말했다. "엉뚱한 것에 집중하면 엉뚱한 결과를 얻죠." 성공하기 위해서는 고객이 내리는 성공의 정의를 내 정의로 삼아야 한다고 베튠은 말했다. 고객들이 다른 무엇보다, 심지어 가격보다도 정시운항을 중요하게 여겼기 때문에 베튠은 이것을 이 회사의 성공 기준으로 삼았다.

하지만 한 가지 기준을 선택했다고 해서 그 기준을 중심으로 저절로 공동 목적의식이 조성되기를 기대할 수는 없다. 그 기준의 중요성을 누구나 아는 방식으로 조직 전반에 알려야 한다. 그래서 CEO가 되자마자 베튠은 콘티넨털항공이 정시운항에서 일등을 할 때마다 모든 직원에게 수표를 보내 주기로 했다.

"경리부에서 별도의 수표를 끊어 주었어요. 급료에 더해 주거나 계좌로 자동이체를 한 것이 아니었죠. 그 수표는 집으로 보냈어요. 회사에서는 사회보장세와 법인세를 냈지요. 수표 금액은 많지 않았어요. 55달러였거든요. 그리고 수표에 '정시운항을 위해 애써 줘서 고맙습니다' 하고 적었죠." 다들 집에서 그 수표를 받았기 때문에 한 집에 사는 사람은 누구나 이 항공사가 목표를 이룬 걸 알았다. 이 수표는 베튠의 비전을 증폭시켜 회사 곳곳에 전해 주었다. 누군가 저녁을 먹으러 가서 이 돈을 쓰면, 그 사람은 일행한테 그 돈에 대해 이야기할 가능성이 있다. 누군가 이 돈으로 신용카드 대금을 내면, 그 사람 역시 그 돈에 관해 이야기할 가능성이 있다. 베튠은 한 가지 기준을 만들어 내기만 한 것이 아니라, 이 항공사 전반에 걸쳐 공동 목적을 창출하는 데 중요한 기준의 소통 방식을 만들어 낸 것이었다. 이 항공사가 목표를 달성하면 조종사, 승무원, 에이전트, 정비사, 짐

꾼을 포함한 모두가 보상받았다. 베튠이 설명했듯이, 이 수표는 사람들한테 자신들은 목표가 있고 그 목표를 달성하면 보상받는다는 생각이 들게 해주었다. 목표를 이루면 한 사람도 예외 없이 회사 전체를 보상하는 방식은 누구나 '우리는 한배를 탔다'는 사실을 깨닫게 해주었을 뿐 아니라 구체적으로 실감하게 해주었다고 베튠은 말했다.

공동 목적을 중심으로 사람들이 협력하게 한 한 가지 기준을 정하고 나서 많은 일이 뒤따라 일어났다. 승무원, 조종사, 청소원, 그 밖의 모든 이들이 자신의 몫을 다했다. 사람들은 항공기의 정시출발을 보장하기 위해 자신들이 한 조치에 대해 이야기를 나누었다. 베튠은 문제가 생기면 직원들이 전화를 걸어 도움을 받을 수 있도록 수신자 부담 전화를 설치했다. "주차장에 방해되는 트럭이 늘 버티고 있어서 지연의 원인이 되면 그 트럭 좀 치워 달라고 전화할 수 있겠죠." 조직 자체가 공동 목적에 따른 목표를 중심으로 달라지기 시작했다. 그날그날의 뉴스를 제공했고, 온라인 게시판을 운영했고, 직원들에게 수하물처리나 항공기 유지보수 방식의 변동사항을 알려 줄 수 있는 음성사서함을 가동했다. 중요한 것은 베튠이 선택한 이 한 가지 더없이 중요한 기준이 회사 전반에 걸쳐 다양한 변화를 낳았다는 것이다. 이 기준은 승진하는 사람과 탈락하는 사람의 조건까지 바꿔 놓았다.

한 가지 기준을 이용하고 항공사 내부의 여러 집단 사이에, 또는 근무지가 서로 다른 직원들 사이에 경쟁을 붙이지 않고 모두를 보상하는 방식을 선택함으로써 베튠은 '우리는 모두 한 팀'이라는 정서를 조성할 수 있었다. 그 후 베튠은 모두가 같은 팀이라는 정서를 강화하기 위해 이윤분배제 같은 다른 프로그램들을 추가했다. 그러나 베튠은 팀이나 회사 차원의 행동이 아닌, 개인의 행동에는 보상해 주지 않았다. "기업은 팀 스포츠예요." 베튠이 내게 말했다. 기업은 "혼자서는 할 수 없으니까 수천 명이 함께하는 한 팀"이다.

공동 목적에는 공동 목표가 필요하다. 또 목표를 이야기하고 구성원들이 그것을 달성하면 보상해 주어야 한다. 윈리조트에서는 그 보상이 자신의 사례를 소개할 기회를 주는 것이다. 콘티넨털항공에서는 보상이 수표 형태를 띠고 있다. 그러나 어느 경우든지 자신들이 목표에 얼마나 근접해 있는지를 알아야 한다.

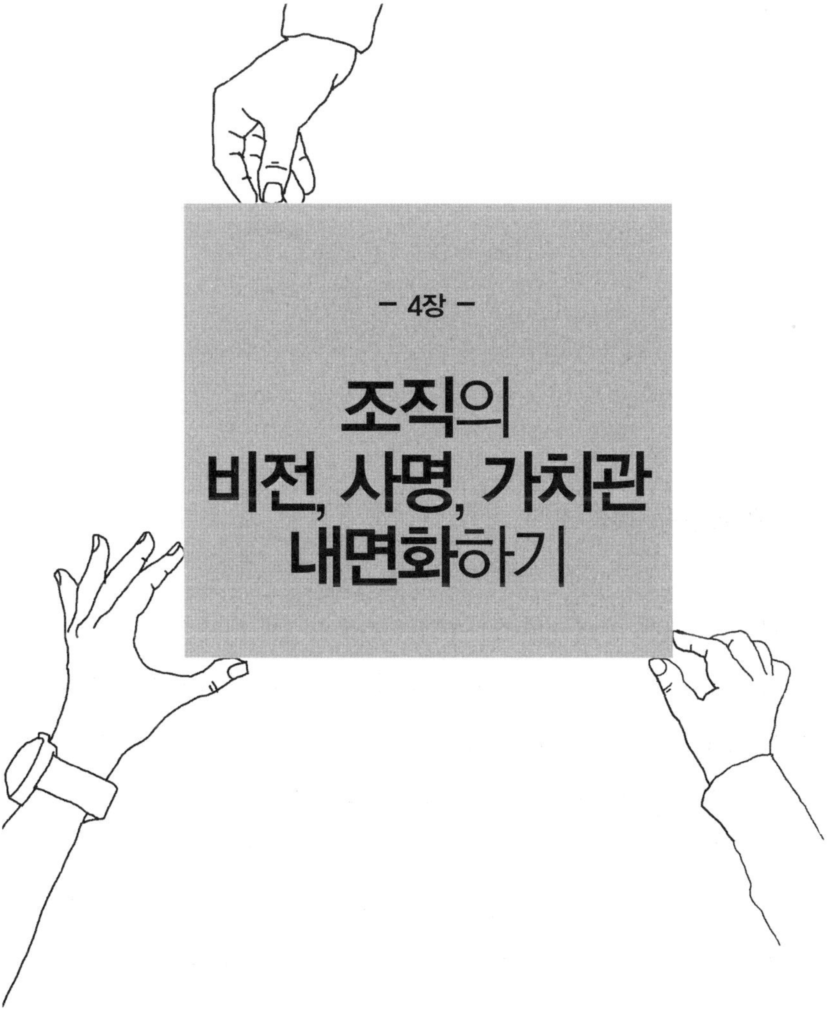

– 4장 –

# 조직의 비전, 사명, 가치관 내면화하기

## 175세 공동 목적 조직

로드아일랜드 존스턴에 있는 FM글로벌의 세계 본사 주차장에 들어서면 가장 먼저 눈에 띄는 풍경이 있는데, 일반 주차장보다 25년 이상 근무한 직원들을 위해 따로 마련된 주차장에 차가 더 많다는 것이다. 대다수 조직에서 신의로 맺는 유대가 얼마나 약해졌고 근로자들이 얼마나 뜨내기가 되었는지를 고려한다면 이것은 흔치 않은 일이다. 그러나 FM글로벌에서는 대다수 직원이 여전히 긴 안목으로 내다보면서 175년 된 이 혁신적인 재산보험회사에서 평생 일하겠다는 생각을 하고 있다. FM글로벌의 한 직원이 내게 말했다. "이곳에서 일하다 보면 한 식구가 되다시피 해요. 저는 29년째 이 회사에 있는데 모르는 사람이 없고 누구한테 뭘 물어보아야 하는지 아니까 신속하게 일을 하는 데 정말 도움이 되죠." 신의 있는 기업에는 그만한 보상이 따르는 법이다.

FM글로벌은 세계적으로 약 4천500명의 인력을 고용하고 있는데

이 가운데 약 40퍼센트가 엔지니어들이다. 수익은 50억 달러가량이고, 세계 130개 국가에서 7조 달러 정도의 재산보험 계약을 맺고 있다. 포천 1천대 기업 세 곳 가운데 한 곳이 FM글로벌 고객이다. 멀티라인 생명보험회사들과 견주면 상대적으로 규모가 작기는 하지만, FM글로벌은 거의 모든 중요한 기준에서 업계를 선도하고 있다. 2009년에 독립 조사기관인 그린위치어소시에이츠는 FM글로벌을 다섯 가지 범주에서 1위로 꼽았다.

- 종합 고객 서비스
- 보험인수의 전문성
- 업무 관계의 용이성
- 보험금 지급 청구에 대한 대응력
- 보험금 지급 의지

이것은 그린위치어소시에이츠가 미국 대기업 669곳의 보험구매 담당자들을 조사해서 내린 결론이다.

FM글로벌이 업계 리더임을 보여 주는 또 한 가지 지표는 엄청나게 높은 고객정착률로 2008년에 95퍼센트를 기록했다. 이 중에는 수십 년 된 고객도 많다. FM글로벌의 고객 가운데 40퍼센트는 25년 넘게 이 회사와 인연을 맺어 왔다. 거대 제약회사 존슨앤존슨을 포함한 몇몇 기업은 FM글로벌의 고객이 된 지 100년이 넘는다. 제너럴일렉트릭은 토머스 에디슨이 창업한 이후 줄곧 FM글로벌의 고객이다.

그리고 내가 FM글로벌의 주차장에서 목격했듯이 이 회사는 이직률이 매우 낮고 40년 넘게 근무하고 있는 직원도 수십 명에 이른다. FM글로벌 직원의 평균 나이는 43세다.

그렇지만 경영 관점에서 가장 중요한 것은 아마 FM글로벌이 합산비율이라는 기준에서 업계를 선도하고 있다는 점일 것이다. 수입보험료에 견줘 화재, 지진, 홍수, 토네이도, 허리케인 같은 재난으로 손실을 본 고객들한테 지급한 보험금의 비율과 발생경비(사업비)의 비율을 합치면 합산비율이 나온다(합산비율은 투하자본수익률ROIC을 포함하지 않지만, 투하자본수익률 부문에서도 FM글로벌은 좋은 점수를 얻고 있다). 합산비율은 보험업계가 종합실적을 측정하는 황금 기준이다. FM글로벌은 재산보험회사들의 합산비율 범주에서 1위를 차지하고 있다.

## 창업주의 비전 그대로

FM글로벌은 앤드루 잭슨 미국 대통령의 연임 기간이던 1835년에 탄생했다. 그 당시의 세계는 오늘날과 사뭇 달랐다. 노예제도가 여전히 시행되었고, 여성은 투표할 권리가 없었다. 증기 동력은 초기 단계였고, 외항선은 돛을 달고 있는데다가 목재로 만들었다. 전기는 연구실의 호기심거리였다. 날아다니는 거라고는 곤충, 새, 박쥐뿐이었고 어쩌다 열기구가 거기에 추가되었다. 지금과는 아주 다른 세상이었다. 그러나 시간이 지나고 별의별 일들이 다 일어났어도

FM글로벌은 창업 리더의 비전과 가치관에 놀라우리만치 충실해 왔다. 이 회사는 175년 동안 계속되는 변화 속에서도 항상성과 본래의 자리를 유지해 왔다. FM글로벌을 알아가는 과정에서 나는 싱가포르, 파리, 라스베이거스 회의에 참석해 세계 각지에서 온 팀원들을 만났다. 그들의 자질과 조직, 고객, 서로에 대한 그들의 헌신을 보면서 나는 이 회사가 아주 특별하다는 생각을 하게 되었다.

FM글로벌은 대부분의 손실은 예방할 수 있다고 믿은 로드아일랜드의 방직공장 경영자 재커라이어 앨런이 창업했다. 오래전에 앨런이 말한 '예방할 수 있는 손실'이라는 문구는 회장 겸 CEO를 비롯해 이 회사에서 일하는 사람들이 세계 어디서나 계속 사용하고 있다.

175년 된 이 핵심 신조는 오늘날에도 그대로 유효하다. 사실 이 신조는 FM글로벌의 가장 중요한 조직 구성 원칙 가운데 하나이고 이 회사의 사업 방식과 세계관, 보험 계약 방식의 토대이기도 하다.

앨런이 말한 예방할 수 있는 손실이라는 개념은 이 회사를 조직하고 관리하는 방식과 직원 선발 방식의 밑바탕을 이룬다. 이 개념은 회사를 이끄는 방식에도 중요하게 작용한다. FM글로벌은 보험업계에서는 이례적으로 보험회계사 대신 엔지니어들을 고용하는데, 이렇게 하는 이유도 앨런의 비전에 따른 것이다.

보험업계의 대들보인 보험회계사들은 과거에 일어난 사건 사고들을 살펴봄으로써 위험을 평가하는 데 통계를 이용하는, 고도로 훈련된 사람들이다. 이들은 산더미 같은 데이터를 고속 처리해, 어떤 위험이 손실을 낳는 문제로 번질 확률을 예측하는 복잡한 컴퓨터 모델들을 만든다. 그런 다음 혹시 손실이 발생한다면 그 손실이 끼치는 재정적 영향이 어느 정도인지를 외삽법으로 추정한다. 보험회계사들은 가령 캔자스 주 위치토에 있는 창고가 불길에 휩싸일 확률 같은 세부적인 문제들은 다루지 않는다. 대체로 이들은 더 크고 통계적으로 의미 있는 숫자들, 예를 들어 캔자스와 네브래스카, 오클라호마 주에 있는 창고가 불길에 휩싸일 확률을 다룬다.

보험회계사들은 주어진 해에 화재나 허리케인, 토네이도, 지진이 일어날 횟수에 대해 근거 있는 추측을 함으로써 보험회사들이 미래의 재정 손실을 예측하는 데 도움을 준다. 그 정보를 이용해서 보험회사들은 고객들한테 청구하는 보험료율을 정하고, 책임준비금으로 현금을 얼마나 적립할지 판단하고, 이윤을 예측한다. 그런 다음 이러한 정보로 무장한 보험회사 영업 인력이 그 회사의 보험증권을 판매한다.

보험회계사가 산정한 통계를 이용해서 물건의 보험을 인수하는 주류적 접근방식은 거의 전적으로 재무적 접근방식이다. 이 접근방식은 수학적이고 추상적이다. 이에 반해 FM글로벌의 맞춤형, 전문가 접근방식은 나 홀로 소수파에 해당한다. 이 회사만 이러한 사업모델을 이용하고 있으니까 말이다. 이렇게 독보적 사업모델을 유지하려면 FM글로벌이 두둑하게 지닌 자신감뿐만 아니라 특별한 꿋꿋함도 필요하다. 대다수 조직처럼 다른 기업들의 방식을 모방하는 것이 아니기 때문이다.

FM글로벌은 대다수 보험회사와는 달리 보험회계사를 전혀 활용하지 않는다. 이 회사 직원 중에는 보험회계사가 단 한 사람도 없다. 대신 FM글로벌은 대학 교육을 받은 엔지니어 1천400여 명을 고용하고 있는데 이들 가운데 다수가 현장에 나가 공장, 창고, 호텔, 사무실 건물, 기계류, 보일러, 항만, 선박, 그리고 이 회사가 보험을 인수하는 그 밖의 물건들을 직접 조사한다. FM글로벌의 영업 인력은 대부분 엔지니어들로 구성되어 있고, 이들은 고객의 물건을 조사해 그 결과를 바탕으로 보험증권의 가격을 정한다.

FM글로벌의 영업 인력은 엔지니어의 해박한 지식과 경험, 감각을 갖추고 현장에 나감으로써 경쟁사들과는 아주 다른 접근방식을 택하고 있다. 업계에서는 FM글로벌을 보험회사로 부르지만, 나는 이 회사를 재산보호 사업을 하는 공학회사로 부른다.

FM글로벌의 접근방식은 재커라이어 앨런이 175년 전에 개발한 바로 그 방식이다. FM글로벌은 그냥 물건에 대한 보험을 인수한다기보다 고객한테 문제가 생기는 사태를 예방하기 위해 자신들이 할 수 있는 사전조치를 한다. 그렇게 하고도 위험이 손실로 번지는 상황을 자신들이 예방하지 못하면 고객이 입은 피해를 복구하고 사업 차질을 메우도록 보험금을 지급한다. 아주 간단하다.

FM글로벌의 엔지니어는 보험증권을 작성하기 전에 먼저 도시 지역에 있는 창고를 찾아가 창고 주인에게 혹시라도 불이 나면 불을 끌 살수기를 설치하라고 조언할지도 모른다. 또는 컴퓨터 제조업체를 방문해 이 회사의 전 세계 공급망과 관련된 위험과 보안, 안전을 평가할지도 모른다. 항만의 창고들은 화재 예방조치가 되어 있는가? 트럭 차고들은 안전한가? 고객들과 함께 일할 때 FM글로벌 엔지니어들의 역할은 리더십을 발휘하는 것이다. 그들은 단지 고객의 건물이 아니라 고객의 사업을 안전하게 지키는 데 도움을 준다. 보험회계사의 조사로는 맞설 수 없는 접근방식이다.

허리케인이 발생하기 쉬운 플로리다나 말레이시아, 인도네시아의 호텔 개발업자와 함께 일하는 FM글로벌 엔지니어는 거센 바람에 잘 견뎌서 호텔에 사용하면 좋은 지붕 재료라든가 호텔에 설치하면 좋은 창문이나 예비 발전기, 펌프의 종류에 대해 조언해 줄지도 모른다. 고객이 위험 경감 조치를 받아들이면 보험료를 낮게 책정해 줄 수 있다. 이런 식으로 FM글로벌의 엔지니어는 해당 고객의 중요한 팀원이 된다.

FM글로벌은 보험회계사보다 엔지니어들을 고용해 사고 발생을 예방함으로써 비용과 손실을 억제하고 있다. 이 회사는 또 관심 분야에 적극적으로 투자해 로드아일랜드 서쪽에 약 650만 제곱미터의 연구단지를 갖추고 있다. 이곳에서 FM글로벌은 소화설비를 시험하고, 새로운 화재 진압용 살수기를 설계하고, 더 좋은 건축 방식을 연구하고 있다. 대다수 공학회사처럼 FM글로벌도 많은 특허를 보유하고 있다.

## 하드파워 말고 소프트파워

내가 FM글로벌의 특이한 사업 접근방식을 강조하는 이유는 이 책이 보험업과 무슨 관련이 있어서가 아니다. 그것은 당치도 않다. 내가 FM글로벌에 초점을 맞추는 목적은 공동 목적 리더십이 현실에서 어떻게 효과를 발휘하는지 그리고 공동 목적 리더들의 비전과 사명, 가치관과 행동이 어떻게 시간이 흘러도 훼손되지 않고 기업에 높은 수익성을 안겨 줄 수 있는지를 설명하는 데 있다.

사실 FM글로벌은 창업 이후 쭉 공동 목적 기업이었고, 이러한 속성은 이 회사에 엄청난 지구력과 탄력성을 불어넣어 주었다. 한 예로 일찍이 1943년에 피터 드러커가 관찰한 문제점들을 외면한 GM과는 달리, FM글로벌은 편협성과 오만함에 빠지지 않기 위해 힘껏 노력해 왔다. 실제로 내가 말하는 '자신감 있는 겸손'은 FM글로벌의 문화에 깊숙이 자리 잡은 가치다.

FM글로벌은, 전쟁과 위협을 통한 외교를 가리키는 문구를 빌려 표현하면, 하드파워를 이용해서 자사의 가치관과 창업자의 비전을 지켜 온 것이 아니다. 이 회사는 해고와 혹독한 징계, 서면 경고 같은 권위주의식 프로그램을 사용해 본 적이 없다. 대신 소프트파워를 이용해서 회사 전반에 걸쳐 리더십에 관해 소통해 왔다. 소프트파워란 합의를 중시하는 문화를 구축하는 기법들을 말하는데, 이때 합의는 반대의견을 억누르거나 의사결정을 지연시키기 위한 수단이 아니라 모든 사람의 견해를 반영하기 위한 수단이다.

물론 분명한 선을 긋기가 쉽지는 않다. 많은 조직에서, 일부 이른바 수평조직에서조차 의사결정의 출발점은 맨 윗선이다. 최고위 팀은 무언가를 명령하고, 일반 직원들은 그 명령을 수행할 것으로 여긴다. 그 명령이 유쾌하고 온당한 것일 수도 있지만, 그래도 명령은 명령이다.

공동 목적 조직들은 최고위층만이 아니라 조직 곳곳에서 지식을 개발하고 또 내면화한다고 여긴다. 내가 존경하는 경영 리더인 미노루 마키하라는 일본의 미쓰비시가 세계 최대 기업일 때 이 회사를 이끌었는데, 그는 결정을 내릴 때 전 세계 조직 전반과 제휴 기업에까지 그 결정을 알렸다고 한다. 하지만 그는 항상 피드백을 경청하고 그에 맞춰 자신의 결정을 조정했다. "남의 말을 귀담아들으면서 사람들을 이끌어야 한다고 봐요." 그가 이렇게 말한 이유는 무엇일까? 누가 회사의 주인인지 그 목록을 작성해 보면 직원들이 맨 앞자리를 차지하기 때문이라고 마키하라는 내게 말했다. 직원들이 1위인 이유는 그들이 보유한 주식 때문이 아니라, 그들이 자신의 일에 투자하는 시간과 그들의 지식 때문이다. 공동 목적 리더들은 이 사실을 알고 있다.

FM글로벌이 자사의 사업방식을 지켜 올 수 있었던 이유 가운데 하나는 조직의 목표와 맞고 조직의 가치관과 사명, 행동에 충실한 사람들을 뽑기 때문이다. 또 한 가지 이유는 모범을 보이는 리더들을 최고위 팀으로 승진시키기 때문이다. 최고위 팀에서는 섬김, 경청, 코칭, 자신감 있는 겸손, 편안하게 다가갈 수 있는 접근성에 가치를 두고 있다. FM글로벌이 공동 목적 기업인 이유는 단지 회장 겸 CEO가 사무실을 개방해 놓고 있어서가 아니다. FM글로벌이 보기 드문 기업인 이유는 회장 겸 CEO인 시반 수브라마니암이 사람들의 생각에 귀를 기울이기 때문이다. 실제로 그는 FM글로벌 사람들이 무슨 생각을 하는지 들어 보기 위해 모든 기회를 최대한 이용하고 있다. 회사 구내식당에서 밥을 먹고, 종종 FM글로벌 직원 아무하고나 자리를 함께하는 것도 그래서다. 수브라마니암은 직원들이 무슨 생각을 하는지 듣고 싶어 한다.

**FM글로벌의 공동 목적 리더십**

- 비전: 대부분의 손실은 예방할 수 있다.
- 핵심 가치관: 지식을 개발, 응용, 공유하는 것이 손실을 예방하는 가장 좋은 수단이다.
- 사명: 손실을 예방해 절약한 금액은 이사회와 여러 자문단에서 가장 큰 비중을 차지하는 이 회사 '구성원들'이 공유해야 한다.
- 리더십 스타일: 자신감 있되 겸손함. 의사결정권을 폭넓게 분산시킴. 같은 비전과 가치관과 사명을 공유하며 이끎.
- 결과: 고객과 직원과 리더들 사이에 오랜 신의 형성. 강한 책무성, 책임감, 진취성. 활기찬 기업 문화.

## 우리 조직의 세계관은 무엇인가

'방재설비를 잘 갖춘 물건'만 보험을 인수한다는 앨런의 생각은 1800년대 당시에는 아주 간단한 것이었다. 그것은 기름에 찌든 옷과 톱밥, 직물 자투리들을 구내에서 치워 놓는 걸 의미했을 것이다. 얼마 뒤에는 살수기 같은 화재 예방 시설을 추가하고, 사다리와 소방호스, 물탱크, 도끼, 양동이, 보호복 같은 소방장비를 미리 갖춰 놓는 걸 뜻했다. 목재 건물이 허다하고 배관 시설이 드물던 1800년대에는 화재가 끈질긴 위험 요인이었다. 따라서 방재설비를 잘 갖춘 물건만 보험을 인수한다는 것은 공장주와 관리자들이 공장의 유지보수와 설계에 적극적으로 참여하는 걸 뜻했다.

부풀리기나 과대 마케팅은 FM글로벌의 창업 리더십 원칙이 아니었다. 이 회사의 창업 리더십 원칙들은 정직하고 진실했다. 그리고 그 원칙들은 생명과 재산을 구했다. 이런 원칙들 모두가 공동 목적 조직을 구축하기 위한 견고한 디딤돌이었다.

하지만 그것이 전부가 아니다. 앨런은 보험을 인수할 때 고객들에게 정기점검을 해서 그들의 방재설비 개선 노력을 확인하겠다는 요구조건을 내걸었다. 고객들을 믿지 않아서가 아니었다. 앨런은 고객들을 신뢰했다. 그러나 고객들도 인간이고 요령을 피우지 않는다는 보장이 없다는 것 또한 알고 있었다. 그래서 신뢰했지만 확인을 요구한 것이었다. FM글로벌은 지금도 이렇게 한다.

고객사들이 약속한 조치를 했는지 확인하는 일 못지않게 중요한 것은 그러한 점검을 하는 데서 얻는 지식이었다. 최소한의 조치만 해놓은 고객들도 있었지만, 어떤 고객들은 혁신적이었고 FM글로벌의 공동 목적인 손실예방이라는 대의를 받아들였다. 이것은 공장을 위험에서 보호하기 위한 새로운 기법들을 고객사들 사이에 전수할 수 있다는 뜻이기도 했다. 이렇게 함으로써 앨런은 요즘 식으로 이름 붙이면 모범사례 이전 시스템을 구축했다. 한 고객한테서 또 다른 고객한테로 지식을 전수하는 일은 FM글로벌의 성공에 여전히 중요한 요인이고, 이 회사 공동 목적의 핵심에 속한다.

FM글로벌은 직원의 3분의 1만 엔지니어이기 때문에 공동 목적을 실현하기 위해 다른 직원들도 엔지니어처럼 생각하도록 교육한다. 이를 위해 직원들이 비슷한 방식으로 세상을 바라보는 데 도움을 주는 중요한 과정인 공학개론을 포함해 수십 가지 과정으로 잘 짜인 훈련 프로그램들을 제공하고 있다. 조직 전반을 이리저리 잇는 여러 개의 다리를 세우고 있는 것이다.

조직마다 자신들의 목적을 표현하고 세상을 바라보는 언어가 다르다. 코카콜라와 맥도날드같이 성공을 거둔 여러 조직들은 마케팅과 영업 언어를 써서 조직 전반에 걸쳐 소통한다. 어떤 조직들은 재무 관점에서 세상을 바라본다. 골드만삭스와 크레디스위스가 그러한 예다. 그런가 하면 어떤 조직들은 고객 중심의 관점에서 자신들의 사업을 바라본다. 세계관을 형성하는 방식은 다양하다.

내가 〈뉴욕 타임스〉에서 일할 때 우리는 대개 이른바 '독자', 즉 어디에선가 우리 기사를 읽고 있다고 우리가 상상하는 사람의 관점에서 기삿거리들을 논의했다. 우리는 그 독자가 이해할 수 있게 각 기사를 보도, 작성, 편집하려고 노력했다. 내가 〈하버드 비즈니스 리뷰〉의 편집자였을 때 우리는 '경영자' 관점에서 기사를 논의했다. 그리고 내가 프라이스워터하우스쿠퍼스의 파트너였을 때는 다들 회계사의 언어와 사고방식으로 회사 안팎의 문제들을 논의했다. 회계사의 사고방식이란 어떤 것이었을까? 한 파트너가 이렇게 설명했다. "회계사처럼 생각한다는 것은 정말로 크고 중요한 무언가를 빠뜨렸을지도 모른다고 고객을 대신해서 항상 걱정하는 거예요. 회계사는 그것이 무엇인지 찾아내야 하고요." 프라이스워터하우스쿠퍼스에서 회계사처럼 생각하다 보면, 뭐랄까, 걱정을 공유하는 의식이 생겼을 뿐만 아니라 목적을 공유하는 의식도 생겼다.

기업의 언어에는 구성원들이 일종의 속기법을 쓰듯이 간단하게 핵심을 찔러서 문제를 논의하고 해결할 수 있게 하는 일련의 전제조건이 깔려 있다. 이러한 전제조건들은 무시하지 못할 힘이 있고 각 조직의 특성을 형성하는 데 한몫한다. 또 한 조직이 다른 조직의 사업모델을 모방하기 어렵게 하기도 한다. 그뿐만 아니라 각 조직의 숨겨진 취약점을 발견할 수 있는 실마리를 제공한다.

모든 조직이 그러한 전제조건을 가지고 있다. 예를 들어 내가 관찰하기에 마이크로소프트에서는 이러한 전제조건이 다음과 같은 신념에 집중되어 있었다. 우월한 지성에 목표를 달성하려는 집념과 적극성이 합쳐지면 해결하지 못할 문제가 없다는 신념이었다. 마이크로소프트에서는 얼마나 똑똑하고 얼마나 적극적으로 목표를 추구하는지를 바탕으로 사람들을 고용했다. 승진하는 이유도 마찬가지였다. 마이크로소프트의 리더들은 회의 때 까칠하게 굴기 일쑤였고 다른 사람들의 감정이나 집단 응집성도 좀처럼 개의치 않았다. 마이크로소프트 초창기 때 내가 참석한 몇 차례 회의가 기억난다. 거친 지성과 고도의 적극성이 펄떡이며 섞여 있는 회의였다. 서로 멍청하다고 하거나 남들의 생각을 못마땅해하며 무시하는 건 예사였다. 지성과 적극성이 어떤 문제라도 해결할 수 있다는 신념이 있기 때문이었다.

마이크로소프트의 초창기에는 이러한 전제조건들이 효과가 있었을지 모르지만, 데스크톱 시장 장악이 이 회사의 목표가 되었을 때에는 그 전제조건들이 통하지 않았다. 회사가 성숙해졌기 때문이다. 불공정 사업 관행을 이유로 마이크로소프트를 상대로 한 소송이 제기되었고, 미국 법무부가 마이크로소프트를 분할하기 직전까지 갔다. 그 결과 마이크로소프트는 어쩔 수 없이 문화를 바꿔야 했고, 거침없는 공격성에 대한 신념도 함께 바뀌야 했다. 10년 또는 20년 전에 이 회사에 고용된 사람들은 지금 같으면 너무 거칠다고 외면당할지도 모른다. 실제로 내가 마이크로소프트에서 이끈 최근 회의에서는 한 리더가 이렇게 말했다. "우리 회사가 겸손해져야 할 것 같습니다." 이러한 발언은 이 회사의 초창기 때 발언들과는 천지 차이로, 시간이 지나면서 조직의 전제조건이 어떻게 바뀔 수 있는지를 보여준다. 아주 똑똑한 사람들을 원하는 마이크로소프트의 핵심 가치관은 그대로지만, 이 회사는 이제 IBM 같은 기업들과 컨설팅 회사들처럼 자신들이 한때 '다 자란', '다 죽어가는', '한물간' 같은 식으로 조롱한 조직에서 리더들을 스카우트하고 있다. 마이크로소프트가 가장 최근에 뽑은 사람들은 똑똑하지만 이전보다 좀 더 집단지향적이고 좀 덜 거칠다.

FM글로벌 역시 진화해 왔다. 이 회사가 설립된 1835년에는 대학교육을 받은 엔지니어가 아주 적었다. 대신 당시에는 기업이 직원들을 훈련했고, 직원 훈련을 다른 기업보다 더 잘하는 기업들이 있었다. 오늘날 공학은 훨씬 더 정교한 학문이 되었다. FM글로벌은 그동안 진화하고 전문화해 왔는가 하면 자신들의 원래 비전과 사명, 가치관에 충실해 왔다. 그 결과 FM글로벌에서는 100여 년 전에 선언한 세계관이 지금도 고스란히 남아 계속해서 이 회사에 생기를 불어넣고 있다.

– 5장 –

# 최고의 리더는 자신을 팀원으로 여긴다

## 리더의 행동을 모방하는 사람들

나는 리더십이 성공하려면 조직의 모든 직급에 스며들어야 한다고 굳게 믿는다. 이러한 생각은 리더가 다른 사람들을 통솔한다는 점에서 리더십은 사실상 군대와 같은 성격이라는, 리더십에 관한 오래된 생각에 이의를 제기하는 것이다. 물론 우리는 때로 그러한 유형의 리더십을 만나기도 하지만, 그것은 좀처럼 우리가 필요로 하는 리더십이 아니다. 명령 통제형 리더에게는 세상이 한마디로 너무나 복잡하다. 아마 세상은 전에도 늘 복잡했을 것이다. 스탈린, 히틀러, 마오쩌둥, 무솔리니, 사담 후세인같이 정권을 잡았던 명령 통제형 리더들은 끔찍한 결과를 낳았다. 조직 내부에서도 명령 통제형 리더십(지배)은 한결같이 슬픈 역사를 지녀 왔다. 데니스 코즐로스키의 엄격한 통제를 받은 타이코와 제프리 스킬링의 리더십 아래 있던 엔론을 생각해 보라. 이들 조직 내부에서는 부적절한 행위가 꽤 많이 발생했다. 최고위 리더들이 그런 행위를 눈감아 주었을 뿐 아니라,

리더들 스스로 부적절한 행위를 했기 때문이다. 아서 세브로스키 부제독을 비롯한 여러 사람이 말해 왔듯이, 군대조차 리더십과 명령이 동의어라는 생각을 대부분 버렸다.

리더십은 사실 목표를 이루어 내도록 다른 사람들을 안내하거나 코치하거나 감화시키는 것이 중요하다. 때로 리더는 목표를 달성하도록 자신이 도와주려는 사람들 앞에 서기도 하고, 어떤 때는 옆에 서고, 가끔은 그들 뒤에도 선다. 이는 목표를 달성할 책임이 조직의 맨 윗사람들한테만 있지는 않다는 뜻이다. 대신 조직 구성원들이 다 같이 그 책임을 공유하고 있다. 물론 가끔은 조직의 구조가 리더를 방해할 수 있다. 어떤 때는 사람들이 그럴 수도 있다. 위대한 리더십은 절대 쉽게 이루어지지 않는다. 하지만 중요한 것은, 정신과 의사이자 하버드 존에프케네디스쿨의 리더십 전문가 로널드 하이페츠를 포함한 여러 사람이 지적하듯이, 지금은 과거 어느 때보다 리더십이 분산되어 있다는 것이다.

윈리조트의 벨맨같이 의욕 넘치고 권한을 부여받은 직원들 없이는 오늘날처럼 무한경쟁이 벌어지는 변덕스러운 글로벌 환경에서 조직이 오랫동안 살아남을 수 없다. 스타벅스인터내셔널 사장을 지낸 피터 매슬린은 스타벅스의 알짜 구상 대부분이 현장에서, 다시 말해 개별 매장에서 일하는 혁신적인 사람들에게서 나온다고 내게 말했다. 매슬린에 따르면 스타벅스와 자신의 팀이 한 일은 이렇게 현장 곳곳에 있는 리더들의 생각과 혁신을 포착해서 이를 전 세계 다른 사람들에게 가르쳐 주는 시스템을 회사 안에 만드는 것이었다. 매슬린에게 리더십은 가령 두바이의 어느 매장에서 실행한 새롭고 멋지고 중요한 무언가를 포착해서 이를 런던과 캔자스시티, 베이징과 그 밖의 곳으로 전달하는 것이다. 이것은 리더십이란 리더의 비전을 달성하도록 다른 사람들에게 명령하는 거라는 생각을 조직에서 아예 없애고, 조직 구성원 모두가 조직의 더 큰 목표를 실현하는 데 이바지할 수 있음을 인정하는 한편 다른 사람들도 그렇게 하도록 도와준다는 뜻이다.

사람은 다른 사람의 행동 방식을 보고 배운다. 조직에서 개인들은 좌우 주변을 둘러볼 뿐 아니라 조직의 최고위 리더들을 지켜보며 자신의 역할 모델을 찾는다. 이들이 최고위 팀을 관찰하는 이유는, 현대의 조직이 비록 모든 직급에서 리더십을 필요로 하기는 하지만 그래도 맨 윗사람들의 영향력이 가장 크기 때문이다. 조직 구성원들은 맨 윗사람들의 행동을 본뜨는 경향이 있다.

맨 윗사람들이 욕심이 많거나 의심이 많으면 그런 유형의 행동이 조직 전체에 퍼지는 걸 막을 길이 없다. 의식하건 의식하지 않건, 조직에서 일하는 사람들은 보상받는 행동 그리고 남들보다 앞서 가는 데 필요하다고 생각하는 행동을 모방한다. 이상해 보일지 모르지만 어떤 조직에서는 사람들이 맨 윗사람들의 성격을 모방한다.

나는 이러한 모방 행동이 벌어지는 장면을 수도 없이 보아 왔다. 빌 게이츠가 창업자 겸 회장 겸 CEO로서 날마다 마이크로소프트에 출근해 일하던 시절, 나는 많은 사람이 게이츠의 다소 독특한 버릇을 따라 하는 광경을 보았다. 다른 사람들이 하는 이야기를 들을 때 자기 자리에서 앞뒤로 몸을 흔드는 버릇이었다. 몇몇 사람은 심지어 게이츠가 말하는 방식을 본떠 모음을 길게 늘여 발음하고 시애틀 억

양을 흉내 냈다. 그들은 런던이나 뭄바이에서 태어나고 교육받았는데도 말이다.

한때 내로라하는 세계적 금융기관이었지만 지금은 사라진 리먼브러더스의 마지막 CEO 딕 펄드는 이곳에서 일하는 동안 5억 달러가 넘는 수입을 챙겼다. 그의 행동을 지켜보면서 조직 내 다른 사람들은 펄드처럼 돈을 벌기 위해서는 터무니없는 모험을 감행하는 것이 괜찮을 뿐 아니라 정당하다고까지 느꼈다. 자신들이 그렇게 하면 주주들한테 손해를 끼친다 하더라도 말이다.

조직의 최고위 리더들은 조직의 운명에 책임이 있지만 대개는 어떤 면에서 그렇다는 것인지를 충분히 이해하지 못하고 있다. 최고위 리더들은 그들이 내리는 조처만이 아니라 그들이 보여 주는 행동 때문에 조직의 운명에 책임이 있는 것이다. 모든 직급의 리더, 특히 최고위 리더는 "나도 모르게 회사가 망했다"고 말할 수 있는 처지가 아니다. 참 딱한 일이지만 그럴 수는 없다. 조직은 무생물이다. 조직은 사람들이 일을 체계적으로 하기 위해 선택하는 방식일 따름이다. 조직은 감정이 없고 아무런 결정도 내리지 않는다. 조직에 문제가 있으면 그 조직에서 일하는 사람들이 나서야 그 상황을 변화시킬 수 있다.

당연히 조직의 성패는 조직 구성원 모두의 책임이지만, 최고위 리더들의 책임이 더 막중하다. 그들에게는 영향력과 즉시 이용할 수 있는 자원이 있기 때문이다. 최고위 리더들은 또 그들이 하는 행동 때문에 조직의 성공에 책임이 있기도 하다. 최고위 리더들의 행동은 조직 전체에 퍼져 나가고 다른 사람들이 이를 본받는다. 게이츠가

**사람들이 리더를 바라보는 방식**

- 사람들은 리더를 현미경으로 들여다보듯이 세밀하게 지켜본다.
- 조직 구성원들은 리더의 스타일을 모방하는 경향이 있다.
- 사람들은 리더의 장점과 함께 단점도 모방한다.
- 리더는 회사 사람들에게 본보기가 될 만한 행동만 보여 주도록 훈련받아야 한다.

의자에 앉아 몸을 앞뒤로 흔드는 버릇은 마이크로소프트에서 그를 닮고 싶어 하는 사람 수백 명이 따라 했을지 모르지만, 열심히 일하고 지적으로 끊임없이 분발하고 회사의 성공을 항상 우선으로 여기는 그의 태도도 다른 사람들의 본보기가 되었다. 게다가 게이츠는 세계 최고 갑부 가운데 한 사람이 되었지만, 회사가 창출한 부를 다른 사람들과 공유해 몇몇은 억만장자가 되고 다른 수백 명은 백만장자가 되게 해주었다. 게이츠는 부자가 되었지만 절대 탐욕스럽지 않았다. 사실 그는 커다란 자선을 베풀게 되었다. 그리고 그의 자선활동이 확대되면서 마이크로소프트 사람들은 자선활동도 따라 하고 있다.

나는 사람들이 CEO와 같은 차를 몰고, 같은 운동을 하고, 같은 골프채를 쓰고, 같은 상표의 옷을 입는 조직들을 보아 왔다. 내가 아는 한 세계적 기업에서는 최고위 팀의 중역들은 물론이고 그 밖의 사람들까지 같은 동네에 살았고 자녀를 같은 사립학교에 보냈다. 또 종교가 달랐던 사람들이 이 조직에 들어오고부터는 같은 교회에 다녔다.

펄드와 게이츠 그리고 그 밖의 리더들이 보여 주는 것은 조직의 고위 리더, '특히 CEO'는 아무리 바깥으로 노출되지 않는다 하더라도 사람들 눈에 띄지 않을 수 없다는 것이다. 사람들은 맨 윗사람들의 행동을 모델로 삼는다.

내가 아는 한 세계적 조직은 카리스마 넘치고 아주 활동적이고 굉장히 유능한 CEO가 이끌었는데, 이 CEO는 또 동료와 잇따른 불륜을 저지르고 몇 차례 이혼 전력이 있는 바람둥이기도 했다. 이상하게도 이 CEO와 함께 일하는 사람들이 그의 행동을 따라 하기 시작했다. 이혼과 외도가 기업 문화의 일부라는 빈정거림까지 나왔다.

심리학자와 인류학자, 신경과학자들은 조직 구성원들이 리더들의 행동을 모방하는 이유를 설명할 수 있을지 모른다. 실제로 캘리포니아대학 샌디에이고 캠퍼스의 빌라야누르 라마찬드란 같은 신경학자에 따르면 인간의 두뇌에는 다른 사람들의 행동을 관찰하고 모방할 수 있는 거울뉴런이 있다. 거울뉴런은 언어를 배우는 데 일부 사용되기도 하지만 행동을 모방하는 데도 사용된다. 이 뉴런들은 우리가 대규모 현대식 조직에서 일하고 자동차를 운전하고 비행기를 탄다고 해서 작동을 멈추는 법이 없다. 거울뉴런은 항상 거기에 있고 항상 켜진 상태고 항상 작동한다. 조직 구성원들이 맨 윗사람들을 지켜보고 모방한다는 소리다. 실제로 조직 구성원들은 맨 윗사람들을 더없이 주의 깊게 지켜본다.

이게 다 무슨 뜻일까? 리더십은 리더가 하는 행동이 전부가 아니다.

리더십은 리더가 어떤 사람인지도 중요하다. 인품은 중요하기만 한 것이 아니다. 인품은 변화를 일으킬 수 있는 중요한 힘이기도 하다.

## 사례연구: FM글로벌

지난 30년 동안 나는 포천 500대 기업을 경영하는 리더들은 물론이고 정부와 비영리조직의 리더들을 만나고 인터뷰하고 함께 일해 왔다. 나는 "뵙게 되어 기뻤습니다" 하고 인사했지만 안타깝게도 실상은 그렇지 못했다. 내가 만나 본 리더 가운데 너무나 많은 리더가 한마디로 리더 역할을 변변히 해내지 못했다. 위대한 리더가 되는 데 필요한 용기 있는 리더는 너무 적었고, CEO가 되는 것이 자신들의 타고난 권리라고 생각한 리더가 한둘이 아니었다. 하지만 컨설턴트이자 투자자인 브루스 패스터낵이 《중심 없는 기업*The Centerless Corporation*》에서 썼듯이 CEO가 되는 것은 '승진이지 즉위가 아니다.'

다행히 용기 있는 리더를 한 사람 꼽는다면 FM글로벌의 회장 겸 CEO 시반 수브라마니암이다. 수브라마니암과 그가 이끄는 최고 경영진은 내가 만나 본 가장 훌륭하고 가장 유능한 경영진에 속한다. 그들은 또 공동 목적 리더들이다. 다시 말해서 그들은 리더십 진화의 선두에 서 있다.

### 리더십 진화의 선두에 서다

수많은 조직에서 그렇듯이 FM글로벌에서도 직원들은 최고위 팀이 보여 주는 행동을 따라 한다. 하지만 대다수 리더가 이 사실을 깨닫지 못하고 있는 데 반해 FM글로벌의 리더들은 이 사실을 알고 또 이를 활용한다.

인도 태생인 수브라마니암은 자신감 있는 겸손의 특징을 모두 보여 준다. 그는 이렇게 말했다. "회사에서 제 위치를 고려해 한 가지 염두에 두는 점이 있어요. 제가 저에 대해 어떻게 생각하고 어떻게 느끼는지에 상관없이 사람들이 저를 지켜보고 있다는 거예요. 그래서 다른 사람들을 신중하게 대하는 것이 아주 중요하죠. 얼마나 많은 사람이 제 일거수일투족을 알고 있는지 항상 놀라거든요. 그래서 늘 제 행동을 굉장히 조심하죠."

사람들이 자신을 지켜보고 있다는 걸 알면 모든 사람을 존중하며 대하게 된다고 수브라마니암은 말했다. "자신을 남과 다르게 특별대우할 수가 없어요."

수브라마니암은 남다른 성품과 자질로 FM글로벌에서 존경받고 있다. 리더로서 그는 현명하고 사려 깊고 의지가 강하다고 알려져 있다. 그는 또 겸손하다. 수브라마니암은 구내식당을 비롯한 어느 곳에서나 직원들과 쉽게 잘 어울린다. 그가 이렇게 하는 이유는 자신이 회장 겸 CEO이기는 하지만 FM글로벌 직원이기도 하다고 생각하기 때문이다.

수브라마니암은 다른 사람들과 똑같은 규칙과 규정을 따른다. 시늉만 내는 것이 아니라 성실하게 그렇게 한다. 한 예로 내가 로드아일랜드에 있는 FM글로벌 본사에서 그를 만나기로 한 때였는데 약속시간보다 조금 늦겠다는 연락을 받았다. 이유는 샌프란시스코에서 열린 회의가 예상보다 길어진 탓이라고 했다. 그래서 그는 샌프란시스코에서 출발하는 상업용 야간 비행기를 타고 보스턴까지 온 다음 다시 자동차로 로드아일랜드까지 달려왔다. 회의를 놓치지 않기 위해서였다.

상업용 비행기를 타는 회장 겸 CEO? 그것도 야간 비행기를? 그의 측근 몇 사람의 말을 들어 보았더니 수브라마니암은 나를 만나기로 약속했고 그는 '약속을 가볍게 여기는 법이 절대 없기' 때문에 야간 비행기까지 탄 것이었다.

다들 알다시피 서해안을 밤 열 시쯤 출발해서 동해안에 새벽 대여섯 시에 도착하는 야간 비행은 시차 때문에 절대 즐거운 여행이 될 수 없다. 이런 여행에서는 깊은 잠은커녕 기껏해야 두어 시간밖에는 눈 붙일 시간이 없다.

학생이나 배낭 여행자, 젊은 전문직 종사자, 신생기업 경영자라면 이렇게 미국을 횡단 비행하는 것이 가격도 저렴하고 괜찮은 방법일지 모르지만 그런 항공편에 탑승해서 새우잠을 자는 포천 1천대 기업 CEO를 발견하기란 좀처럼 드문 일이다. 사실 내가 아는 CEO 중에서 그런 항공편을 이용하는 CEO는 단 한 사람, 수브라마니암뿐이다.

그는 내게 이렇게 말했다. "몇 번인가 이사회에서 개인 전용기를 사라는 말이 나왔어요. FM글로벌은 그 정도는 부담 없이 할 수 있는 규모고, 전용기가 있으면 분명히 편리하고 효율이 있죠. 하지만 전용기 구입은 회사 전체에 좋지 않은 메시지를 전달할 것 같다고 이사회에 말했어요. 우선 전용기는 너무 비싸요. 사실 비용 면에서만 보면 어떻게 전용기 보유를 정당화하는지 모르겠어요. 하지만 재정 면에서 타당성이 있다 해도 바람직한 분위기를 확립하지는 못하죠. 자신을 남들보다 특별하게 대우하면 다른 사람들은 어떻게 행동할까요? 그런 특별대우가 어떤 메시지를 전달할까요?"

수브라마니암의 리더십 방식 가운데 하나는 자신이 실적 좋고 이윤 높은 기업의 회장 겸 CEO이기는 하지만, 그렇다고 자신에게 독재권이 있는 것은 아님을 인정하는 것이다. "우리 회사에는 일정 직급의 중역들이 비즈니스석을 탈 수는 있지만 두 시간 이상 걸리는

**FM글로벌이 알려 주는 리더십 규칙**

- 사람들은 항상 맨 윗사람들을 지켜본다. 리더가 이를 막을 수는 없지만 조직에 이익이 되도록 이를 이용할 수는 있다.
- 리더는 자신을 조직의 다른 사람들과 다르게 특별대우해서는 안 된다.
- 진정한 리더는 남들에게 리더 역할을 맡길 때를 안다. 그렇게 하려면 자신의 편안한 자리를 벗어나야 하더라도 말이다.
- 리더는 인품이 있어야 하지만 실천력도 있어야 한다.
- 위대한 리더는 재빨리 움직여야 할 때는 재빨리 움직이지만 올바른 결정을 내리기 위해 충분한 시간을 가진다.

비행에 한정한다는 규칙이 있어요. 저도 그 규칙을 따릅니다" 하고 수브라마니암이 말했다. "그것이 우리 회사 고위층에 적용되는 규칙이라고 말하려면 저를 위한 또 다른 규칙이 있어서는 안 되기 때문이죠. 그건 말도 안 돼요. 리더들이 자신을 남과 다르게 특별대우하지 않는 것이 아주 중요하다고 봅니다."

수브라마니암의 리더십 방식으로 FM글로벌은 어떤 결과를 얻고 있을까? 회사 사람들이 그의 행동을 모델로 삼고 있다. 세계적으로 FM글로벌의 고객 회의를 담당하는 한 고위 관리자는 비행기를 탈 때 비즈니스석을 이용할 자격이 되지만 거의 이용하지 않는다고 한다. "회사를 위해 비용을 절약하려는 것뿐이에요." FM글로벌에서 오래 근무한 이 중진은 자존심을 내세우지 않고 자신이 이용하는 비행기 좌석과 호텔의 등급까지 일부러 낮춰 잡는다. "회사를 위해 비용을 절약하는 것이 옳은 일이니까요" 하고 그녀가 말했다. "시반 수브라마니암이 그렇게 할 수 있다면 저라고 왜 못하겠어요?"

수브라마니암이 지적했듯이 위대한 리더들은 또 자신의 편안한 자리를 벗어나야 한다. 수브라마니암처럼 리더가 스프레드시트 분서을 좋아할 수는 있지만, 다른 사람이 그 일에 더 적합하다면 자신이 그 일을 하려는 유혹을 떨쳐 내야 한다. 리더가 항상 자신이 좋아하는 일을 하는 것은 아니라는 소리다. 천성적으로 대단히 분석적인 수브라마니암에게 자신의 편안한 자리를 벗어난다는 것은, 다른 사람들이 필요한 기술을 배우고 자신감을 기를 수 있도록 스프레드시트나 재정 모델의 복잡한 내용을 따져 볼 때가 되면 자신은 뒤로 빠지는 걸 의미한다.

### 코치 같은 리더?

어떤 사람들한테는 수브라마니암이 코치 같은 리더라는 생각이 들지도 모른다. 하지만 그러한 설명은 수브라마니암이 리더의 역할을 어떻게 생각하고 또 자신의 리더십 임무를 어떻게 수행하는지를 너무 좁게 묘사하는 것 같다. 그리고 그가 코치인 것은 맞지만, 그것이 전부가 아니다. "우리 경영진의 역할은 사람들이 제대로 길을 찾아가게 도와주는 거라고 생각해요. 우리 스타일은 간섭하지 않는 거고요. 대신 사람들이 무엇을 해야 하는지 철저히 생각해서 스스로 결정하도록 도와주는 데 관심이 있죠. 그래서 우리는 사람들한테 이렇게 저렇게 지시하는 데 많은 시간을 쓰지 않아요. 대신 각종 사안에 대해 이야기하죠. 저한테 보고하는 사람들은 그들만의 리더십 책임이 있어요. 제가 그들을 방해해서는 안 되죠. 게다가 제 직속부하가 여덟 명이기 때문에 그 사람들한테 이래라저래라 지시할 수도 없어요. 그러다 보니 사람들은 결정을 내려 달라고 제게 찾아오지 않아요. 이것저것 의논하려고 찾아오죠."

이러한 설명은 수브라마니암이 다른 사람들을 최대한 존중하면서 자신한테는 자존심 내세우지 말고 편안한 자리에 안주하지 말라는 규율을 적용하고 있음을 말해 준다. 그런가 하면 그는 또 회사에 비전과 사명을 제시하고, 임직원들한테 그들이 내놓은 결과에 대한 책임을 묻는다. 이런 식으로 수브라마니암은 이사회와 협력해서 회사가 나아갈 방향을 찾고, 직속부하들한테 일을 나누어 주고, 무슨 일이 생기더라도 배가 방향을 잃지 않게 하는 선장에 더 가깝다.

### 시반 수브라마니암의 리더십 스타일

- 자존심 내세우지 마라. 리더라고 해서 자신이 좋아하는 일만 할 수는 없다.
- 편안한 자리에서 벗어나라. 다른 사람들이 중요한 역할을 맡아야 한다.
- 안내하고 조언하고 추천하라. 이래라저래라 지시하거나 다른 사람들이 내려야 할 결정을 대신 내리지 마라. 그렇게 하면 가장 우수한 인재들을 잃는다.
- 비전을 창조하고, 너나없이 사명을 수행하게 하고, 사람들한테 걸맞은 책임을 물어라.
- 회사 사람 누구하고나 어울리고 절대 장벽을 만들지 마라.

– 6장 –

# 공동 목적을 잘 가꾸는 비결

## 이직률이 낮은 팀은 새로움이 없다?

일부 경영 문헌에서는 이직률이 낮은 팀을 부정적으로 평가한다. 이러한 글의 저자들은 여러분이 오늘 함께 일하는 사람들이 어제 함께 일한 바로 그 사람들이라면 어떻게 예리함을 유지하면서 새로운 생각을 내놓을 수 있느냐고 묻는다. 하지만 수브라마니암 같은 사람들은 그렇게 생각하지 않는다. 기업은 복잡하고 활동무대는 전 세계적이다. 기업에는 숙달하기 어려운 절차와 제품들도 있다. 또 경과를 주시해야 하는 복잡한 일들이 있고, 놓쳐서는 안 되는 미세한 위험신호들이 있다.

한번은 내가 세계 최대 기업 가운데 한 곳의 회장 겸 CEO와 사적인 점심을 함께 먹었다. 그 회사는 소유한 브랜드도 많고, 전 세계에 사무실과 생산공장을 둔 잘나가는 기업이었다. 그 CEO는 수상 경력이 있는 존경받는 경영 리더였다. 또 자선활동에 개인 재산을 꽤 많이 썼고 직원들한테도 자선활동에 참여하라고 권했다.

하지만 10만 명이 넘는 직원과 무수한 과정, 절차, 연구개발 센터, 고객, 현장을 어떻게 다 챙기느냐고 물었더니 나를 바라보며 이렇게 털어놓았다. "사실 회사가 어떻게 돌아가는지 이제는 몰라요."

그러고 나서 이 자신만만한 CEO는 자신의 골칫거리가 이 회사의 모든 직급에서 나타나는 이직률이라고 설명했다. 그의 회사는 직원들을 잘 훈련하기로 세계에서 이름난 경쟁력 높은 기업이었기 때문에 다른 기업들이 이 회사 인재들을 스카우트해 갔다. 그는 밑에서부터 시작해 최고 자리에 올랐는데, 여러 해 전에 그와 함께 출발한 새내기 임원 '동기들'은 다들 다른 곳으로 떠나고 없었다. 그들에 대한 투자는 그의 회사가 했지만 이익은 다른 회사들이 챙긴 것이다. 이보다 훨씬 더 심각한 문제는 중역이 한 사람 떠날 때마다 지식의 단절이 생긴다는 것이었다. 그러한 단절은 메우기도 어렵고 비용도 많이 들었다.

"이 회사에서 저하고 함께 큰 친구들이 지금은 뭘 하고 있는지 아세요? 마이크로소프트, IBM, 포드, GE에서 일하고 있어요. 사모펀드하고 벤처캐피털에도 있고, 두어 사람은 월가에 있죠. 그 친구들은 저와 함께 시작했고 우리 회사가 그들을 훈련했는데 결국 떠난 거예요. 그 비용이 얼마나 많이 드는지 모르실 거예요. 이제 저는 세계 어디서나 항상 새로운 동료를 만나야 해요. 그분들은 실력이 출중하기는 하지만 우리 분야에 대한 경험이 없죠. 우리 회사 형편은 괜찮아요. 한데 수시로 인재를 스카우트 당해서 가장 우수한 사람들을 계속 빼앗기고 있죠. 이 문제는 비용이 엄청나게 들고 실적에 영향을 줘요."

기업에 새로운 인재가 들어오면 생각의 타가수정이라는 관점에서 큰 이익이 될 수 있지만, 노련한 중역을 잃을 때마다 기업은 누구를 통해야 일이 되는지를 아는, 이른바 '해결사'의 지식과 노하우와 이해를 잃어버린다.

콜게이트파몰리브의 전설적 인재 관리 책임자 밥 조이는 실력이 뛰어난 사람들을 놓치는 문제를 그의 회사가 맞닥뜨린 가장 중요한 문제 가운데 하나로 보았다. 조이는 역시 전설적 인물이지만 지금은 은퇴한 CEO 루벤 마크와 함께, 잠재력과 실적에 따라 개인의 등급을 매기는 시스템을 개발했다. 높은 등급을 받은 누군가가 사직 의사를 밝히면 이 소식을 24시간 안에 CEO에게 보고해야 하고 그로부터 다시 24시간 안에 회사 쪽에서 사직을 막기 위한 수정 제안을 내놓는다.

세계 어느 곳에서나 잠재력이 크고 실적이 우수한 사람이 이 회사를 떠나려고 하면 CEO에게 알려라? 농담이겠지! CEO가 할 일이 그렇게 없나? 그렇게 볼 일이 아니다. CEO가 회사의 중요한 지식과 '해결사'를 잃고 싶어 하지 않는다면 그런 CEO한테 이렇게 중요한 문제가 또 어디 있겠는가?

"아주 일찍부터 우리 콜게이트에 중요한 일은 최고의 인재를 보유하는 데 집중하는 거라고 느꼈어요. 제가 몇몇 동료와 달랐던 점이 있다면 저는 세계적으로 최고의 인재를 보유해야 한다는 확신이 있었다는 거였죠. 저는 또 조직의 어떤 직급에서든지 그런 인재를 잃으면 안 된다는 신념이 있었어요." 내가 '사람을 통한 가치 창조' 프로젝트를 위해 조이를 만났을 때 들은 말이다.

### 리더들을 어떻게 지키지?

리더들을 다른 곳에 빼앗기지 않고 지키기란 쉬운 일이 아니다. 이를 위해서는 리더들 자신이 조직에 꼭 필요한 사람이고 또 끊임없이 도전받고 있다고 느껴야 한다. 또한 인정받아야 한다고 조이는 말한다. 그는 세계 곳곳에서 근무하는, 잠재력과 실적이 뛰어난 이 회사의 리더 25~30명을 뉴욕 본사로 초대하는 프로그램을 고안했다.

이 프로그램은 아주 짜임새 있게 구성되었다. 주말에 야외에서 '아웃워드바운드' 활동을 진행하고 이어서 닷새 동안 세계 곳곳에 기반을 둔, 회사의 이모저모를 소개하는 것이다. 참가자들은 실적과 잠재력이 뛰어난 다른 리더들과 교류하도록 세계 각지에서 초청된 사람들이다. 뉴욕에 머무는 동안 이들은 회사 고위 관리자들과 직무 책임자들을 전부 만나 함께 시간을 보낸다. 마지막으로 이 그룹에 한 가지 프로젝트가 떨어지고 프로젝트 결과를 회장 겸 CEO를 비롯한 고위 리더들 앞에서 발표한다. 이렇게 한 주가 끝날 때 회장 겸 CEO가 이들을 위한 저녁식사 자리를 마련한다. 조이가 말한 대로, 일주일 남짓 이어지는 이 프로그램의 마지막 순간에 참가자들은 하늘을 나는 것 같은 기분이 되었다. "그 이상 특별하다는 느낌은 없을 거예요."

모든 직급의 리더가 조직의 주인공이다. 하지만 그들에게 그렇게 말해 주거나 감사 표시로 보수를 두둑하게 주는 것만으로는 부족하다. 그들이 조직에 이바지한 점 또한 인정해 주어야 한다. 윈리조트의 벨맨은 고객을 잘 돌본 공로를 인정받을 수 있다. 자신의 사례를

**리더들을 지키는 방법**

- 리더들을 일찌감치 가려낸 다음 본인에게 알린다.
- 성취를 인정해 준다.
- 조직과 조직의 능력에 대해 교육한다.
- 최고위 팀을 만날 수 있게 한다.
- 회사를 떠나려고 하면 신속하게 수정 제안을 내놓는다.
- 금전적 보상만 강화하는 것이 아니라 새로운 도전거리를 제공하는 것으로 그들에게 보상한다.

사내 웹사이트에 올려 영웅이 될 수 있어서다. 콜게이트파몰리브에서는 자사의 차세대 리더들을 좀 더 확실하게 자사 식구로 만드는 방식으로 그들을 인정해 준다. 세계 곳곳에서 온 리더들과 만나고, 최고위 중역들 앞에서 발표하고, CEO와 저녁을 함께 먹는 것이 그 예다. 이러한 기회는 조직 전체에 영향을 미칠 만한 실력 있는 인재들한테 주어지는 특전이다.

조직은 사실상 개인이 혼자서 추구하기에는 벅찬 목표들을 성취하기 위해 사람들이 고안해 낸 방식일 뿐이다. 그런데도 사람들은 실제로 목표를 이루어 내는 주인공들이 조직에서 일하는 개인이라는 사실을 잊어버리기 일쑤다. IBM이나 제록스나 도요타도 서로 협력하는 인재 집단이 없으면 아무것도 이루어 낼 수 없다. 이러한 개인들은 조직 안에서 자유롭게 자신들의 목적을 추구해야 한다. 자신이 소중하다고 느끼고, 자기 일의 주인이라고 느껴야 한다. 콜게이트에서는 사람들이 그렇게 느낀다. 그들은 실력이 있어서만이 아니라 조직의 공동 목적에 이바지하기 때문에 새로운 리더로 인정받는다. 그리고 밥 조이같이 비전을 제시하는 리더들 덕분에 이 회사는 개인의 성공 확률을 높여 주는 구조를 확립했다.

잠재력이 높거나 실적이 뛰어난 개인이 회사를 떠나려고 할 때 이 소식을 CEO에게 보고하게 되어 있는 콜게이트와 같은 조직은 흔치 않다. 이 회사는 수많은 사람이 알고는 있지만 정작 손을 놓고 있는 문제에 대응하고 있는 것이다. 우수한 사람들, 곧 리더들이 조직을 떠나면 틈이 생긴다는 문제 말이다. 이러한 틈은 메우기가 어렵고 비용이 많이 든다. 그래서 위대한 기업들이 장기근속을 중요하게 여기는 것이다.

## 비슷한 정신지도를 가진 경영진

FM글로벌 최고위 경영진 네 사람의 근속기간을 합치면 이 회사의 나이와 얼추 맞먹는다. 시반 수브라마니암은 이런 우스갯소리를 한다. "경영진 가운데 몇 사람은 제 아내보다 더 오래 알고 지낸 사이예요."

서로 신뢰하면서 각자의 장단점을 정확하게 아는 최고 경영진을 보유하는 것은 중요하다. 신생기업들에 관한 프로젝트를 위해 벌인 조사에서 나는 기업 창업자들이 쭉 협력하며 일해 왔을 때 기업의 성공 확률이 무려 30퍼센트나 증가하는 걸 발견했다. 이것은 오랫동안 최고위층에서 함께 일한 리더들이 비슷한 정신지도와 비슷한 사고방식, 또 위험과 기회를 평가하는 비슷한 방식을 가지고 있다는 걸 뜻한다. 그리고 최고위 팀 리더들의 개인적 배경은 다양할지 몰라도 이 팀의 성격은 동질적임을 뜻한다.

동질적 리더 집단은 서로 다른 관점을 조정하기 위해 정보를 번역할 필요가 거의 없어서 강력하게 업무를 추진할 수 있다. 그들은 상황을 같은 식으로 이해하고 신속하게 움직일 수 있다. 하지만 동질적 집단은 맹점이 있을 수도 있다. 두 경우 모두 이들을 움직이는 비결은 신뢰다. 같은 식으로 훈련받은 리더들은 서로 툭 터놓고 이야기할 수 있다. 두려움을 드러내고 의문을 제기할 수 있다. 게다가 공동 목적으로 한 덩어리가 되어 있으면 숨길 것이 거의 없다. 각 리더의 계획은 공개되고 투명할 것이다. 각 리더의 개인적 목표 또한 비밀이 아닐 것이다.

"다양한 리더십 방식이 있죠" 하고 루드 보스만 FM글로벌 부회장은 말한다. "마이크로소프트라든지 아니면 빠르게 발전하는 조직에서 리더들이 이끄는 방식이 있어요. 그것이 한 가지 방식이죠. 하지만 우리는 상대적으로 안정된 조직을 이끌고 있어서 앞의 경우와는 성격이 아주 달라요. 이 두 가지 출발점을 놓고 본다면, 우리의 리더십 과제는 '매우 안정된 조직의 장점을 어떻게 극대화할까?' 하는 거라고 봐요. 우리에게는 훌륭한 기반이 있어요. 물론 우리가 그 기반을 망칠 수도 있죠. 어쨌든 이러한 훌륭한 기반을 바탕으로 더욱 발전하기 위해서는 어떻게 해야 할까? 이것은 단지 사업을 유지하는 데 관심이 있는 젊은 기업과는 아주 다른 도전 과제죠."

그럼 FM글로벌은 1835년에 첫 번째 벽돌을 놓은 자사 사업 기반의 장점을 어떻게 극대화할까? "우리는 보험회사고 사람들이 우리를 찾는 이유도 그 때문이죠" 하고 보스만이 말했다. 보스만에 따르면 리더십의 첫 번째 요소는 리더 개인이 아니다. 그보다는 이른바 조직의 전략, 조직의 공동 목적을 수립하는 것이 리더십의 첫 번째 요소다. 이 점이 아주 분명하게 드러난 때가 있었는데, 다섯 개 관련 회사를 합병해서 1999년에 FM글로벌을 구성한 뒤였다고 보스만은 말했다. 일단 합병을 완료하자 새 회사의 전략적 목표와 비전, 사명을 소통하는 일이 아주 중요했다. 그 과정을 이끈 보스만은 이 과정이 "무척 신중하고 철저하게" 이루어졌다고 말했다. "우리는 우리가 누구이고 어떤 목적지로 갈 것이며, 우리의 목표가 무엇이고, 우리의 성공 기준은 무엇이고, 시장 전략을 어떻게 가져가야 할지를 놓고 긴 토론과 복잡한 설명을 하고 싶지 않았어요. 우리는 목적과 목표 몇 가지를 아주 간단하게 밝히고 싶었죠. 어떻게든 쉽게 소통하고 싶었어요. 당시 저는 많은 기업의 사업계획과 전략수립이 너무 복잡하다고 느꼈어요. 지금도 그렇게 느끼고요. 성공하고 싶다면 25쪽 분량의 계획서 대신 자신의 계획과 목표를 아주 간결하게 밝힐 수 있어야 한다고 봐요." 조직의 공동 목적에 따른 목표에 다들 동참하게 하려면 사람들이 집중하게 하라는 말이다.

집중력에서 나오는 이득은 꽤 쏠쏠하다. 보스만은 이렇게 설명했다. "이제 경영진이 무언가를 논의하려고 모이면, 우리 대화는 회사의 목적과 목표를 누구나 아주 분명하게 이해하고 있다고 전제하고 시작합니다. 이러한 분위기는 회사 전체로 확대되었고요. FM글로벌에서 우리 회사의 사업계획이 무엇인지 모르는 사람은 없을 거예요. 지금 우리의 사업계획과 목표에 대해 어떤 논쟁이 벌어진다면 그거야말로 제게는 깜짝 놀랄 일일 겁니다."

그러면 FM글로벌은 어떻게 모든 임직원에게 정보를 계속 제공할까?

보스만은 이렇게 말했다. "해마다 작은 책자를 펴냅니다. 그 책자에서 그 해의 주요 전략 목표를 자세히 설명하죠. 그런 다음 (FM글로벌의 경영진 네 사람인) 시반, 존, 톰, 그리고 제가 세계의 모든 사무소를 돌면서 누구나 그 책자의 내용과 우리의 목표를 이해하도록 이야기하며 반나절을 함께 보냅니다. 진행도 재미있게 하고요. 우리의 목표를 원칙 있게 조직 전체에 소통하기 위한 지속적인 활동인 거죠. 이 활동에 회사 전체를 참여시키고 있고요."

직원 모두에게 새로운 정보를 계속 제공하는 조처는 FM글로벌의 사업방식에 아주 중요하다. 이렇게 하는 이유는 회사가 사람들한테 결정권을 주면 사람들이 회사 상황을 더 잘 알게 된다는 판단 때문이다. 이러한 접근방식은 이 회사의 성공에 꼭 필요했을 뿐 아니라 1999년 합병 당시 회사 운영에도 큰 몫을 했다.

FM글로벌의 중역 세 사람이 와튼경영대학원에서 다른 여러 기업의 중역 스무 명쯤과 함께 경영진 교육과정을 듣고 있었다. 교수가 합병을 경험해 본 사람이 있는지 묻자 다들 손을 들었다. 그런데 성공을 거둔 합병을 경험해 본 사람이 있는지 묻자 손을 든 사람은 FM글로벌 중역들뿐이었다.

"그래서 우리가 자세히 설명했죠." 토머스 로슨 FM글로벌 북남미 보험 운영 총괄 부사장이 말했다. "그리고 합병이 실패하는 온갖 이유를 교수님이 칠판에 적었어요. 우리한테는 해당하지 않는 이유였죠. 교수님은 합병이 실패하는 이유가 공통 언어와 공동 목적, 그리고 방향을 정하는 신속하고 효과적이고 효율적인 방법이 없는 것과 관련이 있다고 설명했어요. 우리는 이것이 다 있다고 했더니 반 전체가 놀라워하더군요. 그들은 예컨대 우리가 월요일 중역회의에서 내린 결정이 금요일쯤에는 현장에서 이행되는 걸 확인할 수 있다는 데 놀라더라고요."

내가 로슨에게 FM글로벌은 어떻게 결정부터 실행까지 그렇게 매끄럽고 효율적으로 움직일 수 있는지를 물었더니 이렇게 설명했다. "FM글로벌에서는 대체로 결정을 실행하는 사람이 결정을 내립니다. 그리고 우리는 외부에서 관리자를 영입하지 않아요. 우리 회사 관리자들은 전부 이 회사에서 시작합니다. 그들 대부분은 엔지니어죠. 고문 변호사나 정보기술IT 인력들만 빼고요. 그래서 공학이라는 공통 언어가 있으니까 다들 같은 토대 위에서 결정을 내리는 거예요. 우리 회사 사람들은 전부 시설물 점검이나 위험 평가나 보험 인수 업무나 영업을 하면서 성장했고, 그래서 다들 깊이 있고 공통된 경영 지식이 있어요. 그러한 지식이 우리가 결정을 내리는 바탕이 되죠."

"게다가 우리 회사 구조는 아주 간단해요." 로슨이 계속 설명했다. "경영진과 실무자들 사이의 거리가 가깝죠. 또 나중에 이러쿵저러쿵 비판하는 일이 별로 없어요. 우리는 전부 대부분의 손실은 예방할 수 있다는 같은 전제에서 시작하지요." 또 깊이 있는 공통 지식과 공유하는 언어가 있기 때문에 FM글로벌은 자신 있게 한 사람 한 사람이 자기 일의 주인이 될 수 있게 맡겨 놓는다고 로슨은 설명했다. 이렇게 하는데 층층시하의 계층구조는 필요하지 않다. FM글로벌은 오히려 실무자에게 결정권을 준다. "우리는 5년 경력의 엔지니어들한테 결정을 맡깁니다. 이 친구들의 결정에 10억 달러가 왔다 갔다 해요. 이 친구들의 결정이 기술 면에서 타당한 공학적 결정이라는 걸 아니까 이렇게 하는 거죠. 우리는 이러한 공학적 평가를 바탕으로 중요한 결정을 내립니다. 우리의 전체적인 위험 평가 과정이 그렇게 진행돼요."

FM글로벌이 공동 목적의식을 확립하고 유지할 수 있는 한 가지 이유는 보수 지급 방식에 있다. 수브라마니암은 많은 보수를 받지만 평균적인 일반 직원 보수의 400배를 받지는 않는다. 많은 미국 기업에서 이러한 보수 차이가 현실이 되었지만 말이다. "우리는 상위 5퍼센트에 드는 보수를 받아요" 하고 로슨이 말했다. "적게 받지도, 지나치게 많이 받지도 않죠. 다만 우리가 다른 점은 먹이사슬의 맨 아래부터 맨 위까지 모든 직원이 회사의 성공을 공유한다는 거예요. 이런 방식으로 누구나 보상받는 거죠. 물론 보상에 약간의 편차는 있지만요. 어쨌든 회사가 잘되면 우리도 다 잘되는 거예요. 회사가 잘된다는 기준은 전적으로 합산비율이고요. 합산비율은 수입 보험료에 견줘 보험금 지급과 발생 경비(사업비)로 쓴 금액이 어느 정도인지를 알려 주죠. 합산비율은 너나없이 회사의 이익률을 높이는 방법에 초점을 맞추게 해줘요. 이 기준은 사람들을 전부 끌어들이죠.

누구나 '가만, 우리 회사 합산비율에 도움이 되도록 어떻게 하면 펜이나 종이를 더 싸게 살 수 있을까?'를 생각하게 해요. 합산비율은 이해하기 쉬워서 모르는 사람이 없죠. 연구 과학자든 엔지니어든 비서든 상관없어요. 누구나 합산비율을 알아요."

FM글로벌은 또 '하차'라는 프로그램을 마련했다. 이 회사가 고객을 잃을 때 실행하는 프로그램이다. 이 프로그램의 취지는 고객하고 관계가 틀어진 이유가 무엇인지, 어떤 사연이 있었는지를 기록하고 이해하는 한편 적대감 없이 사업 관계를 마무리하는 것이다. "우리는 바깥에 어떤 적대 세력도 두고 싶지 않아요. 그래서 고객하고 관계가 끝나는 걸 아주 진지하게 받아들이고 우호적으로 마무리하려고 노력하죠" 하고 존 홀이 말했다.

## 벤치 리더를 존중하라

단기적인 생각과 신의 없는 고용이 보편화한 세상에서 장기 고용은 경쟁사에 견줘 FM글로벌 같은 기업에 굉장한 이익을 준다고 수브라마니암은 말한다. 경기침체기를 여러 차례 함께 헤쳐 나온 팀의 가치를 과소평가해서는 안 된다고 그는 믿는다. FM글로벌에서는 이러한 협력 경험이 간결한 대화법을 낳아, 서로에 대해 속속들이 아는 최고 경영진이 거두절미하고 핵심을 찔러 이야기할 수 있다.

"고위층의 이직률이 높지 않았던 점이 우리한테 큰 도움이 되었던 것 같아요" 하고 수브라마니암이 말했다. "우리는 상당한 안정성을 유지해 왔어요. 우리는 오랫동안 함께 호흡을 맞춰 왔기 때문에 다른 사람한테 이런저런 지시를 하는 데 많은 시간을 들이지 않아요. 대신 여러 사안에 대해 이야기하는 데 시간을 쓰고 일종의 합의를 이끌어 내려고 노력합니다."

최고 경영진이 얼마나 긴밀하게 협력하고 또 서로의 생각을 이해하고 있을까?

"이런 식으로 한번 생각해 보죠." 수브라마니암이 말했다. "만일 제가 뜻밖의 사고라도 당하면 루드 보스만이 즉시 자연스럽게 저를 대신할 수 있을 거라고 100퍼센트 확신해요. 조직에는 아무런 변화도 없을 거예요. 또 만약 저희 둘이 어디선가 예기치 못한 사고를 당하면, 톰 로슨이나 존 홀이 우리를 대신할 수 있을 테고 사람들은 별로 큰 차이를 눈치채지 못할 거예요. 업무를 이어가는 과정이 꽤 매끄럽고 완벽할 겁니다. 이것이 모든 과도기의 핵심이죠."

이를 맥도날드와 대비해 보라. 2004년에 맥도날드의 CEO 제임스 캔탈루포가 뜻하지 않게 심장마비로 사망했다. 찰리 벨이 후임에 임명되었지만 그는 CEO가 된 지 한 달 만에 암 진단을 받았다. 그로부터 1년 뒤 찰리 벨이 사망하자 회사는 혼란에 빠졌고 이 때문에 이 회사는 인력을 배치하고 관리하고 계획하는 방식을 다시 한 번 생각하게 되었다. "그 뒤로 우리는 고위직마다 현직자를 계승할 수 있는 인물을 최소한 두 사람씩 두기로 했죠" 하고 최고 운영 책임자인 잰 필즈가 내게 말했다.

그냥 벤치 인원을 보유하는 것과 협력하면서 서로 존중하는 벤치 인원을 보유하는 것은 다른 문제다. "묘한 것은 우리가 협력을 정말

잘할 뿐 아니라 서로 좋아하기도 한다는 거예요. 우리처럼 서로 존중하는 것이 중요하죠" 하고 로슨이 말했다.

## 공동 목적 조직의 작동 방식

리더십에 대한 수브라마니암의 가치관을 살펴보면 공동 목적의 작동 방식이 나타난다. 우선, 최고위 팀은 그야말로 한 팀이다. 수브라마니암은 최고위 팀의 팀원에게 자신의 생각을 지시하거나 과제를 수행하라고 요구하지 않는다. 오히려 최고위 팀은 협력을 잘한다. 그들은 회사를 위해 같은 목표를 공유하고, 회사의 미래를 위해 같은 비전을 지지하고, 진심으로 회사의 성공을 보장하고 싶어 한다. 그리고 그들 대부분 헤드헌터에게서 최소한 한 번은 이직을 권하는 솔깃한 전화를 받았지만 FM글로벌에 계속 남아 있다. 돈보다 더 중요하게 생각하는 다른 이유 때문이다.

조직 운영 면에서 수브라마니암은 회장 겸 CEO로서 타이브레이커(찬성자와 반대자가 같은 수로 갈린 문제에 대해 최종 결정을 내릴 수 있는 사람) 역할을 맡는다. 하지만 그는 좀처럼 이 역할을 꺼내 들지 않는다. 대신 수브라마니암은 자신을 특별하지도 않고 특권이 있지도 않은 또 한 사람의 팀원으로 여긴다.

"우리 중에서 누구도 일방적으로 방향을 정한다는 인상을 주고 싶어 하는 사람은 없을 것 같은데요." 수브라마니암이 내게 말했다. "대신 우리 일은 직원들이 제대로 길을 찾아가게 도와주는 데 있다고 보고 거기에 초점을 맞추고 있어요. 그래서 루드 보스만이나 톰 로슨이나 존 홀이나 저 자신의 리더십 스타일을 설명해야 한다면, 직원들한테 이래라저래라 지시하는 스타일은 아니라고 봐요. 대신 리더로서 우리 일은 직원들이 스스로 올바른 길을 찾아가게 도와주고, 그들이 중요한 일을 충분히 생각하도록 도와주는 거죠." FM글로벌 고위 경영진의 다른 리더들도 거의 같은 식으로 같은 이야기를 했다. 이것이 일종의 세뇌를 뜻하거나 FM글로벌을 사교집단 범주에 집어넣게 하지는 않는다. 오히려 이것은 개인을 존중하고, 그들의 생각을 경청할 뿐 아니라 받아들이는 리더십 스타일이 창출한 공동 목적의식에 이 조직이 얼마나 깊이 몰입되어 있는지를 보여 준다.

FM글로벌의 최고위 팀이 보여 주는 리더십 스타일은 흔히 보기 어려운 유형에 속한다. 나는 30년 가까이 수십 개 기업과 함께 일하면서 개인을 그렇게 진정으로 존중하는 조직을 본 적이 없다. 나는 또 FM글로벌만큼 조직 구성원에게 행동 권한을 주는 조직을 좀처럼 보지 못했다.

한 가지 분야의 사람들이 대다수를 이루면서 높은 성과를 내는 기업에서조차 서열상 자신보다 아래인 다른 리더들을 진정으로 신뢰하는 최고위 리더들을 찾아보기란 쉽지 않다.

내가 종종 느낀 점이 있는데 진정한 공동 목적 조직은 전통적 의미의 경영, 그러니까 맨 윗선에서 결정을 내리면 그 결정이 단계적으로 조직 전체에 내려가고 다른 사람들은 별다른 결정 권한 없이 위에서 내려온 결정을 실행하는 방식의 경영이 거의 필요 없다는 점이다. 고객을 가장 가까이에서 상대하는 실무자들이 결정권을 갖는 수평조직에서조차 미묘한 결정을 내릴 때에는 뒷말이 꽤 많이 나온다. 하지만 나는 FM글로벌을 알기 전까지, 구글을 제외하고는 비교적 수평적 계층구조로 되어 있어서 고객을 가장 가까이에서 상대하는 실무자들이 많은 결정을 내리고도 나중에 왈가왈부하는 일이 거의 없는 기업을 좀처럼 보지 못했다.

수평조직, 즉 각본 없는 조직은 고객을 가장 가까이에서 상대하는 실무자에게 권력을 넘겨주기만 하는 것이 아니다. 실무자가 필요한 조언을 얻을 때까지 결정을 유보할 권한도 함께 준다. 어떤 면에서 수평성의 진수는 중요한 고객의 문제가 위로 올라가 수브라마니암이 결정을 내릴 때 드러나지 않는다. 수평성의 진수는 5년 경력의 엔지니어가 15년 경력의 엔지니어한테 도움을 요청할 만큼 자유롭고 안정되고 존중받는다고 느낄 때 드러난다.

단, 전제조건이 있다. 공동 목적 조직에서 일하는 사람은 동료한테서 도와달라는 요청을 받으면 인력으로 가능한 범위에서 최대한 빨리 그 사람을 도와주어야 한다는 것이다.

반半수평 또는 무늬만 수평인 조직에서 일할 때 겪는 어려움 중 하나는 어쩌다 도움을 요청할 때 아무런 도움도 받지 못하는 것이다. 나는 그런 일이 벌어지는 사례를 숱하게 보았다. 나는 대형 회계 컨설팅 회사의 똑똑하고 젊은 직원이 도움을 요청하려고 동료한테 전화를 걸거나 메시지를 보내고 나서 아무런 회신도 받지 못하는 걸 본 적이 있다. 젊은 소프트웨어 개발자가 오류를 해결하려고 씨름하다가 동료한테 연락했지만 도움을 받기는커녕 도움 요청을 조롱당하는 걸 본 적이 있다. 몇백만 달러 규모의 주문이 걸린 상황에서 영

**성공하는 수평조직의 비결**

- 조직 구성원들끼리 협력하고 존중하게 한다.
- 그들에게 결정 권한이 있음을 분명하게 밝힌다.
- 그들이 결정하게 한다.
- 타당한 의사결정 기술을 갖추도록 충분히 훈련한다.
- 결정을 내릴 때 몇 가지 공통된 접근방식을 이용하도록 권장한다.
- 어려운 결정을 내릴 때 어떤 직급에서나 다른 사람들한테 도움을 요청할 수 있다는 확신을 주고, 반드시 그 도움을 신속하게 받게 한다.

업 담당 중역이 동료한테 전화를 걸어 고객의 특별 요청을 해결하는 데 도움을 달라고 요청했지만 아무런 답변도 받지 못하는 걸 본 적도 있다. 그 동료가 도와줄 방법을 몰라서가 아니라 주문 규모를 시샘한 탓이다.

사실 조직은 수평적이거나 그렇지 않거나 둘 중 하나다. 다행히 수평조직이라면 개인이 동료한테 조언을 요청하고, 빠르고 정확한 회신을 받고, 도움 요청을 존중받을 수 있어야 순조롭게 돌아가는 조직이 될 것이다.

## 팀원들한테서 최상의 기량을 이끌어 내라

조직의 최고위층에서도 리더의 임무는 팀원들한테서 최상의 기량을 이끌어 내고, 팀원들이 각자의 실력을 최대한 발휘하도록 코치하는 것이다. 하지만 리더십은 코칭이 아니다. 코칭은 사람들이 각자의 목표를 달성하도록 도와주는 데 초점을 맞추지만, 리더십 특히 공동 목적 리더십은 사람들이 일련의 공동 목표를 달성하도록 도와주는 것이다. 리더십은 사람들의 노력과 목표, 야심, 능력을 조율하는 것이다.

내가 보기에 가치를 창조하는 건 CEO만이 아니다. 회사 전체가 가치를 창조한다. 예를 들어 나는 가장 짧은 시간에 가능한 한 최고의 컴퓨터칩을 설계하기 위해 퇴근도 하지 않고 일하면서 잠도 사무실에서 자는 사람들을 보았다. 또 훌륭한 제안을 내놓기 위해 24시간 내내 일하거나, 공장의 생산 목표를 맞추기 위해 온종일 쉬지 않고 일하는 사람들을 보았다. 이 사람들은 가치를 창조하는 것이 아닌가? 오로지 CEO만 가치를 창조하는가? 물론 그렇지는 않다. 그러나 이 사람들이 CEO와 똑같은 측정 기준에 따라 보상받는 경우가 얼마나 있는가? 거의 없다.

나는 지금 누구나 똑같은 보수를 받아야 한다고 주장하는 것이 아니다. 그보다 보수와 인정은, 모두가 리더이고 모두가 공헌자임을 인정하는 공동 목적 개념에 맞게 받아야 한다고 주장하는 것이다. 그런데 특정 팀의 특정 구성원들한테 책임이 있는 특정 분야들이 있다. 만일 CEO와 최고재무책임자CFO가 잘못된 자본구조를 선택하는 바람에 기업이 마땅히 투자해야 할 시점에 투자하지 못하면, 회사 전체에 영향을 끼치는 이 문제는 칠공장에서 발생한 실수 탓이 아니다. 반대로 로봇 팔의 노즐을 깨끗하게 관리하지 않거나 낡은 노즐을 교체하지 않아서 칠이 잘못된 부품이 나오면 그 책임은 CEO나 CFO한테 있는 것이 아니다. 바꿔 말해서 누구나 가치 창조에 참여할 권리와 몫이 있고, 누구나 가치를 파괴할 위험 또한 안고 있다. 누구나 조직 전체에 이바지한 공을 보상받아야 하는 이유가 바로 여기에 있다. CEO가 이끄는 최고위 팀만 보상받는다면 불만이 널리 퍼질 것이다.

내 오랜 친구로 1970년대에 일본으로 건너가 K.K.아시스토라는 일본 최고의 소프트웨어 유통 업체 가운데 하나를 창립해 운영하는 빌 토텐은 자기 비서 이야기를 해주면서 그 비서는 자기를 대신해 고객과 회의 일정을 잡을 때 회사에 가치를 추가한다고 설명했다. "내 비서는 그냥 전화를 거는 것이 아니라네. 회사를 위해 새로운 관계를 시작하거나 유지하거나 발전시키고 있는 거지. 그것은 더없이 중요한 일이고, 그런 일을 하니까 마땅히 보상받아야 하는 거라네." 이와는 반대로 프라이스워터하우스쿠퍼스 뉴욕 본사에서 일한 우리 파트너들 다수는 우리 건물 경비원들에게 그들이 방문객들한테 짜증을 내거나 무뚝뚝하거나 무례하게 대하면 그들의 행동이 기업의 이미지와 가치를 크게 망친다고 직접 설명해 주었다.

간단하지만 대체로 간과되는 사실이 있는데, 조직 구성원 누구나 가치 창조 활동에 관여한다는 사실이다. 기업이 정체되어 있거나,

사람들이 사무실이나 자기 자리에 앉아 빈둥거리고 있으면 그들을 탓하지 마라. 조직의 리더들을 탓하라.

리더의 일은 목표를 정하고, 진전을 평가하고, 사람들한테 걸맞은 책임을 묻고, 각 팀원의 길을 가로막는 장애물들을 치워 주는 것이다. 이것은 리더가 고객을 접대하거나 복잡한 세부 계획 문제들을 해결하는 데 우선순위를 두면서 짬짬이 해낼 수 있는 일이 아니다. 장애물 제거는 리더가 늘 해야 하는 일이다.

마이크로소프트에서 열린 CEO 모임에서 당시 제록스 회장 겸 CEO이던 앤 멀케이와 나눈 대화가 기억난다. 점심을 먹으면서 멀케이는 제록스가 문제투성이라고 내게 설명했다. 제록스에는 회계 시스템 관련 문제, 인적 자원 문제(이런 유형의 엔지니어는 너무 많고, 저런 유형의 엔지니어는 부족하고), 제품 품질에 관한 문제, 매출 하락 문제가 있었다. 재임 기간에 멀케이는 이 각각의 문제를 호전시키면서 제록스를 문서관리 업계의 부상당한 거인에서 호락호락하지 않은 경쟁자로 탈바꿈시켰다. 한데 자신의 경영 오디세이를 설명하면서 멀케이가 이런 명언을 했다. "CEO의 일은 회사 사람들이 각자의 일을 하도록 도와주는 거예요."

뛰어난 통찰이다. 어림잡아 170억 달러의 수익을 올리는 제록스 같은 규모의 기업 CEO나 그 밖의 고위 리더가 어떻게 남들과 똑같은 일을 할 수 있겠는가? 그렇게 큰 기업의 CEO가 어떻게 직원들이 어떤 일을 하는지 일일이 알 수 있겠는가?

멀케이가 해야 했던 일은 목표를 정하고, 진전을 평가하고, 사람들한테 걸맞은 책임을 묻고, 그들의 길을 가로막는 장애물들을 치워 주는 것이었다. 이를 위해 멀케이는 회사 사람들이 하는 말을 귀 기울여 듣는 데서부터 시작해야 했다. 멀케이는 즐겁고 불쾌하고, 행복하고 슬픈 이야기를 들어야 했다.

멀케이를 비롯한 CEO들은 행동하는 사람들이다. 사실 그들로서는 도움의 손길을 내밀지도 않고 해결책을 창출할 아무런 팀도 구성하지 않은 채 문제점에 대해 듣고만 있기가 쉽지 않다. 그러나 문제점을 해결하는 첫걸음은 그 문제의 중요성을 이해하는 것이다. 적극적으로 경청해 문제를 제대로 이해해야 한다는 뜻이다.

멀케이와 함께 앉아 있을 때, 그리고 나중에 우리 그룹이 배를 타고 빌 게이츠의 집으로 갔을 때 나는 멀케이가 얼마나 남의 말을 경청하고, 얼마나 호기심 많고, 얼마나 많은 질문을 하는지 놀랐다. 멀케이는 자존심을 앞세우지 않았다. 또 조금도 방어적이지 않았다. 멀케이가 한 일은 모든 만남에서 최대한 많은 정보를 얻는 것이었다.

모든 직급에서 리더는 팀원들의 길을 가로막는 장애물을 제거해주어야 한다. 하지만 각 팀원이 하는 말을 주의해서 듣지 않으면 장애물을 제거해 줄 수가 없다. 일단 문제점을 제대로 이해한 리더라야 행동에 나설 수 있다. 그래서 나는 멀케이가 제록스를 몇십억 달러 규모의 기업으로 성공리에 회생시킨 한 가지 주요 요소는 바로 다른 사람들의 말을 경청하는, 그것도 진정으로 경청하는 능력이었다고 확신한다.

## CEO의 접근성

직원들이 각자의 권한을 행사하고 또 배우도록 CEO가 그들에게 열린 태도를 보이고 그들과 적절하게 어울리는 것이 중요하다. 많은 조직에서 CEO에게 조언을 구하러 가는 일은 이례적이고 주눅이 들고 때로는 경력에 위협이 되기까지 한다. 대다수 조직에서 CEO는 조언을 해주려고 그 자리에 있는 것이 아니다. 그들은 직원들의 보고를 받고 그들의 미래에 영향을 끼칠 결정을 내리기 위해 거기에 있는 것이다. 많은 기업에서 CEO의 역할은 재정과 관련되어 있다. 직원들의 보고를 듣고 그것을 토대로 자원을 배분하니까 말이다.

콘티넨털항공에서 고든 베튠은 모든 직급의 직원을 일주일에 한 번 자신의 사무실로 초대해 피자 점심을 함께 먹음으로써 직원들이 자신과 만날 수 있는 접근성을 유지했다.

뉴욕 시장에 당선되기 전, 마이클 블룸버그는 자신이 설립한 대규모 금융 정보 회사 블룸버그에서 자신의 책상을 회사 뉴스 편집실 한가운데에 놓음으로써 접근성을 유지했다. 그는 방 중앙에 있었기 때문에 자신이 만나야 할 사람 누구하고나 대화할 수 있었고, 회사 사람들 또한 블룸버그에게 말을 건넬 수 있었다. 그뿐만 아니라 이 회사에 면접을 보러 왔던 사람들이 나갈 때 블룸버그가 직접 그들에게 감사 인사를 하는 일도 드물지 않았다.

많은 기업에서 CEO를 비롯한 리더들은 '여기저기를 둘러봄'으로써 조직을 관리한다. 이 방식은 CEO가 현재 상황이 어떤지를 파악하는 데는 도움이 되지만 수브라마니암, 베튠, 블룸버그가 각자의 조직에서 개발한 것과 같은 진정한 양방향 소통 방식을 만들어 내는 데는 거의 도움이 되지 않는다. 접근성의 핵심은 양방향으로 서로 통하게 하고, 소통을 가로막는 장벽들을 제거하고, 사람들한테 자신의 리더가 팀의 일원임을 이해시키는 것이다.

## 독이 되는 CEO

내가 잘 아는 어느 조직의 CEO는 자신의 역할을 비전 제시형 창업자에서 '최고 스프레드시트 책임자'로 부를 수밖에 없는 역할로 축소했다. 이 CEO는 의문의 여지없이 재무적 사고가 뛰어난 사람인데, 직속부하들을 불러들여서 그들이 보고한 숫자를 미주알고주알 따지고, 비용 절감 활동을 명령하면서 고래고래 소리를 지른다.

하지만 그것이 문제가 아니다. 정작 문제는 이 CEO가 워낙 따지기 좋아하고 무례하고 똑똑해서, 직속부하 몇 사람의 말을 들어 보면, CEO와 회의가 있는 전날 밤에는 어찌나 긴장하는지 잠을 이룰 수 없다는 것이다. 직속부하 가운데 한 사람은 회의를 앞두고 너무나 긴장한 나머지 토하고 말았다고 털어놓았다. 몇 번인가 나는 사람들이 웃음 띤 얼굴로 CEO와 이야기하러 들어갔다가 분노하고 좌절한 채 나와서는, 일단 소리가 안 들리는 곳으로 가서 주먹으로 벽을 치거나 화장실에 들어가 소리를 지르는 광경을 본 적이 있다. 그의 직속부하 가운데 한 사람은 자신이 저지를 수 있는 가장 끔찍한 잘못이 "잘 모르겠습니다", "나중에 다시 답변 드리겠습니다", 아니면 (제발 그런 일이 없기를!) "어떻게 생각하세요?" 하고 묻는 거라고 내게 말했다. 이사회조차 이 CEO한테 기가 죽어 있다. 또 직속부하가 결정을 내리면 이 CEO가 그 결정을 뒤집거나 한마디로 "안 돼!" 하고 버럭 소리를 지르는 경우가 빈번하다.

내가 말하는 이 CEO는 유명인사 축에 든다. 그는 재산 규모와 자선활동, 〈월스트리트 저널〉 기고, 경제 진단 활동으로 꽤 알려진 사람이다. 하지만 그의 지주회사가 운영하는 기업들은 지난 10년 동안 거의 성장하지 못했고 최고위 중역들의 이직률은 끔찍할 정도다. 이 CEO 밑에서 일하는 한 사업부 대표에게 본인의 가장 중요한 성과를 말해 달라고 했더니 "살아남았다는 거죠" 하고 대답할 뿐이었다. 이 CEO 밑에서 일한 사람들은 사실 거의 모두 실력 있고 똑똑했다. 그들은 힘들 걸 알면서도 이 조직에 들어왔고 패배감을 느끼며 떠났다. 이 CEO는 종종 그러한 감정을 이용해서 커미션이나 주식 지급에 큰 비중을 둔 계약을 맺은 다음 제대로 지급하지 않곤 했다.

이 CEO가 극단적 경우일지는 모르지만, 정도의 차이는 있어도 그와 비슷한 리더가 수두룩하다. 그들은 직속부하에게 오로지 한 가지만 기대한다. CEO 자신의 급여가 훨씬 더 두둑해지도록 주주 가치를 높이는 데 한몫해 달라는 것이다. 이러한 CEO들은 1인 팀의 구성원이다. 어떤 면에서 그들은 자신을 직속부하의 경쟁자로 여기기조차 한다. 이러한 CEO들은 자신의 팀을 리더들의 팀으로 생각하기보다 불신하고 의심한다. 또한 부하들이 무능하다고 생각하고, 자신의 팀이 이사회 앞에서 또 주주들한테 자신을 못나 보이게 만들 거라고 걱정한다. 하지만 1인 팀을 운영하는 CEO가 무엇을 진정으로 이루어 낼 수 있을까? 그런 CEO가 가치를 창조할 수 있을까? 방향을 바꿀 수 있을까? 대차대조표를 호전시킬 수 있을까? 그 대답은 아니오이다.

고리타분하다 싶을지 모르지만 사실 가장 좋은 결과는 다른 사람을 존중하고 그들의 공헌을 인정하고 그들의 도움을 얻는 사람에게서 나온다. 함께 일하는 사람들을 신뢰한다는 소리다. 또 사람들이 전부 천재는 아니지만 모든 일에 천재의 손길이 필요한 것은 분명히 아니다. 많은 기업이 다만 목표한 일을 제때에 정확하게 해내고 있을 따름이다.

## 학습하는 문화

다행히 모든 CEO가 방금 묘사한 CEO 같지는 않고, 또 모든 기업이 공포에 시달리지는 않는다. 스탠퍼드대학 교수이자 HR 전문가인 제프리 페퍼가 좋은 예를 들려주었다. 내가 HR 컨설팅 기업인 머서휴먼리소스의 프로젝트를 위해 2007년에 페퍼를 인터뷰할 때 나온 이야기인데, 그가 사우스웨스트항공의 HR 책임자이던 앤 로데스와 함께 일할 때 이 항공사가 정리해고를 한 번도 하지 않은 이유를 물었더니 그녀가 이렇게 대답했다고 한다. 정말로 사람이 여러분의 가장 중요한 자산이라고 믿는다면 "왜 그들을 거리로 내몰겠어요?" 이러한 시각이 CEO를 비롯해 회사 전체에 퍼져 있었다.

여러분이 직원들의 가치를 믿는다면 그들을 교육하고 그들과 계속 소통하는 것이 가치 있다는 점 또한 믿을 것이다. 사람이 여러분의 가장 중요한 자산이라면 그들을 어둠 속에 남겨둘 이유가 어디 있겠는가? 여러분은 직원들이 해당 산업과 기업에 관련 있는 문제들을 이해하도록 교육하고 훈련할 것이다. 또 그들에게 투자할 것이다. 그들이 가치를 창조하는 더 큰 능력을 기르게 돼 그 투자가 효과를 낼 테니까 말이다.

물론 자칭 학습하는 조직에서조차 흔하게 나타나는 문제가 있다. "다들 학습하는 조직을 원하죠" 하고 페퍼가 말했다. "하지만 누구도 아무나 학습할 시간이 있는 조직을 원하지는 않아요! 진짜 모순이죠. 이런 모순이 생기는 이유는, 만일 여러분이 생각하고 배우면서 시간을 보내고 있으면 남들은 여러분이 게으름을 피운다고 생각하기 때문이에요." 한데 사람들이 일을 할 때에는 과연 무엇을 하는 것일까?

내가 컨설팅 업체 부즈앨런해밀턴(현재 부즈앤컴퍼니)에서 일할 때, 우리는 이 회사의 지식과 학습도구들을 축적하기 위해 갖은 노력을 다했다. 고객들은 복잡한 문제를 해결하려고 부즈 같은 회사를 고용하는데, 그런 문제를 해결하려면 우리가 많이 알아야 한다는 것이 그 이유였다. 이를 위해 우리가 사용한 방법은 앉아서 연구하고, 알게 된 내용을 공유하고, 토론하고, 대화하고, 해결책에 대해 논쟁하는 것이었다. 달리 특별한 지름길은 없다.

부즈의 첫 최고지식책임자 척 루시어는 CEO의 재임 기간을 본격적으로 추적한 최초의 인물이다. 그는 CEO들의 재임 기간이 1990년대 말부터 계속 짧아지고 있음을 가장 먼저 알아차렸다. 루시어는 또 부즈에서 학습하고, 토론하고, 때로는 아이디어를 판매하는 전략을 개발했다. 이 전략의 제1단계는 개인 한두 사람이 고객한테 도움이 될 성싶은 주제에 관심을 두었을 때 시작된다. 이들은 퇴근 후에 그 아이디어에 대해 의논해 볼 수도 있을 테고, 그 구상에 대해 약간의 연구를 해볼 수도 있을 것이다. 그런 다음 그 구상이 가치 있고 실용적이라는 생각이 들면 루시어를 찾아가 그 구상을 정식으로 연구할 약간의 연구 자금을 신청한다. 루시어 팀이 그 구상에 장점이 있다고 판단하면 연구 예산을 지원한다. 대부분의 새로운 구상은 실패로 끝난다는 걸 알면서도 말이다.

연구 노력이 어느 정도 성과를 낳으면 루시어는 5~10명이 길게는 온종일 그 주제에 대해 깊이 있게 토론할 수 있도록 사무실에서 직접 만나 회의를 열기 위한 예산을 지원한다. 이 회의에서도 그 구상에 장점이 있다는 결론이 나오면 그 주제에 관한 정식 연구회를 구성하게 되고 1년에 최소한 네 차례 회의를 연다.

루시어의 접근방식은 알고 보니 대단히 흥미진진했다. 전략을 성과로 연결하는 새로운 방법들을 주제로 열린 뉴욕 회의가 생각난다. 그 회의는 몹시 추상적으로 시작되었다. 하지만 루시어는 15명 정도의 참가자에게 계속 고객의 관점에서 이 주제에 대해 생각하게 했다. 또 현실적으로 생각하라고 참가자들을 강하게 몰아붙였다.

경영학 박사이자 제조업체들과 함께 일한 경력이 여러 해 되는, 굉장히 박식한 한 선임 컨설턴트가 일어나 이 주제에 대해 이야기하기 시작했다. 그는 자신의 고객인 여러 자동차 회사와 부품 제조업체, 항공우주 기업의 예를 들었다. 또한 물고기의 모든 가시가 등뼈에 연결되어 있듯이 위대한 아이디어는 수많은 업무 처리 과정을 서로 연결해 주어야 한다고 말했다. 실제로 그는 전략을 기업의 모든 기능 부문과 연결하기 위해 이른바 자신의 물고기 뼈 도표(어골도)에 대해 이야기하기 시작했다. 그가 이야기를 풀어 나가자 명석하기 이를 데 없는 컨설턴트들로 꽉 찬 방이 현실에서 3만 미터 상공에 떠 있다가 9천 미터 상공으로 내려오고 다시 땅바닥 높이로 내려오면서 분위기가 달궈지는 걸 느낄 수 있었다. 그가 이 주제에 확실하게 현실감을 불어넣은 것이었다.

이 회의가 끝나고 얼마 안 있다가 루시어는 몇 차례 소규모 회의를 더 열었고, 마침내 그 결과를 자사 고객 중 은행 두 곳에 제안했다. 캐나다 은행 한 곳과 독일 은행 한 곳이었다. 이 두 은행이 그 아이디어를 사면서 이 새로운 아이디어가 수익을 내기 시작했다. 이보다 훨씬 더 중요한 점은 이 아이디어가 고객한테 유익한 결과를 낳기 시작한 것이었다. 고객의 시장점유율이 올라가고 비용이 줄어든 것이다.

이러한 접근방식이 쉽지는 않았다. 처음부터 끝까지, 그러니까 두 파트너가 맥주잔을 기울이면서 내놓은 흥미로운 구상에서 시작해, 두 은행이 몇백만 달러의 계약을 맺기까지 약 여섯 달이 걸렸다. 하지만 이 사례는 학습이 이루어지고 "우리는 학습하는 조직입니다" 하는, 그 숱한 판에 박힌 이야기들이 현실이 될 때 어떤 결과가 나올 수 있는지를 보여 준다.

그러나 그것이 진부가 아니다. 루시어는 최고지식책임자로서 회의 참가자들이 모두 집중하고 느슨해지지 않도록 이들을 강하게 압

박하면서 위대한 리더의 역할을 해냈다. 그는 자신이 가진 모든 수단, 예컨대 재치와 지성과 토론하고 논쟁하는 능력을 이용했고, 일을 성사시키기 위해 자신의 예산 운용권을 이용했다.

그렇지만 지식 혹은 학습 조직을 이끄는 일은 다른 유형의 조직을 이끄는 일과 전혀 다를 바 없다. 리더가 자격 요건을 갖추고 있어야 한다. 루시어는 박사 학위부터 일련의 고객 성공사례까지 그러한 자격 요건을 갖추고 있었다. 그는 동료들의 존경을 받았기 때문에 그들을 몰아붙이고 구슬리고 논쟁할 수 있었다.

기업은 '우리 회사에는 학습 문화가 있다'고 말만 해서는 안 된다. 학습 문화를 가능하게 하는 수단이 있어야 한다. 어쩌면 학습 문화가 있는 기업으로 가장 유명한 GE는 뉴욕 크로톤빌에 존에프웰치리더십개발센터라는 경영 훈련 센터가 있다. 1956년에 문을 연 이 센터는 기업판 하버드 경영대학원이다. 이 센터는 직원과 고객에게 GE식 사고방식과 GE식으로 문제를 분석하고 해결하는 방식을 가르친다. 이 센터는 경영관리, 리더십, 재무, 영업과 마케팅, 그리고 '워크아웃'과 '변화 가속화' 같은 식스시그마 품질 관리 프로그램에 관한 교육과정을 제공해 운영 합리화와 전략수립에 도움을 주고 있다. 잭 웰치는 GE의 회장 겸 CEO일 때 이 센터에서 자주 강의했고, 현 회장 겸 CEO인 제프리 이멜트도 마찬가지다. 수익이 1천800억 달러가 넘는 GE 같은 기업이 전 세계적으로 경쟁력을 유지하려면 크로톤빌의 리더십개발센터가 반드시 필요하다.

FM글로벌은 GE보다 규모가 몇 배나 작다. 하지만 이 회사는 작은 기업들도 성장하려면 계속해서 학습에 투자해야 한다는 걸 알고

**왜 학습하는 조직이어야 할까?**

- 수평조직에서는 스스로 결정을 내릴 아주 유능하고 고도로 숙련된 사람들이 필요하다.
- 기존 지식이 과거 어느 때보다 빨리 구식이 되고 있다.
- 모든 직급의 리더가 성장하려면 스스로 경력을 관리해야 한다.
- 바람직한 교육과 훈련 유형은 개인의 목표와 조직의 목표를 동조시키는 것이다.
- 조직이 미래에 필요한 기술을 얻는 방법은 교육과 훈련이다.
- GE와 FM글로벌처럼 직원은 물론이고 고객에게까지 훈련을 확대하면 고객과 더 장기적인 관계를 유지하는 한편 여러분 조직의 비용이 절약된다.

있다. 의사결정권이 분산된 수평조직이 장기적으로 성공하기 위해서는 자기 회사 인력에 투자하는 것 말고 다른 방법이 없다.

직원 훈련에 인색하다고 소문이 자자한 조직들이 있다. 사람들은 학교나 다른 기업에서 쌓은 지식을 가지고 그런 조직에 들어와 자신의 지식을 그 조직에 사실상 기부한다. 그런데 시간이 좀 지나면 그들이 가져온 지식은 구식이 된다. 제약과 소프트웨어처럼 빠르게 변화하는 산업에서는 기존 지식이 쓸모없어지는 속도가 놀랍도록 빠르다. 반면에 금속과 광산, 공업용 화학제품 같은 다른 산업에서는 변화의 속도가 훨씬 느리다. 그렇기는 해도 지식을 새로 보충할 필요성이 없는 산업은 없다.

FM글로벌에서는 개인의 경력을 지하철에 비유하는데, 런던 지하철 노선도와 비슷하게 설계된 교육과정과 프로그램 노선을 갖춘 지하철이다. 지하철에 대한 비유를 계속 살려서 FM글로벌이 개인들의 경력 관리를 돕기 위해 개발한 시스템에 '레일'이라는 이름을 붙인 것은 놀라운 일이 아니다. 레일은 FM글로벌의 전 세계 각 사무소가 필요한 인재를 보유하게 할 목적으로 설계된 것이기도 하다. 그래서 레일 시스템은 개인에게 도움을 줄 뿐 아니라 이 회사가 세계적, 지역적 차원에서 이루려는 포괄적 목표와도 직결되어 있다.

FM글로벌의 총괄 부사장 가운데 한 사람인 톰 로슨에 따르면 이렇게 하는 목적은 FM글로벌 사람들이 각자의 경력을 관리하고 자신이 참가한 모든 교육과정과 훈련에 꾸준히 관심을 두도록 도와주는 데 있다. 또 한 가지 목적은 각 개인과 팀, 사무소가 꾸준히 저마다의 재능과 능력을 균형 있게 발전시키도록 리더들이 그룹 구성원들을 코치하는 데 도움을 주려는 것이다.

FM글로벌에서는 학습이 이 회사의 주된 사명인 손실 예방에 확고한 기반을 두고 있다. 그리고 GE처럼 FM글로벌도 직원과 고객을 위한 교육과정을 함께 제공한다. 직원을 위해서는 공학과 보험인수 그리고 그 밖의 여러 가지 프로그램을 제공하는데 전문 인력을 위한 고급 공학과 위험관리 코스도 거기에 들어 있다. 이들 교육과정은 온라인으로, 강사가 지도하는 강의실에서, 또 온라인과 강사의 지도를 합친 혼합형으로 제공된다. 또한 웹을 기반으로 강사가 실시간으로 진행하는 교육과정들이 제공된다.

고객이 이용할 수 있는 교육과정, 다운로드 자료, 교육 동영상, 세미나, 수업 목록도 방대하다. 교육과정 소개, 출판물, 다운로드 자료, 교육 자료에 관한 인쇄물이 42쪽 분량이고 웹 버전은 이보다 훨씬 길다.

이러한 출판물과 교육과정, 다운로드 자료를 제작하는 일은 어느 기업한테나 상당한 투자다. 하지만 교육 내용이 조직의 목표와 일치하면 돌아오는 이익이 엄청나다. 이러한 교육과정을 이용함으로써 FM글로벌 고객들은 자사의 손실 예방에 도움을 받는다. 그 손실은 물론 FM글로벌이 보험금을 지급해야 하는 손실이다. 그런가 하면 직원들은 각자의 만족과 성장을 위해 경력을 관리하고, 회사가 성장하는 데 필요한 능력을 제공할 수 있다.

리더십 개발은 FM글로벌의 포괄적 사업 전략에서 중요한 요소일 뿐 아니라 공동 목적 조직을 만드는 데도 중요하다. 공동 목적 조직을 구축하는 데 중요한 또 한 가지 요소는 공통 언어, 아니 최소한 공통된 분석과 토론 방법만이라도 갖추는 것이다. 하지만 그렇게 하려면 최대한 많은 사람이 참여하는 가운데 활발한 학습이 이루어져야 한다. FM글로벌의 엔지니어들은 회사가 소유한 650만 제곱미터 규모의 연구단지와 주요 연구소 네 곳에서 자기 분야의 최근 동향을 파악할 수 있다. 엔지니어들에게 자기 분야에 대한 최신 정보를 계속 제공하는 조치는 이들을 다른 곳에 빼앗기지 않는 데 대단히 중요하다. FM글로벌은 또 엔지니어가 아닌 사람들에게도 공학 교육과정을 제공함으로써 그들의 지식을 심화하고 그들이 FM글로벌 특유의 문제 해결 접근방식을 받아들이는 데 도움을 주고 있다.

공동 목적은 그냥 생기지 않는다. 공동 목적이 잘 자라게 하려면 개발하고 가꿔 나가야 한다. 공동 목적을 추구하려는 조식이 대충대충 해서는 공동 목적이 잘 자랄 수 없다. 조직이 어떤 수단을 써서 구성원들을 단결시키든지 그 수단이 조직의 포괄적 사업 목표에 긴밀히 연결되어야 한다는 말이다.

– 7장 –

# 리더십 문화를 어떻게 조성할까

## 관계망 구축 능력이 개인의 성패를 가른다

모두가 같은 목표로 참여하지 않으면 공동 목적 조직을 이루어 낼 수 없다. 그런데 그렇게 하기가 항상 쉬운 일은 아니다. 모두가 리더인 기업을 만들면 거대한 힘의 저장고를 창조할 수도 있고, 아니면 경쟁상대들을 모아 놓은 팀이 생길 수도 있다. 도리스 컨스 굿윈이 에이브러햄 링컨에 관한 책 《권력의 조건*Team of Rivals*》에서 지적해 잘 알려진 대로 말이다. 링컨은 일반적으로 미국 역사상 가장 위대한 리더 가운데 한 사람으로 꼽히지만, 이러한 평판이 쉽게 찾아온 것은 아니었다. 남북전쟁 시기와 겹친 자신의 정권에서 링컨은 종종 자신의 팀을 훨씬 앞서 나갔다. 그는 군인이 아니었고 전쟁이 벌어진 한두 해 동안은 부적합한 장군들에게 지휘를 맡기는 바람에 골머리를 앓았다. 하지만 장군들을 교체하고 전쟁을 하는 이유에 대해 더 잘 소통하면서 끈질기게 자신의 목표를 추구했고, 그러다가 마침내 전쟁을 승리로 이끌 수단을 가진 리더를 찾아냈다.

링컨이 고전한 이야기를 꺼내는 이유는 우리가 리더십을 실제보다 더 쉽게 생각하는 경향이 있는 것 같아서다. 증거 자료를 내보일 수 있는 건 아니지만, 나는 또 교감이라는 문제가 중요하다고 생각한다. 그룹들은 결국 그들에게 어울리는 리더를 만난다고 워렌 베니스가 내게 말한 적이 있다. 그룹들은 그들과 맞지 않는 리더를 거부한다. 애플의 전 CEO 길 아멜리오, 휴렛패커드의 전 CEO 칼리 피오리나, AT&T의 전 CEO 마이크 암스트롱은 하나같이 굉장히 실력 있고 에너지 넘치고 아주 유능한 리더들이었지만 자신들이 이끈 기업한테는 그렇지 못했다. 그들 모두 짧은(피오리나는 짧은 편인) 임기를 보냈다. 그리고 그들 모두 자신이 이끈 조직의 문화와 맞지 않아 거부당했다.

코드는 조직에서 사람을 뽑을 때 굉장히 중요하면서도 뭐라고 딱 꼬집어 말하기 어려운 속성이다. 면접 때는 누구나 좋은 면을 보여준다. 신원보증인의 말을 들어 봐도 대개는 이렇다 할 내용이 거의 없다. 인품과 정직함, 성실성은 모두 리더의 사람 됨됨이를 구성하는 아주 중요한 측면이다. 하지만 서류 심사 결과가 같게 나오고 겉으로 별 차이가 없어 보이는 두 사람이라고 해도 이 두 사람은 절대로 서로 맞바꿔 쓸 수 없다.

예전 벨연구소(현재 루슨트)에서 어떤 연구원들은 스타가 되고, 어떤 경우에는 노벨상까지 타는데 왜 어떤 연구원들은 그냥 실패하고 마는지를 알아보기 위한 연구를 진행한 바 있다. 벨연구소에 고용된 사람들은 모두 배경이 같았다. 그들은 MIT와 스탠퍼드 같은 세계 최고 대학의 수석을 차지했다. 지능은 엄청나게 높았고 박사 학위가 있었다. 모두가 연구 수행 능력도 우수했다. 서류상으로 그들은 우열을 가릴 수 없을 만큼 대등했다. 하지만 이 재능 있는 직원들 가운데 일부는 성공하지 못했다. 일부는 완전히 실패했고, 일부는 가까스로 살아남았다. 그리고 소수인 5퍼센트 정도만 스타가 되었다.

로버트 켈리와 재닛 캐플런 두 연구원이 이 현상을 연구했고, 1993년에 내가 이 주제에 관한 그들의 글을 '벨연구소가 스타 연구원들을 배출하는 법'이라는 제목으로 〈하버드 비즈니스 리뷰〉에 실었다. 그들의 아주 사려 깊은 연구에서 내가 특히 주목한 대목은 아주 간단했다. 스타 연구원들은 다른 사람과 협력하는 법을 알고 또 조직 내부에 관계망을 구축할 수 있는 사람이라는 것이다.

이렇게 간단한 결론에 이르기가 쉽지 않았을지 모르지만, 그렇다고 굉장히 어려운 건 아니다. 기업에서 혼자 일하는 사람은 없다. 우리는 모두 서로에게 크게 의존한다. 모두가 리더인 기업이 모두가 경쟁상대인 기업으로 변하는 걸 막으려면 사람들이 서로 교감하게 도와주어야 한다.

사람들이 누가 누구이고, 다들 무슨 일을 하고, 도움을 구하려면 어디로 가야 할지를 훤히 알고 있으면 남들한테 도움을 얻는 방법도 알기 마련이다. 이러한 네트워크(때로는 소문이 퍼지는 통로이고, 때로는 모범사례들을 퍼뜨리는 신속한 방법)를 육성해야 한다. 이를 위해서는 공통 언어와 교육, 학습 문화가 도움이 된다. 하지만 그냥 날마다 사람들을 보는 것만도 도움이 된다.

부즈앤컴퍼니에 있을 때 나는 은행의 생산성과 이윤 향상을 돕기 위해 고안된 프로젝트를 수행한 적이 있다. 이 프로젝트는 한 은행

**비즈니스에도 마을 전체가 필요하다**

- 성공은 지능지수의 문제가 아니다. 교감하느냐 못 하느냐의 문제다.
- 벨연구소의 스타 연구원들은 조직 내부에 관계망을 구축할 수 있었기 때문에 다른 연구원들보다 더 좋은 성과를 낼 수 있었다.
- 동료와 소통하는 능력은 모든 개인의 중요한 성공 요인이다.
- 조직은 소통 능력을 키우도록 구성원을 훈련해야 한다.

이 영업 중인 각 지역에 대한 복잡한 분석에 바탕을 두었다. 그 분석은 우선 지역 단위에서 시작해 구역 단위로 내려가고 마지막으로 각 지점을 분석하는 것으로 마무리했다. 우리는 해당 은행이 영업 중인 각 지역을 분석해 그 은행 지점들 전체의 실적을 쭉 적은 성적표를 만들었다. 자연히 서로 실적을 비교할 수 있었다. 새러소타의 지점장이 애틀랜타나 신시내티의 지점장에 견줘 자기 지점의 실적이 어느 정도인지를 확인할 수 있는 식이었다. 이 프로젝트의 목표는 모든 지역에서 이 은행의 잠재력을 파악한 다음, 지점장들이 서로에게서 배울 수 있도록 모범사례들을 회사 전체에 전파할 수 있는 컴퓨터 네트워크를 구축하는 것이었다.

완료한 분석 결과를 발표할 때 우리는 당시의 상황 전개에 깜짝 놀랐다. 우리가 시식 공유 애플리케이션을 구축하기도 전에 전국의 지점장들이 서로 전화를 걸어 영업 증진을 위해 어떤 조치를 하고 있는지 확인 중인 사실을 알게 된 것이었다. 어떠한 격려나 신기술도 동원하지 않은 가운데 오로지 순위 발표가 각 지점장을 자극해, 각자 비공식 네트워크를 동원해 다른 지역에서 성공한 영업 방식을 자기 지점에 옮겨 오는 방법을 배우게 한 것이었다.

우리는 비록 우리가 설계한 멋진 지식 공유 시스템을 구축하지 못하게 되어 실망했지만, 리더들이 각자 비공식 네트워크를 가동해 모범사례들을 공유하고, 어떤 조치가 효과가 있고 어떤 조치가 그렇지 않은지를 배우는 데 놀랐다. 물론 신임이거나, 숫기가 없거나, 게으르거나, 한마디로 관계망 구축 능력이 없는 지점장들이 가장 저조한 실적을 나타냈다. 하지만 회사에 면접 보러 온 사람들한테 관계망 구축 능력을 물어보는 경우가 얼마나 되는가? 또 면접 때 기업이 어떻게 자신의 관계망 구축을 도와줄지 질문하는 경우가 얼마나 되는가?

그 대답은 좀처럼 없다는 것이다.

베니스가 설명했고 나도 겪어 보았듯이 리더십 네트워크를 구축하려면 리더가 특정한 기본 요건을 갖추어야 할 때가 있다. 내가 생각의 리더십과 혁신 부문 글로벌 리드 파트너로 프라이스워터하우스쿠퍼스에 고용되었을 때 함께 따라온 것이 있었다. 내가 이 지혜에서 자리를 잡기까지 걸리는 길고 답답한 기간이었다.

첫째, 나는 회계사가 아니었다. 그런데 프라이스워터하우스쿠퍼스가 회계 부문과 분리해 컨설팅 사업 부문을 매각하고 나자 그 거대한 조직에서 사람들과 어울리려면 회계사 경력이 있는지가 중요했다. 저녁을 먹으려고 파트너들과 함께 앉아서 그들이 어떻게 포천 500대 기업에 대한 회계 감사를 하며 승진했는지 회상하는 이야기를 들을 때 나는 보탤 말이 거의 없었다. 회계 감사원으로 일한 경험이 파트너들 사이에 동료애를 낳았고 다양한 공통 경험과 도전을 낳은 것이었다. "우리는 함께 컸지" 하는 말을 여러 번 들었다.

둘째, 혁신은 기업의 미래를 위한 수익을 창출하는데, 프라이스워터하우스쿠퍼스에 들어갔을 때 나는 대다수 파트너가 미래의 수익을 현재의 수익에 견줘 별로 가치 있게 여기지 않는 현실에 맞닥뜨렸다. 내가 기업과 투자자를 위해 새롭고 더 나은 재무보고서 제작 방법을 연구하건 아니면 다른 일을 하건 간에, 궁극적으로 이러한 노력이 회사 재무 결과에 보탬을 줄 거라는 점을 이해시키는 것이 과제였다. 많은 기업이 혁신을 자사의 '가장 중요한 제품'이라고 선전하지만, 사실 기업은 인내심이 별로 없다. 혁신 제품을 잇달아 내놓는 애플컴퓨터가 있지 않으냐고 주장할지 모르지만 애플은 예외에 해당한다.

마지막으로, 프라이스워터하우스쿠퍼스같이 거대한 수평적 분권 조직에서는 잉글랜드 요크셔의 세무 서비스 부문부터 상하이의 트랜잭션 서비스 그룹까지 각각의 크고 작은 조직 단위가 자신들에게 필요한 모든 답을 가지고 있다고 생각한다. 이들은 혁신이 고객한테 밀착하는 데서 나온다고 믿는다. 그리고 이러한 믿음이 옳다는 사실이 종종 입증되고 있다. 뉴욕이나 런던에 기반을 둔 사람이 어떻게 상하이 팀이 필요로 하는 해결책을 만들어 낼 수 있겠는가? 이런 일이 일어날 수 있다는 믿음은 거의 없었다.

내 과제는 켈리와 개플런의 연구 결과처럼 내가 조직의 여러 부문과 교류할 수 있고, 그것도 회계사가 아닌데다가 외부인이기까지 한

처지에서 그렇게 할 수 있는 탄탄한 네트워크를 구축하는 것이었다. 나는 이 목표를 달성하려고 열심히 노력했다. 그리고 중요한 첫 번째 교훈을 얻었다. 내가 CEO의 지지를 받는 동안에는 회계사도 아니고 내부인도 아니라는 장애물을 극복하는 데 아무런 문제가 없었다. CEO의 비전과 목표, 사명에 동조하는 것은 모든 직급의 리더한테 도움이 되니까. 그런데 우리 CEO가 다른 회사 CEO로 자리를 옮기자 내 네트워크가 무너졌고 나는 고통스럽게 거의 처음부터 다시 네트워크를 구축해야 했다. 이를 위해 나는 보스턴의 파트너와 아침을, 뉴욕에서 저녁을, 런던의 파트너와 점심을 먹으며 회사 곳곳을 돌아다녀야 했다. 그러다 보니 시간이 걸렸고, 솔직히 말하면 몸무게도 몇 킬로그램 늘었다!

하지만 시간이 지나면서 나는 여러 목표를 이루었고 내 일에 도움이 되는 네트워크를 형성할 수 있었다. 내가 프라이스워터하우스쿠퍼스에서 FM글로벌의 평균 근속기간인 25년쯤 근무했더라면 내 일은 훨씬 더 쉬워졌을 것이다. 어쨌든 한 가지는 분명하다. 인생살이가 다 그렇듯이 조직에서도 친구들의 작은 도움 없이는 성공할 수 없다는 것이다.

## 리더의 메시지 전달법

리더는 자신의 메시지를 전달하고 자기 계획에 대한 지지를 확보하기 위해 여러 가지 조치를 할 수 있다. 가장 좋은 방법의 하나는 사람들을 한자리에 불러 모으는 것이다.

장르네 포르투는 1986년부터 2001년까지 롱프랑의 CEO로 있을 때 최고위 중역 60명 정도와 1년에 세 차례씩 모임을 하곤 했다. 그는 중역들이 서로 연락은 하고 지내되 너무 끼어들지는 않을 정도의 모임 횟수를 원했다. 지나치게 자주 만나면 중역들의 자율성을 빼앗는다고 그는 말했다. 이 모임은 대개 포르투의 출신지인 프랑스에서 열렸고, 격식을 따지지 않는 모임이었는데도 개최 시기가 있었다.

포르투는 프랑스의 가장 중요한 포도주 생산지 가운데 한 곳인 보르도 지역 출신이다. 그는 이 지역의 음식과 포도주를 훤히 꿰고 있었기 때문에 중역들과 함께 시간 여유를 가지고 포도주 맛도 보고 밥도 함께 먹었다.

이 모임('모임'이 적절한 표현이라면)은 서로 친해지고, 피드백을 이끌어 내고, 식견을 함께 나누는 기회였다. 또 부담 없는 환경에서 여러 아이디어를 시험해 보는 기회였다. 그런가 하면 포르투와 중역들이 서로에 대해 더 잘 알게 되는 기회이기도 했다.

미국 사람들한테는 무엇보다 포도주를 음미하고 밥을 함께 먹으며 서로 친해진다는 생각이 생산적이지 못하고 심지어 실없어 보일 수도 있다는 걸 나는 안다. 불경기일 때는 특히 더 그렇다. 미국 사람들은 생산적인 것, 아니 적어도 바쁜 것을 좋아한다.

하지만 포르투의 방식을 간단히 무시해서는 안 된다. 함께 일하는 사람들을 알아 나가는 것은 중요하다. 사실 리더들은 서로 의존해서 일을 해낸다. 따라서 서로의 강점과 약점, 관심사를 알아야 한다. 설문지나 이메일을 이용해서 알아볼 수도 있겠지만, 다른 사람을 진정으로 이해하려면 관계를 발전시킬 필요가 있고 관계를 발전시키는 데는 시간이 걸린다.

포르투는 이러한 관계를 구축할 시간을 준 것이다. 그러면 그의 말마따나 도쿄나 상하이의 리더가 도움이 필요할 때 파리나 뉴저지에 전화할 사람이 생기는 것이다.

부즈앤컴퍼니에서도 같은 방식이었다. 해마다 이 회사는 휴식과 업무를 겸한 파트너 회의를 열었다. 회사의 실적이 행사의 성격을 결정했다. 어느 해에는 워싱턴DC 외곽의 콘퍼런스센터에서 모였는가 하면, 실적이 훨씬 좋은 또 다른 해에는 유람선에서 회의가 열렸다.

함께 일하는 사람들끼리 가끔 격식을 차리지 않고 자리를 함께하는 것이 얼마나 중요한지는 아무리 강조해도 부족하다. 앞에서 언급한, 젊고 빠르게 성장하는 기업인 레볼루션프렙에서는 샌타모니카 본사에서 일하는 사람들이 주로 금요일 저녁에 함께 맥주를 마시러 간다. 간부회의 같은 특별한 일정이 있는 날에는 노래방에서 모인다.

중요한 것은 자신이 이끄는 사람들을 알지 못하면 그들을 이끌 수 없고, 그들을 알게 되는 가장 좋은 방법은 형식에 얽매이지 않고 만나는 것이다.

FM글로벌에서는 경기가 좋을 때나 나쁠 때나 고위 중역들이 새해 첫머리에 전 세계 사무소를 각각 돌면서 그 해의 전략을 이야기하고, 질문에 답하고, 재미있는 프로그램을 진행한다. FM글로벌은 이러한 회의를 아주 중요하게 여겨서 2009년 경기침체 때에도 중단하지 않았다. 이것 말고도 이 회사는 직원들이 대규모로 한자리에 모일 수 있는 대형 콘퍼런스를 개최한다. 톰 로슨은 이렇게 말했다.

**FM글로벌이 구성원들에게 그들이 중요함을 이해시키는 방법**

- 최고위 리더들이 세계 각지로 가서 모든 직원을 직접 만난다.
- 최고위 리더들이 올해의 목표를 분명하게 밝힐 뿐 아니라 다른 사람들의 말을 경청하고 토론에 참여한다.
- 최고위 리더들이 어디서나 이 회사의 문화를 이야기한다.
- 불경기일 때에도 직원들을 훈련, 교육하고 축하하기 위한 콘퍼런스와 회의를 연다.
- 리더들 사이의 관계망 구축을 촉진한다.
- 즐거운 환경을 조성한다.

"한 주에 연이어 두 차례 콘퍼런스를 열어요. 1천700명이 참석하죠. 첫 사흘 동안 850명, 그다음 사흘 동안 850명이에요. 경기가 안 좋을 때도 이 행사를 하는데, 그 이유는 이 행사가 우리 회사 인력에 대한 투자이고 우리가 정말로 원해서 하는 투자이기 때문이에요."

"여러 분야의 사람들이 모이는 자리죠. 그래서 고객 서비스 팀들을 현장 엔지니어들과 섞어 놓습니다. 우수성의 진화가 주제예요" 하고 로슨이 계속 설명했다. 이곳에서는 발표와 토론이 있고, 무언가를 배우고 교류할 기회가 있다. 그런가 하면 '우리 회사는 어떻게 진화해 왔나' 하는 주제를 둘러싼 질문도 나온다고 로슨은 말했다. "허리케인과 토네이도와 불경기를 겪은 해에 우리가 어떻게 수익을 낼 수 있었을까요? 게다가 우리 회사의 합산비율이 업계 1위거든요.

우리가 어떻게 현재 위치에 오르게 되었는지를 논의하다 보면 자연히 외부의 조건에 굴하지 않고 앞으로 어떻게 우리의 목표를 달성할 수 있을지에 대한 논의로 이어지죠." 이러한 회의에서 이 회사 리더들은 우수성과 실행력, 개인의 성장 같은 문제들에 관한 토론에 적극적으로 참여한다.

이 모든 행사와 소요비용은 FM글로벌이 공동 목적 문화를 구축하는 방식에서 빼놓을 수 없는 요소들이다. 공동 목적 문화는 사실상 모든 직급의 리더들 사이에서 형성된 일련의 관계다. 이러한 관계는 복잡한 네트워크를 이루고, 이 네트워크가 모범사례들을 이곳저곳으로 옮겨 준다. 조직 차원에서 FM글로벌은 직원들의 관계망 구축을 돕기 위해 모든 노력을 기울이고 있다. 직원들의 관계망 구축을 지원하는 일은 스타를 키워 내고 싶은 기업이라면 꼭 해야 할 일이라고 켈리와 캐플런이 내린 결론이기도 하다.

FM글로벌의 관계망 구축 지원 분위기는 저절로 생긴 것이 아니다. 회사 리더들이 FM글로벌은 특별하다는 것, 그리고 회사 사람들이 서로에 대해 알고 또 다른 사람들이 생각하고 일하는 방식을 이해한다면 더 좋을 거라는 점을 명심하고 출발했기 때문에 생긴 것이었다. 모든 직원이 수브라마니암, 보스만, 홀, 로슨을 만날 기회를 만듦으로써 이 회사는 전 세계적 유대를 형성하고 있다. 게다가 불경기 때도 대형 콘퍼런스를 열어 직원들을 한자리에 모이게 하는 조치는 아주 중요한 점을 일러 준다. 우선 FM글로벌 직원들이 회사의 이윤 못지않게 중요하고, 어쩌면 더 중요할 수도 있다는 점이다. 또 FM글로벌에서 일하는 사람들은 특별하고, 일련의 공동 목표와 생각과 이상을 품은 중요한 클럽의 구성원들이라는 점이다. 그리고 어쩌면 가장 중요한 것은 모든 직급의 FM글로벌 리더들은 서로에게서 배울 수 있고 또 배워야 한다는 점이다.

"리더십의 출발점은 뚜렷한 비전입니다" 하고 로슨이 말했다. "그런 다음 비전을 현실로 만들기 위해 무엇을 해야 할지 소통해야 하고요. 하지만 비전을 세운 뒤에도 그 비전의 어느 부분에서 문제가 생길지, 또 실제로 문제가 생기면 어떻게 손을 써야 할지를 검토해야 합니다. 검토가 끝나면 비전을 성공리에 실행할 수 있는 기업 환경을 조성해야 하고요."

"기업 환경이 중요해요. 기업 환경이 받쳐 주지 않으면 세상에서 가장 좋은 비전으로도 실패할 수 있으니까요. 환경이 무엇을 말하느냐고요? 제가 말하는 환경은 어떤 분위기를 조성한다는 뜻인데, 방향이 분명하고 리더가 경영진에게 제시하면 실행에 옮겨 이루어 낼 수 있는 일로 비전을 구체화할 수 있는 분위기를 말하는 거죠" 하고 로슨이 계속 설명했다.

"제 말은 리더가 비전을 행동으로 구체화해야 한다는 거예요. 그런 다음에 리더는 서로 협력하고 즐거운 환경을 만들어야 해요. 또 구성원들이 책임지고 일하는 환경을 만들어야 하고요. 이것이 바로 전략에 관한 회의와 대형 콘퍼런스에서 우리가 다루는 내용이에요. 우리 회사의 교육 훈련 시스템인 레일의 기능이기도 하고요."

## – 8장 –

# 우리는 모두 한배를 탔다

## 경쟁자에게 집착하는 건 금물

머리글에서 간단히 다루었듯이 리더들은 흔히 경쟁상대를 언급할 때 자신의 대원들을 뭉치게 하려고 우리 대 그들 전략에 의존한다. 그러한 전략은 야구나 축구에서는 통할지 몰라도 스포츠 영역 밖에서는 효과가 없다. 기업들이 경쟁을 벌여서는 안 된다는 소리가 아니다. 기업들은 모든 경쟁자에 대한 경계를 늦추지 않으면서 힘껏 싸워 이겨야 한다. 그러나 단 하나의 적한테만 그렇게 집중해서는 안 된다. 그러한 접근방식은 실패하게 되어 있다. 건축자재 유통 업체 로우스의 리더들이 오로지 홈디포만 의식하거나, 포드가 온통 도요타 생각만 하고 있다면 결국 그들 기업은 망하고 말 것이다. 그들이 엉뚱한 것에 집중하고 있기 때문이다. 조직들은 경쟁상대에 집착하기보다 그들이 섬기려는 사람들한테 집중해야 한다.

나는 경쟁상대한테만 집중하다가 결국 고유의 정체성을 망각하는 기업의 예를 숱하게 보았다.

클레이턴더빌리어라이스의 창업자 조 라이스 3세는 차입매수LBO 산업의 창안자 가운데 한 사람이다. 그는 사려 깊고 겸손하다. 웨슬리안대학과 하버드 로스쿨을 졸업한 라이스는 상당한 실력파다. 여러 해 동안 그는 몇백억 달러를 조성해 투자했고, 직원이 수십만 명이나 되는 기업들을 인수해 개선 작업을 한 다음 매각했다. 그의 회사도 여러 다른 금융 회사들처럼 오르막과 내리막을 겪을 만큼 겪어보았다. 하지만 그의 회사가 선구자임을 부정하는 사람은 아무도 없다. 해병대 출신이기도 한 라이스는 경쟁심이 아주 강하지만, 경쟁상대에 대해 생각하는 데 별로 시간을 쓰지 않는다. "우리는 우리의 주특기에 쭉 집중해야죠" 하고 그가 말했다. "저는 다른 회사들이 무엇을 하는지에 관심이 있고 또 그들한테서 배웁니다. 하지만 결국 제 초점은 우리한테 맞춰야죠."

원칙과 가치를 존중하는 라이스는 무척 솔깃한 거래를 여러 차례 거절했는데 "무언가 석연치 않은 구석이 있었기" 때문이라고 그 이유를 설명했다. 라이스에게 클레이턴더빌리어라이스는 독자적으로 무언가를 지향하는 기업이지, 남들과 달라 보이는 데 신경 쓰는 기업이 아니다. 그는 자신과 파트너들(잭 웰치도 그 중 한 사람이다)의 신념을 바탕으로 이 회사의 가치관을 수립했다. 그렇게 하는 것이 유행이거나 남들이 하지 않는 일이어서가 아니라, 그렇게 하는 것이 옳은 일이기 때문이었다. 이것은 고도금융 분야에서 흔치 않은 일이다.

"우리는 몇 년마다 우리 회사의 가치선언문을 검토해요" 하고 라이스가 말했다. "가장 최근에는 상호존중을 가치 목록에 추가했죠. 그런 다음 이를 실천했고요." 똑똑하고 잘나갔지만 주변 사람을 함부로 대하는 파트너를 해고한 일을 가리키는 것이었다. "그것은 올바른 태도가 아니었으니까요" 하고 라이스가 설명했다.

## 먹고 먹히는 세상?

자신이 남과 다르다는 걸 증명하려고 애쓰기보다 자신의 신념을 옹호하는 것이 리더십의 바른길이다. 또 그것이 실용적이다.

나는 여러 해 동안 조직들을 관찰했는데 한 가지는 확실하다. 여러분이 적을 하나 상대해서 우리 대 그들 문화를 조성하면 그 적이 활력을 얻는다는 것이다. 그뿐만 아니라 그 적은 여러분한테 맞서는 연합을 형성할 명분과 기회도 얻는다.

나는 마이크로소프트를 아주 높이 평가한다. 하지만 초창기에 마이크로소프트는 다른 회사를 전부 포식자 아니면 먹이로 여기는 우리 대 그들 문화를 가지고 있었다. 마이크로소프트는 치열하게 경쟁했다. 이것은 절대 나쁜 일이 아니다. 하지만 데스크톱 분야를 장악하기 위한 전쟁에서 마이크로소프트는 무자비한 우리 대 그들 구도를 형성했다. 여러 해에 걸쳐 마이크로소프트는 이 전략으로 스프레드시트와 워드프로세서 시장을 지배하기 위한 대규모 전투들을 승리로 이끌었다. 그리고 인터넷 분야로 진출해서는 넷스케이프를 상대로 수단과 방법을 가리지 않는 주도권 싸움을 벌였다. 그리고 이겼다.

그러나 승리를 거두면서 마이크로소프트는 거대한 반대세력도 함께 만들어 냈다. 가장 규모가 크고 가장 존경할 만한 벤처캐피털 회사의 하나인 클라이너퍼킨스는 마이크로소프트의 시장을 잠식하겠다고 나서는 신생기업에 자금을 제공할 '반反마이크로소프트펀드'를 만들었다. 다른 벤처캐피털 회사들도 마찬가지였다. '사악해지지 말자'는 기업 윤리로 전 세계 사람들의 많은 사랑을 받는 기업 구글은 '크롬'이라는 운영체제를 출시해 마이크로소프트에 맞서 싸우기로 했다.

게다가 넷스케이프 같은 몇몇 경쟁상대는 실리콘밸리에 힘 있는 친구들이 있었고, 이 친구들은 캘리포니아에서뿐만 아니라 워싱턴 DC에서도 영향력을 발휘할 수 있었다. 얼마 안 가서 법무부가 불공정 경쟁 관행을 이유로 마이크로소프트를 조사하면서 이 회사의 우리 대 그들 성장 전략은 막을 내렸다. 마이크로소프트는 브라우저 전쟁에서 넷스케이프를 제거했을지는 몰라도, 일단 정부가 자신들한테 적대적이 되자 단지 시장점유율을 다투는 정도가 아니라 그보다 훨씬 더 높은 수준의 싸움을 벌이게 된다.

당시 클린턴 행정부의 법무부는 청문회와 전문가 증언을 거친 뒤 마이크로소프트의 분할을 결정했다. 마이크로소프트는 모범이 되는 기업시민이 아니었을 뿐 아니라 시장지배력이 지나치다는 것이었다.

언론의 일부 논평가들과 분석가들은 마이크로소프트를 분할한다는 정부의 결정이 이제 이 회사 회장 겸 CEO인 빌 게이츠와 사장인 스티브 발머의 손으로 넘어갔다고 평가했다. 그들은 마이크로소프트가 웹 기업과 데스크톱 기업으로 나뉘면 단일 기업일 때보다 훨씬 더 많은 가치를 창조할 거라고(내가 한마디 덧붙이면, 설득력 없이) 주장했다.

나는 그러한 주장을 곧이듣지 않았을 뿐 아니라, 법무부가 이 거대한 소프트웨어 회사를 최소한 두 개 회사로 분리하기로 했다는 뉴스가 나왔을 때 마이크로소프트 본사에서 회의를 이끌고 있었다. 게이츠와 발머의 표정으로 보건대 회사 분할은 두 사람이 원하던 결과가 아니었다. 분위기가 긴장되었고 매우 격앙되었는가 하면 우울하고 비관적인 느낌으로 가득 차 있었다.

마이크로소프트는 초창기에 우리 대 그들 구도로 행동함으로써 한두 기업만을 적으로 만든 것이 아니라 산업 전체와 정부마저 등을 돌리게 했다. 마이크로소프트는 미국에서만 이렇게 한 것이 아니라 전 세계에서 이렇게 했다. 특히 유럽 각국 정부는 마이크로소프트의 지배를 끝내고 싶어 했다. 유럽연합은 마이크로소프트의 반대편에 서서 이 회사 운영체제인 '윈도'의 소스코드를 공개해 다른 소프트웨어 개발자들이 윈도에서 돌아가는 소프트웨어를 개발할 수 있게 하라고 요구했다. 독일과 스페인, 프랑스 정부가 오픈소스 플랫폼 쪽으로 옮겨 가기 시작했다.

마이크로소프트가 변해야 하는 상황이었다. 이 회사는 정부와 협상했고, 고객의 편리함을 훨씬 더 중시하게 되었다. 그리고 세상을 적으로 여기던 시각을 버렸다. 시간이 가면서 미국 정부는 애초의 입장에서 후퇴했고, 법무부는 이 회사에 대한 적대적 태도를 접었다. 그러나 유럽의 반감은 여전했다.

마이크로소프트가 법적 장애물과 적대감에 부딪히지 않고 사업할 수 있으려면 우선 우리 대 그들 접근방식을 좀 더 부드러운 접근방식으로 바꿔야 했다. 그래서 마이크로소프트가 택한 조치 가운데 하나가 자사가 활동하는 세계 곳곳의 여러 지역사회에 손을 내미는 것이었다. 마이크로소프트는 학교와 의료기관들을 위한 프로그램을 개발했고, 가난한 지역의 IT 욕구를 충족시키는 데 도움을 주었다. 그러면서 곧바로 자사의 자선활동은 기업 차원에서 하는 것이고 공동 창업자인 빌 게이츠나 빌앤멜린다게이츠재단의 자선활동과는 별개임을 분명히 했다.

마이크로소프트의 이러한 노력은 기업 이미지를 개선함으로써 효과를 내고 있다. 기업 이미지 개선은 가치 있는 일이다. 하지만 이를 위해 치르는 비용을 잊어서는 안 된다. 이보다 훨씬 중요한 점이 있는데, 마이크로소프트가 우리 대 그들 사고방식을 앞세우지 않고 조금 더 부드럽게 시장과 지역사회에 접근했더라면 애초에 기업 이미지를 바꿔야 할 일도 없지 않았을까 하는 것이다.

리더가 우리 대 그들 접근방식을 이용하려고 하면 어떻게 되는지를 보여 주는 사례가 비단 마이크로소프트 하나만은 아니다. 경쟁자를 오로지 먹고 먹히는 관계로만 생각한 많은 기업이 결국 큰 곤욕을 치렀다. 요컨대 세상을 적으로 바라보고 모든 맞수를 짓밟아야 할 경쟁자로 대하면, 결국 여러분의 맞수들 모두가 한 가지 공통점을 갖게 된다. 여러분을 증오한다는 것이다.

## 우리 대 그들 그리고 잘못된 보상

리더가 우리 대 그들 전략을 잘못된 보상제도와 짝지으면 조직에 큰 손해를 끼칠 수 있다. 혁신적 제철 회사인 뉴코나 소비재 업체인 콜게이드파몰리브를 비롯한 여러 회사에서는 보상제도가 조직 구성원들에게 기업의 성공을 자신의 일로 여기게 하는 기능을 한다. 그러나 리먼브러더스에서는 세상이 우리 대 그들, 그러니까 우리 대 또 하나의 대단한 투자 은행인 골드만삭스로만 구성되어 있지 않았다. 리먼에서는 보상제도가 개별 부서 중심이었고 회사 전체를 대상으로 하지 않았다. 리먼에서 우리 대 그들은 리먼 대 다른 기업이라는 상황뿐 아니라 부서 대 부서, 개인 대 개인이라는 우리 대 그들 상황이기도 했다.

조직의 공동 이익보다 개인의 욕구를 충족시키는 보상제도는 사람들이 성공을 위해서라면 무슨 짓이건 서슴지 않고 하는 환경을 만들어 낸다. 리먼에서는 사람들이 자기자본의 40배나 되는 돈을 거리낌 없이 빌렸고, 파생상품과 서브프라임 모기지의 엄청난 위험을 감수하는 것도 꺼리지 않았다. 이러한 방식 탓에 리먼은 금융계의 눈 밖에 나게 되었을 뿐 아니라 그들이 감당해야 할 위험도 커졌다. 마침내 리먼을 구출해야 할 때가 되었을 때, 골드만삭스 CEO 출신인 헨리 폴슨 재무장관은 이 유서 깊은 금융기관이 없어져야 세상이 더 좋아질 거라고 판단했다. 리먼이 그냥 망하게 놔두라는 폴슨의 결정은 세계 금융제도를 무너뜨리는 데 한몫했다. 그리고 솔직히 말하면, 리먼이 붕괴하도록 놔둔 폴슨의 결정에는 골드만과 리먼 사이의 경쟁이 어느 정도 작용했다고 생각하는 사람이 많다. 물론 나는 폴슨이 이 결정을 내릴 때 수십 년에 걸친 두 회사의 경쟁 관계가 그의 마음 한구석에 자리 잡고 있었는지 어땠는지 전혀 모른다. 하지만 기업을 경영하면서 오로지 적만 만든다면 절대 남의 도움을 바라지 말라는 말만큼은 분명히 할 수 있다.

## 진정한 경쟁

그렇다고 해서 기업이 경쟁자에게 물렁해져야 한다는 소리는 아니다. 다만 경쟁자를 증오하고, 또 경쟁자의 증오를 받게 되는 짓만큼은 하지 말아야 한다는 것이다.

위대한 리더는 전진만을 강요하지 않는다. 위대한 리더는 앞으로 나아갈 때와 물러설 때를 알 만큼 섬세하다. 이스라엘의 군 고위 인사가 내게 "가장 좋은 계획은 변경할 수 있는 계획"이라는 말을 한 적이 있는데 위대한 리더는 이 말의 뜻을 안다. 다시 말해서 위대한 리더십은 경쟁자를 계속 지켜보면서 집요하게 밀어내는 것이 아니다. 위대한 리더십은 고객을 계속 주시하면서 고객의 문제를 해결하기 위해 유연한 태도로 최선을 다하는 것이다.

조 라이스가 이끄는 클레이턴더빌리어라이스 같은 공동 목적 조직을 들여다보면 사실 경쟁력이 뛰어난 사람들은 경쟁상대에 대해 거의 생각하지 않는다. 경쟁자를 알고는 있지만 그들을 그냥 자신의 주변 시야에 계속 놓아둔다. 위대한 리더들은 자신의 조직이 더 신속하게 반응하고 더 수평적이 되고 더 좋아지고 목표를 더 빨리 달성하게 할 방법을 주로 생각한다.

## 경쟁자를 대할 때는 90도 각도에서

1980년대에는 《손자병법》 읽기가 유행이었고 영화 〈월스트리트〉에서도 그 내용을 잘 인용했지만, 이러한 분위기가 리더십 분야에는 커다란 해를 끼쳤다. 이 책 자체는 강력한 메시지가 있고 한 쪽 한 쪽마다 멋지게 짜인 전술이 나오는 위대한 책이다. 문제는 대다수 사람이 이 책을 읽고 경쟁상대를 적으로 오해하는 것이다. 전쟁은 전쟁일 뿐, 경영과는 아주 다르다. 전쟁에서는 적군이 아군을 기습 공격해 몰살하려고 고지 반대쪽에 숨어서 기다린다. 적군은 아군과 마찬가지로 육군이거나 공군이거나 해군이어서 마치 장기판의 배열처럼 서로 대응한다.

하지만 경영에서 적은 미국의 예전 만화 캐릭터 '포고'가 한 말에 더 가깝다. "적을 만나고 보니 바로 우리 자신이더라고." 이 인용문을 빌어 내가 하려는 말은 도요타가 폭스바겐이나 포드나 피아트를 파멸시키려고 고지를 오르는 건 아니라는 것이다. 도요타는 전 세계 자동차 운전자들의 욕구를 충족시키려고 고지를 오르는 것이다. 도요타를 정면에서 공격해 격파하기란 불가능하다. 전쟁은 정면으로 맞붙어 일어나지만, 기업의 경쟁은 90도 각도에서 벌어지기 때문이다. 한 기업은 다른 기업을 공격함으로써 성공하는 것이 아니라 고객들의 욕구를 충족시킴으로써 성공한다는 말이다. 내가 일했던 프라이스워터하우스쿠퍼스가 세계에서 가장 큰 전문 서비스 업체로 성장한 이유는 KPMG나 딜로이트앤투시를 적으로 만들어 오히려 그들을 단결시켰기 때문이 아니라, 우리가 그들한테 신경 쓰지 않고 고객에 집중했기 때문이었다. 프라이스워터하우스쿠퍼스가 정면 공격을 했더라면 광고와 홍보, 서비스 접근방식에서 경쟁상대와 싸움을 벌였을 것이다. 우리는 그렇게 하지 않고 우리의 우수성과 장점을 강조했다.

**위대한 리더는**

- 경쟁자를 주변 시야에 계속 놓아둔다.
- 경쟁자가 아니라 고객에 집중한다.
- 모든 직급의 리더가 고객의 욕구를 충족시킬 수 있는 프로그램을 마련한다.
- 고객의 욕구를 경쟁자보다, 또 예전보다 더 잘 충족시키려고 항상 노력한다.
- 경쟁자를 적정선에서 연구한다.

우리가 알게 된 점이 있는데, 고객은 우리가 경쟁상대를 어떻게 생각하는지에 관심이 없다는 것이었다. 고객들은 자신들이 20년 동안 이용한 회사보다 우리가 더 나은 이유에 대한 설명에도 관심이 없었다. 고객들은 우리 회사가 적어도 우리가 보기에 얼마나 멋있게 조직되거나 구성되었고, 우리 회사를 얼마나 멋있게 이끌어 가느냐 하는 데에도 역시 관심을 두지 않았다. 그보다는 우리가 그들을 위해 무엇을 할 수 있는지에만 관심이 있었다. 우리가 만일 우리 경쟁자들을 지나치게 공격하거나 헐뜯기라도 했다면 고객들은 몹시 거북해했을 것이다.

대신 우리가 공동 목적 조직답게 고객의 문제라면 무엇이든 해결하기 위해 고도로 숙련된 전문가들을 대거 동원할 수 있고, 그 일을 다른 누구보다 더 빠르고 더 저렴하게 더 잘할 수 있는 방법을 이야기하면 고객들은 열중했다. 우리 고객들이 원한 것은 단 한 가지, 뛰어난 서비스였다. 그들은 우리가 경쟁상대를 어떻게 생각하는지 알고 싶어 하지 않았다.

그래서 우리는 경쟁자들과 정면으로 맞붙어 싸우기보다 고객의 욕구를 충족시키고 또 그렇게 할 수 있도록 준비하는 데 전적으로 집중함으로써 90도 각도에서 경쟁자들을 상대했다. 우리는 모든 일을 그런 방식으로 했다. 우리는 그런 방식으로 성장하고, 그런 방식으로 서비스를 추가하고, 그런 방식으로 우리 인력을 훈련했다.

## 사소한 것이 중요하다

고객에게 더 좋은 서비스를 제공하는 데 초점을 맞춰 봤자 소용없는 산업을 떠올리기는 어렵다. 결국 사람들이 원하는 것은 자신의 욕구를 적정한 가격으로 충족시키는 것이다. 그러자면 사소한 것이 중요하다.

재능 있고 사려 깊은 컨설턴트이자 분석가 겸 작가인 샘 힐이 쓴 글을 내가 우리 잡지 〈스트래티지 플러스 비즈니스〉에 '모래를 브랜딩 하는 법'이라는 제목으로 실은 적이 있다. 그 글의 요점은 제품 차이가 전혀 없다시피 한 일상용품 판매 업체들까지도 경쟁자를 이기는 길이 있다는 것이었다.

리더의 과제는 단순히 밀이나 모래나 소금이나 철광석을 파는 것이 아니라고 힐은 주장했다. 경쟁사보다 더 싼 값에 파는 것도 리더의 과제가 아니기는 마찬가지다. 리더의 과제는 밀 판매처럼 차별성이 없는 분야에서조차 고객의 욕구를 다른 누구보다 더 잘 충족시키는 거라고 힐은 말했다.

사례연구에서 힐은 오스트레일리아 밀위원회가 어떻게 미국이나 아르헨티나 농부들보다 높은 가격에 밀을 판매할 수 있었는지 설명했는데, 그 이유는 밀을 구매하는 제과 회사들이 직접 체로 쳐서 골라내야 하는 작은 돌 같은 불순물을 최대한 줄인 제품을 판매했기 때문이었다. 오스트레일리아 농부들은 제품의 질을 점진적으로 개선함으로써 경쟁상대보다 더 비싼 값에 밀을 판매한 것이었다.

오스트레일리아 밀위원회는 이러한 접근방식을 채택하기 위해 경쟁자의 사업모델을 알고 있어야 했을까? 물론 그랬다. 그렇다면 경쟁상대를 잔뜩 노리고 있다가 미국과 아르헨티나의 밀 재배자들을 적으로 만들어야 했을까? 그건 천만의 말씀이다. 오스트레일리아의 밀 생산자들은 고객의 욕구에 초점을 맞추고 경쟁상대를 자신들의 주변 시야에 계속 놓아둠으로써 세계 리더가 된 것이었다.

## 기능이 아니라 경험을 판다

이것은 모든 직급의 리더에게 해당하는 도전 과제다. 성공적이고 수익성 높은 윈리조트의 설립자 스티브 윈의 관심은 경쟁자가 따라할 수 없는 경험을 고객에게 선사하는 데 온통 쏠려 있다. 게다가 그는 경쟁자들의 행동에 별로 신경 쓰지 않는다. 실제로 윈리조트의 리더십에서 필요로 하는 사람은 모든 직급에서 스스로 결정을 내릴 수 있고 또 고객의 욕구를 충족시킬 수 있는 사람이다. 윈리조트의 맨 윗선에서는 윈과 동료 리더들이 다음과 같은 경험에 초점을 맞추고 있다. 손님을 맞이할 때 입구에서 화산을 폭발시킬까 아니면 로비에 백호를 대령할까? 화랑이 있어야 할까 아니면 밀랍 인형 전시관이 있어야 할까? 객실을 화려하게 장식해야 할까 아니면 단순미를 강조해야 할까? 손님들은 무엇을 원할까? 어떻게 해야 손님들이 전혀 예상하지 못한 감동을 줄 수 있을까? 손님들이 집으로 돌아가서 자신이 즐긴 행복한 시간을 친구들한테 자랑하게 하려면 우리가 어떻게 하는 것이 좋을까?

나는 고급 서비스 업계를 예로 잘 드는데 거기에는 이유가 있다. 그들이 무엇을 판매하는가? 솔직히 말해서 고급 객실은 고급 객실일 뿐이고, 카지노는 카지노일 뿐이다. 여러모로 평범한 상품을 고급 상품으로 변화시키려면 디자인과 가구에 관한 안목 이상의 것이 필요하다. 손님에게 멋진 경험을 제공할 수 있고 또 손님과 교감할 수 있는 직원을 고용하고 훈련하고 동기부여를 하고 이끌어야 한다는 뜻이다.

서비스업에서 참 중요한 순간이 손님이 맨 처음 문으로 들어설 때다. 벨맨이 손님을 맞이하는가? 안내대 직원이 손님을 환영하는 느낌이 드는가? 그 호텔이 근사한 샹들리에와 커튼으로 꾸며 놓기는 했지만 얼음장같이 차가운 800개의 방이 있는 거대한 숙박시설 같은 느낌이 드는가, 아니면 집처럼 편안한 느낌이 드는가? 혹은 친구와 함께 있는 것 같은 느낌이 드는가? 손님이 이 가운데 어떤 경험을 하느냐는 호텔 직원들을 어떻게 훈련하느냐에 달렸다. 그뿐 아니라 호텔 직원들이 손님과 교감하는지 못 하는지도 손님의 경험에 영향을 미친다. 이러한 환경에서 일하는 리더들은 각 시설과 일자리 하나하나에 인간적으로 교감할 줄 아는 사람을 배치해야 한다. 이래서 호텔과 카지노, 놀이공원은 경험을 창조하는 실습실이자 리더십 실습실이고, 사람들과 교감하는 법을 배우는 실습실이자 그 교감 방식을 즉시 실행하는 실습실이다.

하지만 이것 말고도 내가 고급 서비스 업계를 즐겨 예로 드는 이유가 또 있다. 개인적으로 나는 삶의 대부분을 여행자로 살았다. 어렸을 때는 여름이 되면 꽤 오랜 기간을 부모님과 함께 호텔에서 지냈고, 지난 30년 동안은 아마 평균 잡아 일주일에 적어도 하루 이틀 밤은 호텔에서 묵었을 것이다. 그 결과 나는 소비자로서 호텔 업계를 가까이에서 지켜볼 수 있었고 이 업계의 세세한 차이를 이해하게 되었다. 그런 관점에서 볼 때 호텔 업계는 각양각색의 사람들이 관리하고 이끄는 방식을 관찰할 훌륭한 연구실 구실을 해준 셈이다.

가니발그루프 회장이자 미국 프로농구 팀 마이애미히트의 구단주인 미키 애리슨을 보자. 애리슨은 윈의 리조트 사업과 비슷한 해양

유람선 사업을 하면서 회사 리더들에게 고객을 황홀하고 즐겁게 할 모든 권한을 주고 있다. 카니발크루즈에서 리더의 일은 1년에 한 번 휴가를 떠나는 사람들에게 꿈같은 경험을 안겨 주는 것이다. 누군가의 휴가를 도저히 잊을 수 없고 굉장히 즐겁게 만들어서 그들이 1년 내내 그 휴가에 대해 생각하고 꿈꾸도록 하는 것이다. 잊지 못할 경험을 안겨 주는 것, 그것이 바로 경기가 좋을 때나 나쁠 때나 카니발크루즈가 호황을 누리는 비결이다.

리츠칼튼의 사이먼 쿠퍼도 같은 목표를 추구한다. 쿠퍼는 조직의 목적에 동조하는 인적 자본을 조직의 가장 중요한 자산으로 여긴다. 세계 곳곳에 기반을 둔 조직에서도 공동 목적 창출이 중요한 성공 요인으로 꼽힌다. 공동 목적을 창출한다는 것은 직원들에게 믿고 맡긴다는 뜻이다.

가슴 벅찬 경험을 선사하는 일은 여행이나 호텔이나 카지노 업계에만 국한되지 않는다. 이것은 리더들이 밀을 팔든, 호텔 객실을 팔든, 항공기 좌석을 팔든 반드시 해야 하는 일이다. 그리고 자동차나 컴퓨터 같은 품목을 판매한다 하더라도 감동적인 경험을 제공하는 일만큼은 갈수록 기업이 반드시 해야 하는 일이 되고 있다. 따지고 보면 세계에서 가장 존경받는 기업의 하나인 애플은 기능이 아니라 기능을 이용하는 경험에서 경쟁자들과 차별화되는 제품을 판매하고 있다.

하지만 경험의 모든 측면이 동등한 것은 아니다. 경험의 여러 측면 중에서도 더 중요한 측면이 있다. 그래서 리더들은 어떤 측면의 경험을 고객들이 가장 좋아하고 또 원하는지를 알아야 한다.

## 긍정적 정서가 변화를 낳는다

이러한 생각은 많은 리더의 사고방식과 대조된다. 사실 많은 리더가 "경쟁자들이 우리를 바짝 뒤쫓고 있습니다. 우리가 그들을 전부 처치하고 시장을 지배해야 합니다!" 하고 말하거나 소리치면서 대원들을 분발시킨다.

하지만 이미 상당한 일상의 압박을 느끼는 사람들한테 두려움까지 얹어 주며 힘을 내게 하는 것은 좋지 않은 격려 방법이다. 이렇게 하면 흔히 사람들을 악에 받치게 할 뿐 아니라, 리처드 보이애치스가 말했듯이 "실패에 대한 두려움으로 정신을 집중할지는 몰라도 행동을 변화시키지는 못한다."

두려움을 비롯한 부정적 정서가 긍정적 변화를 낳지 못하는 이유는 부정적 정서가 사람들을 폐쇄적으로 만들기 때문이다. "두려움을 느끼면 사람들은 방어적이 되고 변화에 저항하게 되죠. 부정적 정서가 우세한 조직에서는 사람들이 정보를 공개하지 않고 좀처럼 모험을 하지 않아요. 두려움이 지배하면 창의성이 줄어들고, 개인의 진취성이 감소하고, 위험을 감수하려는 태도가 약해지죠. 기업 문화가 독이 될 수 있어요" 하고 보이애치스는 말했다.

보이애치스는 부정적 정서를 긍정적 정서와 대조하고, 긍정적 정서가 개인과 기업에 훨씬 더 건강하다고 강조한다. "칭찬과 관련된 정서 같은 긍정적 정서는 사람의 마음을 열어 주는 효과가 있어요. 마음을 열면 지침과 새로운 생각, 새로운 사고방식을 잘 받아들이죠. 분위기가 긍정적일 때 사람들이 기꺼이 위험을 무릅쓸 가능성이 더 커요."

이 마지막 대목이 참 중요하다. 너무나 많은 리더가 대원들의 마음속에 두려움을 불러일으키면, 대원들이 경쟁상대를 잔뜩 두려워하게 하면, 위험을 감수하는 전사의 문화를 창조하게 될 것이고 이러한 전사들이 조직의 발전을 위해 무슨 일이든 기꺼이 할 걸로 생각한다.

사실은 그렇지 않다. 리더십 관점에서 볼 때 조직에는 정서적 기운이 있다. 그래서 어떤 조직은 활기차고, 어떤 조직은 가라앉아 있다.

예를 들어 내가 애플컴퓨터를 처음 방문했을 때가 기억난다. 최초의 '맥'이 나온 지 얼마 되지 않은 1980년대 중반, 나는 이 회사를 진정한 세계적 기업으로 만들 방법을 논의하려고 그곳에 갔다. 진짜 세계적 기업을 만든다는 것은 전력 상태가 불안정하고 전화선이 부족하고 예산은 훨씬 더 부족한 전 세계 개발도상국에 맥을 소개하는 걸 뜻했다. 내가 이 회사 고위 리더들과 논의한 구상은, 세계 인구의 대다수가 사는 여러 가난한 나라에서 맥아키텍처를 IT 기반구조로 삼도록 개발도상국에 하드웨어와 네트워크 애플리케이션을 기증하는 것이었다. 내 제안이 장점을 자세히 조사하지도 않고(조금 더 따져 볼 수도 있었을 것이다!) 애플은 그 구상을 받아들였고 세계 곳곳의 몇몇 비정부기구와 제휴했다.

그때 나는 여러모로 애플에 감동했다. 첫째, 그들은 결정을 빨리 내렸다. 나와 함께 논의한 애플 담당자는 내 생각을 마음에 들어 하면서 즉석에서 내 구상을 받아들였다. 이것은 경영진이 개방적이고, 담당자에게 결정권이 있고, 이 회사 어디에나 리더가 있다는 걸 말해 주었다. 또 결정을 내릴 때 담당자는 우물쭈물하지 않았다. 시원시원하게 결정했다. 그는 그 결정에 대해 즐거워했고 아주 긍정적이었다.

둘째, 나는 그곳의 활력에 감동했다. 사람들은 자신의 일, 자신의 직업에 신이 나 있었다. 그들은 자신들을 혁명가라고 생각했고, 그러한 취지의 포스터와 격언을 사무실과 자기 자리에 붙여 놓았다. 그들은 컴퓨터가 세상을 더 좋게 만들 것이고, 자신들이 만드는 컴퓨터가 그 일을 가장 잘해 낼 거라고 진심으로 믿었다. 그들은 앞에 놓인 도전을 두려워하지 않고 짜릿해했다.

셋째, 나는 사무실에서 본 수많은 자전거에 감동했다. 자전거를 타고 출근한 사람들이 자전거를 사무실 안으로 가져와 자기 자리에 놓아둔 것이었다. 이것은 이 회사의 문화가 젊고 격식을 따지지 않는다는 걸 말해 주었다. 또 사람들이 건강과 운동에 관심이 있고, 즉 건강과 운동이 중요하다고 믿고, 긍정적 인생관을 갖고 있다는 걸 말해 주었다. 그런 사무실에서 일하는 것은 기쁨이었다.

넷째, 나는 이 회사의 창의성에 감동했다. 어디를 가서 누구와 이야기를 나눠 보아도 훌륭한 아이디어가 많았다. 마치 스티브 잡스의 창의성과 비전이 공기 분자마다 스며들어서 직원들이 그 영향을 받고 그것을 본뜨는 듯했다. 그곳에서는 이 회사 광고 문구처럼, 다르게 생각하기 위한 긍정적 경쟁이 활발하게 벌어졌다. 직원들이 그 경쟁을 받아들였던 것이다.

마지막으로, 나는 사람들이 얼마나 즐겁게 지내는지에 감동했다. 그 예로 한 친구는 매일 회사에서 배구를 한다고 말했다. 애플 경영진이 캠퍼스 어딘가에 모래를 깔아 배구 코트를 만들게 했는데, 모래 위에서 하는 배구를 애플 사람들이 좋아하기 때문이라고 했다. 그는 또 자기 집에도 잔디밭 일부에 모래를 채워 배구 코트를 만들었고, 그래서 직장 친구들을 불러 비치발리볼을 할 수 있다고 말했다.

당시 애플은 이 회사의 공동 창업자인 스티브 잡스처럼 무언가에 대해 좀 광적인 기미가 있으면서 활기차고 창의로운 리더들에게 어울리는 곳이었다. 이러한 분위기에서 나는 애플 문화의 강점과 활기찬 문화의 힘을 보았다. 그리고 몇 년 뒤 잡스를 만나 보고서 애플의 문화 대부분이 똑똑하고 의욕 넘치고 활기차고 긍정적이고 창의롭고 위험을 감수하는 그의 성격에서 나온 것임을 확인했다.

보이애치스가 생각하는 리더십의 한 가지 중요한 목표는 사람들에게 '나는 스스로 알아서 행동하는 능력이 있다'는 자신감을 갖게 해주는 것뿐만 아니라, 이른바 '지적 민첩성'을 발휘하도록 도와주는 것이다. 다시 말해서 리더십은 사람들에게 일을 맡기고 각자 자기 일의 주인이 되게 하는 것으로는 부족하다는 것이 보이애치스의 생각이다. 리더는 사람들이 스스로 생각할 수 있도록 긍정적인 문화를 창조해야 한다. 예를 들어 리츠칼튼의 안내대 직원 한 사람이 흥분한 고객을 진정시킬 방법을 생각해 내지 못하면, 그 고객과 주변 사람들의 즐거운 경험은 줄어들 것이다. 문제에 부닥칠 때 개인이 지적 민첩성을 발휘할 수 있도록 적절한 분위기를 조성하는 것이야말로 중요하면서도 흔히 간과되는 리더십 측면이다.

두려움에 기반을 둔 조직, 즉 모든 경쟁사를 철저히 무찔러야 하는 적으로 간주하는 조직에서 몇 년을 일하다 보면 사람들이 폐쇄적으로 변하고 문제 해결 능력이 위축될 수 있다. 그들이 똑똑하지 않아서가 아니다. 그들은 두려움과 사후비판, 그리고 조직 내부에서 묵인되는 또 다른 부정적 정서의 수렁에 빠져 무언가를 생각하고 새로운 걸 해보고 혁신적이고 창의적이 되기를 지나치게 두려워하는 것이다.

기업이 부정적 분위기에서 긍정적 분위기로 바뀔 수 있는 중요한 본보기로, 앞에서 언급한 바 있듯이, 클레이턴더빌리어라이스의 라이스가 회사의 핵심 가치를 존중해서 내린 결정을 꼽을 수 있다. 무례하고 퉁명스러운 행동이나 새로운 제안 일축, 동료 무시같이 '있을 수도 있는 일이지 뭐' 하고 넘어가기 쉬운 것부터 시작해서 자잘해 보일 수도 있는 부정적 요소들을 제거함으로써 조직의 분위기가 한층 긍정적으로 바뀔 수 있다. 이렇게 겉보기에 별것 아닌 변화가 아주 큰 힘을 발휘할 수 있다. 보이애치스가 설명한 대로, 부정적인 점을 지적하면 사람들의 주의를 끌기는 하지만 사람들은 방어하는 태도를 버려도 될 만큼 충분한 긍정적 강화(잘못하면 벌을 주는 것이 아니라 잘하면 상을 주어 바람직한 행동을 하게 하는 기법)를 받을 때 비로소 변화한다.

내가 변함없이 높이 평가하는 기업 한 곳을 꼽는다면 바로 포르셰다. 포르셰는 훌륭한 차를 생산하고 있고(나도 몇 대 소유했다) 몇 차례의 침체기를 잘 견뎌 냈다. 다른 자동차 회사들과 마찬가지로 2008~2009년의 경기침체로 타격을 받기는 했지만 말이다.

포르셰는 전 CEO 벤델린 비데킹의 리더십으로 1990년대 초 깊은 슬럼프에서 회복해 자사보다 훨씬 덩치가 큰 폭스바겐의 지분을 대량으로 사들이고, 중동과 중국의 새로운 시장에 적극적으로 진출하며 대담하고 과감한 행보를 보였다. 포르셰의 폭스바겐 지분 확보는 알고 보니 전쟁이었다. 폭스바겐과 포르셰의 대주주 집안은 서로 친척인데 이들이 공유하는 한 가지 특징이 바로 적대감이다. 두 집안은 서로 증오한다. 그런데도 포르셰는 폭스바겐에 거액을 투자한 것이었다. 그리고 포르셰 직원들은 두 집안이 서로 다툴 때조차 CEO가 그들을 보호하고 일자리를 지켜 줄 것을 알았기 때문에 비데킹을 줄곧 지지했다.

포르셰 직원들은 비데킹이 회사 분위기를 긍정적으로 유지할 책임이 있다는 걸 알고 있었다. 폭스바겐을 손에 넣으려는 목표를 계속 추진할 때에도(결국 실패했다) 그 책임은 여전했다. 그것은 당연한 일이다. 리더는 아무리 힘든 목표라 하더라도 그 목표를 이루어 낼 수 있다는 걸 사람들에게 이해시켜야 한다.

## 노사끼리 우리 대 그들

노사관계에 대해 '우리는 모두 한배를 타고 있다'는 포르셰의 접근방식을 과거 디트로이트의 빅3로 통한 GM, 포드, 크라이슬러의 접근방식과 비교해 보라. 한때 위대했던 이들 기업은 둘 이상의 우리 대 그들 관계를 유지하고 있었다. 그 가운데 하나가 그들과 대리점의 관계였다. "나는 GM 사람들 꼴도 보기 싫어요." GM의 가장 큰 대리점 가운데 한 곳의 사장이자 대리점연합회 회장을 지내기도 한

분이 언젠가 내게 비공식으로 한 말이다. "그 사람들은 우리한테 억지로 차를 떠넘기고, 우리가 매장에 오신 손님들한테 들은 이야기를 전해 주면 귓등으로도 안 들어요. 또 자기들이 만들고 싶은 것만 만들고는 우리한테 그런 차를 강요하면서 '이제 가서 파시라' 그러죠."

공급업체와도 우리 대 그들 관계였다. 내가 부즈앤컴퍼니 프로젝트에서 함께 일한 적 있는 한 주요 공급업체는 "우리가 영업하러 빅3에 갈 때마다 이 사람들이 값을 후려치는 거예요" 하고 말했다. "그 사람들은 우리가 한배를 타고 있다는 걸 모를까요? 그들이 망하면 우리도 망해요. 우리가 불량품을 생산하면 그들한테 피해가 가죠. 그들이 차를 못 팔면 우리가 타격을 입고요. 우리끼리 더 협력해야 하는 것 아닌가요?"

가장 어처구니없는 일은 이들 자동차 회사가 자사 제품을 생산하는 노동자들과 우리 대 그들 관계였다는 것이다. 양쪽의 관계는 모든 면에서 적대적이었다. 노조 지도부는 고용주인 기업을 증오했고, 자동차 회사들은 노조를 증오했다. 여러 해 동안 양쪽의 협상은 길고 고통스러웠다. 노조의 목표는 회사의 미래야 어찌 되든 회사로부터 최대한 많은 것을 쥐어 짜내는 것이었다.

이러한 협상은 아주 팽팽했고 양쪽의 관계는 몹시 적대적이었다. PBS 방송이 1970년대에 만든 자동차 산업에 관한 다큐멘터리를 본 기억이 나는데, 조립용 차체를 들어 올리는 기계를 부리던 한 근로자는 자신이 월급을 받고 일하는 회사에 분노를 표시하기 위해 차체를 공장 바닥에 가끔 "떨어뜨렸다"고 말했다.

반대와 말싸움, 시비, 노골적 증오의 감정이 보편화한 상태에서 순조롭게 돌아가는 기업을 만들기는 대단히 어렵다. 그뿐만 아니라 대립하는 노사관계는 고객에게 악영향을 끼쳤다. 고객들은 파업과 갈등을 목격하면 그러한 환경에서 생산된 차를 선뜻 구매하려 하지 않았다.

다른 나라 자동차 회사에서는 옛 빅3의 특징인 노사 간의 끝없는 증오를 찾아볼 수 없었다. 그것은 미국 자동차 회사의 설립 방식에서 생겨난 유별난 특징이었다. 일본에서든 아니면 미국 현지 공장에서든 일본 자동차 회사에서는 사람들이 협력해서 일했다. 테네시 주 서머나의 닛산 공장에서는 노동자와 관리자가 같은 작업복을 입고, 같은 주차장에 나란히 주차하고, 같은 식당에서 밥을 먹는다. 노사관계는 원만하다. 켄터키의 도요타 공장도 마찬가지다.

미국 자동차 회사들이 자동차 판매와 생존 유지에 그렇게 애를 먹어 온 것이 이상한가? 우리 대 그들 사고방식에서 생기는 극심한 불화는 엄청난 대가를 동반한다. 사실 이 같은 부정적 행동에 빠져든 조직은 좀처럼 거기서 벗어날 수가 없다. 벗어날 수 있다면 그것은 오로지 증오를 끝낼 때에만 가능하다. 그러한 혼란의 한가운데에 있을 때에는 사람들이 최선을 다하지 않고, 그렇게 할 수도 없고, 그렇게 하지도 않을 것이다.

자동차 회사만 그런 것이 아니다. 로스앤젤레스를 비롯한 여러 도시에서는 교사와 교사 노조, 학교 시스템이 서로 전쟁을 벌여 왔다. 그들은 상대가 건강해야 나도 건강한 공동 운명체임을 깨닫지 못하고 우리 대 그들 사고방식에 빠져 오로지 자기 입장만 생각하고 있다. 그 결과 말다툼과 반대, 분노가 그치지 않으면서 한때 전국 1위였던 대도시 학교 시스템을 분열시켜 이 부문 꼴찌로 추락시키고 말았다. 독이 되는 환경 때문에 유능한 교사 다수가 교직을 떠났고, 학생들이 그 피해를 보고 있다. 미국에서 가장 큰 학교 시스템인 뉴욕에서는 2002년과 2003년 사이에 고등학생 졸업률이 38.9퍼센트에 그쳤다. 두 번째로 큰 학교 시스템인 로스앤젤레스에서는 그 비율이 44.2퍼센트에 불과했고, 세 번째로 큰 학교 시스템인 시카고에서는 52.2퍼센트의 학생만 졸업했다. 이것은 워싱턴에 있는 두뇌 집단인 교육수월성연대의 연구실장 크리스토퍼 스완슨이 밝힌 통계다.

불화하는 조직은 실적이 부진한 경향이 있다. 사람들이 신바람을 내면서 자신의 일을 즐기는 조화로운 조직이 더 좋은 실적을 낸다.

## 최우수 영업사원을 해고하는 사연

우리 대 그들 사고방식의 구렁텅이에 빠진 조직을 구해 내기는 쉽지 않다. 대부분의 경우에는 우선 독이 되는 환경을 조성해 온 장본인들을 제거해야 한다. 분노나 반목이나 지나치게 부정적인 자세가 몸에 밴 사람들은 훈련 프로그램과 몇 가지 지시, 따뜻한 격려 이상의 것이 필요하다. 나는 그런 사람들이 공동 목적 리더로 변모한 예를 좀처럼 본 적이 없다. 조직의 이익을 위해 이런 사람들은 그들의 성미는 말할 것도 없고 특유의 부정적 기술이 필요한 곳을 찾아가게 해야 한다. 그런 곳이 있을까 싶기는 하지만 말이다.

얼마 전에 나는 리더십과 경영, HR을 오랫동안 연구한 제프리 페퍼 스탠퍼드대 교수와 이야기를 나누었다. 그는 실적도 좋고 여러 방면에서 시장을 계속 넓혀 온 남성용 의류업체의 대규모 전국 체인인 멘즈웨어하우스를 연구한 다음 이 회사가 가끔 최우수 영업사원을 해고하는 데 충격을 받았다고 말했다. 이 회사가 애써 조성해 온 팀워크를 최우수 영업사원이 깨뜨릴 수 있다는 것이 해고 이유라고 페퍼는 설명했다. 스타들은 대체로 회사의 이익보다 자신의 일만 생각하는 경향이 있다. 그 결과 더 큰 불화와 분열, 질투심까지 낳을 수 있다. 아주 우수한 영업사원이 스타 영업사원에게 열등감을 느껴 주눅이 들기도 한다. 스타 영업사원들은 개인의 실적은 우수해도 그들이 뿌려 놓을 수 있는 부정적 정서 때문에 매장의 종합 판매 실적을 떨어뜨릴 가능성이 있다.

'나'가 '우리'보다 중요한 환경, 우리 대 그들 환경을 조성함으로써 결국 모두가 고통을 겪는 것이다.

## – 9장 –

# 긍정적으로 이끌어라

## 위기에 대응하는 리더의 자세

일단 암담한 상황에 부닥치면 리더가 어떻게 해야 할까? 사실을 돌려 말해야 할까? 전혀 그렇지 않다. 조직 구성원들이 현재 상황을 이해하고, 포르셰의 근로자들이 그랬던 것처럼 자신들이 보호받을 거라는 사실을 알면 어려운 시기를 잘 이겨 낼 수 있다.

2008~2009년의 심각한 경기침체 때 많은 기업의 근로자들이 자신들에게는 희생을 요구하면서 최고위 리더들은 계속 잇속을 챙기자 낙담하고 믿음을 잃었다. 제품을 생산하고 서비스를 제공하는 아랫사람들이 징계나 해고를 당하는 동안 이를 모르는 척하며 보너스를 받아 가는 리더보다 더 실망스러운 것도 없다. 뛰어난 리더는 배가 가라앉을 때 그 배와 함께 가라앉는 걸 마다치 않는다. 위대한 리더는 배가 가라앉는 걸 막으려고 기꺼이 모든 것을 내던진다. 위기 때는 배가 가라앉지 않도록 물을 퍼낼 수 있게 모든 직급의 리더에게 더 많은 권한을 주어야 한다. 단, 모든 직급의 리더가 배를 구하는

데 몸과 마음을 다 바쳐야 하는 것은 물론이다. 금융붕괴가 최악으로 치닫던 시기에 케네스 체놀트 아메리칸익스프레스 회장 겸 CEO는 대원들에게 "현실을 알리고 희망을 주기" 위해 회사가 "유동성을 유지하고, 수익성을 잃지 않고" 시장점유율을 높일 프로젝트에 "투자해야" 한다는 말을 했다고 한다. 이만큼 결단력 있는 리더도 참 드물다.

## 함께 생각하라

나는 연간 10억 달러의 비용 절감 방법을 찾고 있던 대규모 전화회사와 함께 일한 적이 있다. 이 회사는 주州 단위 아래에서 발생하는 비용을 제대로 파악하지 못하는 것으로 드러났다. 본사에서 열심히 일하는 재무 담당자들은 주 단위로 비용 명세를 밝힐 수 있었는데, 그것이 그들이 분석할 수 있는 최소 단위였던 셈이다. 그들은 세상을 주 단위로 바라보았다. 그 이유는 그들이 주 단위로 규제를 받기 때문이기도 하고, 전국의 다양한 공공시설위원회가 주 단위로 전화요금을 정하기 때문이기도 했다. 하지만 이 회사는 다른 업체들, 즉 전화 서비스를 제공하는 케이블TV 업체나 인터넷 장거리 전화업체와 경쟁하기 시작하면서 자신들이 더 분발해야 한다는 걸 알았다. 회사는 관리자들에게 한 달 말미를 주고 비용 절약 방법을 찾게 했다.

여러분이 비용을 10억 달러 줄여야 하는데 어디서 얼마만큼의 비용이 발생하는지 별로 아는 바가 없다면 어떻게 하겠는가? 내 해결책은 이 회사에서 가장 노련한 지역 운영 책임자들을 한자리에 모아 그들이 문제를 풀어 나가게 하는 것이었다. 우리는 이 전화 회사의 광범위한 서비스 지역 한가운데에 있는, 도시에서 떨어진 시골 회의장에서 만났다. 산맥의 경치가 아름다웠지만 우리는 밥 먹으러 갈 때와 잠자러 갈 때를 빼고는 외부와 차단된 회의장을 떠나지 않았다. 우리는 거기에 일하러 간 거니까.

나는 우선 그들이 무슨 일을 하고 그 일을 어떻게 하고 그들이 더 잘, 더 저렴하게, 더 빨리 할 수 있는 일은 무엇인지 설명해 달라고 부탁했다. 이들은 경험 많은 베테랑이었고, 그중 몇몇은 전봇대에 올라가 일을 하는 것으로 경력을 시작한 사람들이었는데 이번과 같은 회의에 참가해 본 적은 한 번도 없었다. 그들은 긴장했고, 예산을 지키는 데 신경을 곤두세웠는가 하면, 이야기를 털어놓는 데 통 관심이 없었다.

이 회의를 진행할 때 나는 긍정적 분위기를 조성하려고 애썼다. 나는 우선 틀린 대답이란 없고, 멍청한 질문도 없고, 틀린다고 해서 벌칙이 있는 것도 아니라는 말부터 했다. 또 가장 큰 비용 절감은 지금까지 전혀 생각해 본 적이 없는 분야에서 이루어질지도 모른다고 했고, 창의적으로 생각하고 위험을 감수하고 다르게 생각해 달라고 당부했다. 그러고 나서 썰렁한 농담을 두어 가지 한 다음 문제를 해결하기 위해 노력 중인 사람들을 보여 주는 〈하버드 비즈니스 리뷰〉 만화를 슬라이드 두 장으로 보여 주었다. 이쯤 되자 분위기가 한결 나아졌지만 그래도 밝은 분위기와는 거리가 멀었다.

내가 우리의 목적과 이 회의의 목표를 설명하자 그 방에 있던 35명 가운데 일부가 좀 더 안심하고 긴장을 푸는 모습이 보였다. 실제로 강한 남부 억양을 쓰는 한 지역 관리자는 이 회의의 목적이 "각 관리자한테 감원 명단을 나누어 주는" 것, 즉 그들한테 부하직원 몇 사람을 해고해야 하는지 정해 주거나 "아니면 그냥 우리를 해고하는" 것으로 생각했다고 휴식 시간에 털어놓았다.

본격적으로 회의를 시작하기 위해 나는 깜짝 초대 손님 세 사람을 불렀다. 모두 은행가였다. 이들은 자신들이 전화를 쓴다는 사실 말고는 전화에 대해 아는 바가 전혀 없었다. 하지만 그들은 비용 절감을 위해 이와 비슷한 회의를 해본 적이 있었다. 나는 전화 회사 중역들이 다른 업계 사람들은 비슷한 문제를 어떻게 생각하고 공략하는지 들어 보면 도움이 될 걸로 생각했다. 내 목표는 전화 회사 중역들의 생각에 윤활제를 쳐 주고 그들이 문제를 창의적으로 바라보게 하는 것이었다.

전화 회사 사람들은 자신들을 '와이어 헤드'라고 불렀는데 처음에 이들은 '돈 박사들'이 무슨 이야기를 꺼낼지 짐작하지 못했다. 두 산업은 아주 달랐다. 전화는 기반구조와 공학, 기술의 비중이 컸다. 전화는 가입 고객에게 제공하는 서비스이고 요금 규제가 있는 데 반해, 은행은 그냥 대출을 해줄 뿐이라고 와이어 헤드들은 말했다. 또한 자신들은 거의 독점 사업체인 데 반해, 은행에서는 고객의 선택권이 훨씬 많다고 생각했다.

하지만 우리가 은행 사례를 논의하고 또 은행가들이 자신들의 비용 절약 회의가 뻔한 해결책을 살펴보는 것으로 시작해 어떻게 혁신적 해결책을 이끌어 내게 되었는지를 설명하자 와이어 헤드들이 관심을 보이기 시작했다. 은행가들은 단순히 비용을 줄이기보다 좀 더 위험한 접근방식을 선택했다고 말했다. 주택 융자, 자동차 융자, 신용카드 같은 다양한 상품을 결합하는 안을 내놓은 것이었다. 이 방법은 마케팅 비용을 줄여 주고 수익을 늘려 주었다. 은행가들은 회의장에 처음 들어섰을 때 결합 서비스를 대안으로 생각한 사람은 아무도 없었을 거라고 설명했다.

"우리는 '지점 몇 곳의 문을 닫고, 창구 직원들을 현금인출기로 대체하고, 부동산을 줄이고, 광고를 줄일' 생각을 하고 있었죠." 한 은행가가 말했다. "이렇게 하는 대신 우리는 새로운 영업 방식을 창안했고, 그 방식으로 비용을 줄였어요." 그러고 나서 그는 이렇게 덧붙였다. "우리가 얻은 결과는 경이로웠습니다."

은행가들이 떠나자 지역 책임자들 사이에서 두 산업은 다르다며 다시 툴툴거리는 소리가 들렸다. 그중 일부는 노골적으로 낙담한 표정이었다. 그런데 그때 이 전화 회사에서 평생 일해 왔고 이 회사에서 가장 크고 가장 시골 지역을 맡고 있던 여성 관리자가 자신은 비슷한 문제를 가진 다른 산업의 이야기를 들어 보는 것이 가치 있다고 생각한다는 말을 했다.

그 말을 듣고 나는 마음이 푹 놓였다.

참석자들은 이제 자신들에게 친숙한 비용 발생 분야를 짚어 보는 것으로 토의를 시작했다. "우리가 쓰는 공구를 그레이바(전기통신장비 도매점)에서 사지 말고 우리 기술자들이 가까운 홈디포에 가서 사오게 하면 어떨까요?" 하고 누군가 물었다.

나는 젊은 친구 네 사람을 함께 데려갔는데 이들은 방 뒤쪽에 앉아서 등을 구부린 채 노트북 컴퓨터를 들여다보고 있었다. 남자 셋 여자 하나로 경영대학을 갓 졸업한 이들의 임무는 새로운 제안이 나오면 이를 바탕으로 절약할 수 있는 금액을 계산하는 것이었다. 이들은 여러 상황을 가정한 스프레드시트 모델과 데이터베이스로 무장하고 있었다. 또 인력, 복지 혜택, 총비용에 관한 세부 정보를 가지고 있었다. 그리고 주州별로 수익과 비용에 적용되는 규칙과 규정, 사람 수를 저장해 놓고 있었다. 네 사람은 이제 그레이바 대신 홈디포를 이용하자는 제안에 대해 계산해 보았다. 그리고 이렇게 결론지었다. "넉넉하게 잡아서 아마 연간 120만 달러를 절약하게 될 겁니다."

나는 그 숫자를 화이트보드에 적고 참석자들한테 그래도 9억9천880만 달러를 절약할 방법을 찾아야 한다고 기분 좋게 상기시켰다.

여기저기서 몸을 뒤틀며 끙끙대고 "오호통재라" 하는 탄식이 흘러나왔다. 따지고 보면 몇 시간의 토론과 은행가 세 사람의 통찰을 바탕으로 사실상 콩알 같은 숫자 하나를 얻은 것이었다. "그래도 최소한 뭔가를 찾아낸 거잖아요" 하고 누군가 말했다.

나는 이제 참석자들한테 그들의 업무 처리 과정에 대해 이야기해 달라고 요청했다. 나는 그들이 어떻게 일을 하는지 물었다. 전화선 유지보수에 관한 이야기가 많이 나왔다. 그리고 기왕 말이 난 김에 아무리 시스템을 개선해도 끈질기게 사라지지 않는 한 가지 유지보수 요구를 누군가 언급했다. 고객이 이사할 때 신호음을 끊어 주는 일이었다. 무슨 이유에서인지 그 이야기가 사람들의 주의를 끌었다.

우리가 논의를 이어 나가자 어느 지역 리더가 신호음의 목적과 기능을 설명해 주었고, 고객이 집이나 사무실을 옮길 때에는 신호음을 끄기 위해 기술자가 현장에 출동해야 한다고 내게 가르쳐 주었다. 다른 사람이 그 집으로 이사 오면 기술자가 다시 그곳에 가서 신호음을 켜 주었다. 인구가 그다지 조밀하지 않고 거리가 넓은 시골 지역에서는 하루에 불과 한두 건의 신호음을 처리할 수 있을 것이다.

신호음을 끄고 켜는 데 걸리는 평균 시간을 대강 어림해 보았다. 그 결과 전화 시스템 전반에 걸쳐서, 평균으로 따져서, 또 출장 시간을 고려할 때 기술자가 일반 신호음을 끄는 데 약 반나절이 걸리고, 다시 신호음을 켜는 데에도 같은 시간이 걸리는 것으로 나타났다. 거기다가 장비 사용에 따르는 그 밖의 비용과 기술자들이 신호음을 해결하는 동안 다른 일을 처리하는 추가 인력의 인건비가 있었다.

"왜 신호음을 일일이 켜고 끄나요?" 하고 내가 물었다.

"신호음 도용을 예방하기 위해서죠" 하고 누군가 대답했다. "신호음을 꺼 놓지 않으면 누군가 공짜로 그 전화를 쓸 수 있거든요."

"누군가 그런 식으로 공짜 전화를 쓰면 추가 비용이 얼마나 드나요?" 하고 내가 물었다.

"한 푼도 안 들죠" 하고 누군가 대답했다. "어차피 작동하고 있는 거니까요."

참석자들이 이 주제에 대해 논의하는 모습을 지켜보는 건 조너스 솔크가 소아마비 백신을 발견하는 모습을 지켜보는 것 같았다. 그들은 생기 넘치고 신이 나서 앞다퉈 의견을 발표했다. 또 낙관적이었고 활기찼다. 애초의 우울하던 기색은 완전히 가시고 없었다. 어디서 큰 비용을 절약할지 감을 잡은 것이었다. 그룹 분위기가 고조되자 개인들이 창의롭게 생각하기 시작했고 교대로 화이트보드에 적어가면서 자신들의 주장을 펼쳤다.

그때 시골 지역에서 온 여성 참가자가 자리에서 일어났다. 뒤쪽에 있던 네 사람이 계산을 채 끝내기도 전에, 그 참가자는 자신이 대략 계산해 보니까 기술자가 신호음을 끄거나 켤 때마다 약 1천100달러의 비용이 든다고 말했다.

"1년에 몇 번이나 그 일을 하나요?" 하고 내가 물었다.

"해마다 전 국민의 약 4퍼센트가 이사 갑니다" 하고 누군가 대답했다. "우리가 서비스를 제공하는 지역의 인구는 2천200만 명 정도고 최소한 60만 개의 사업체가 있죠."

뒤쪽의 젊은 친구들이 계산하는 동안, 기업의 신호음을 켜고 끄는 데 드는 비용이 가정의 신호음을 켜고 끄는 데 드는 비용과 같은가를 놓고 얼마간 논쟁이 벌어졌다. 이어서 기업용으로 1년에 추가 또는 해지되는 전화선이 얼마나 되고, 얼마나 많은 기업이 이전하는지에 대한 논쟁도 있었다. 참석자들은 기업의 해지율이 더 높고 그 비율이 10퍼센트 정도라고 결론지었다. 기업은 매우 역동적이어서 새로운 사무실이 문을 여는가 하면 몇몇 곳은 문을 닫고, 새로운 기업이 출범하는가 하면 몇몇 기업은 망하기도 하기 때문이다. 기업은 도심에 자리 잡는 경향이 있는데, 도심은 시골 지역보다 기술자의 출동 시간이 짧게 걸린다고 참석자들은 말했다.

젊은 친구들의 계산 결과, 가정이나 기업이 이사할 때 이 전화 회사가 신호음을 계속 켜 두면 이 회사는 연간 약 10억300만 달러를 절약하는 것으로 나타났다.

첫날치고는 괜찮은 결과였다.

## 나보다 우리

이 이야기를 자세히 하는 목적은 이 회의에 참석한 리더들이나 이 회의 진행자(!)의 슬기로움을 보여 주기 위해서가 아니다. 그보다는 공동 목적의 힘을 보여 주고, 독자들에게 보이애치스의 견해를 상기시키기 위해서다. 보이애치스의 견해란 부정적 이야기가 주의를 집중시킬지는 모르지만, 분위기가 부정적이고 사람들이 위험을 무릅쓴 데 대해 아무런 보상도 받지 못하면 변화는, 그리고 내가 덧붙이자면 창의성은 좀처럼 생기지 않는다는 것이다.

보이애치스는 변화를 일으키는 데 필요한 리더십을 '공명(공감) 리더십'이라고 부른다. 공명한다고 하는 이유는 리더, 아니 리더들이 조직과 동조하고 또 서로 동조하기 때문이다. 그가 나한테 이 용어를 설명할 때 내 머릿속에 떠오른 이미지는 우리가 어릴 때 하는 소리굽쇠 실험이었다. 소리굽쇠 하나를 두드려서 또 다른 소리굽쇠 옆에 놓으면, 그 두 번째 소리굽쇠는 두드리지 않았는데도 진동하기 시작한다.

공동 목적 조직에서 서로 동조하는 집단의 힘은 경이롭다. '뉴에이지' 느낌을 물씬 풍길 의도는 없이 하는 말이지만, 조직 내 어느 소집단의 구성원들이 긍정적이고 조화롭게 목표를 성취해 내면 이들이 확립한 기조를 다른 사람들이 따라간다.

조화를 이루는 소집단, 예를 들어 앞에서 소개한 전화 회사의 소집단은 회사에 연간 10억 달러를 절약해 주었고, 이 회사의 업무 수행과 비용 관리 방식을 바꿔 놓았다. 작은 공동 목적 집단의 힘은 어마어마하고 남들도 그 힘을 감지한다. 업무가 개선되고, 그 집단이 인정받고, 그 집단을 거쳐 간 사람들은 경력에 날개를 달게 되니까 말이다.

보이애치스를 공정하게 대하기 위해서, HR 컨설팅 회사인 머서를 위해 내가 수행한 대규모 연구 프로젝트 '사람을 통한 가치 창조'와 관련해 그를 인터뷰한 내용을 인용해 본다. "공명하는 리더가 주변 사람들과 리더십 관계를 맺으면 다들 서로 조화를 이룬다고 느끼죠. 공명하는 리더는 전체적으로 긍정적 정서와 기대감을 조성하는 경향이 있는데요, 그렇게 되면 온정적이 되죠. 공명하는 리더는 진정으로 서로 배려하는 환경을 조성해요. 또 개인이 이루어야 하는 변화와 팀이나 조직이 이루어야 하는 변화가 균형을 이루게 도와줘요. 스포츠에서 공명하는 지도자를 만나면 눈에 띄는 현상 가운데 하나가 개인의 기량이 향상되면서 팀의 기량이 향상된다는 거예요."

이것은 정말 대단한 통찰인데, 만일 내가 직접 목격하지 않았더라면 조직에서 리더가 그렇게 강력한 영향을 미칠 수 있다는 사실을 믿지 않았을 것이다. 시간을 가지고 성찰해 본 사람들은 금방 알겠지만 보이애치스는 온정, 배려, 진정성의 필요성을 강조하고 있는 것이다.

우리는 생각하고 느끼고 행동하는 존재다. 그래서 우리 대부분은 우선순위 목록을 받아 든 다음 이제 나가서 그 우선순위들을 이루어 내라는 지시를 받는 것으로는 부족하다. 우리는 무언가에 소속되어야 하고, 소속된 집단에 어느 정도 소속감을 느껴야 한다. 보이애치스가 보기에 온정과 배려, 진정성은 우리가 놀라운 일을 해낼 수 있도록 우리를 결합해 주는 힘이 있다.

조 라이스의 말을 들어 보면 금융 서비스 산업의 선구자로서 그의 리더십이 거둔 성공은 주로 그가 자신이 속한 그룹보다 자신을 우위에 놓아 본 적이 없고, 함께 일하는 사람들을 정말로 배려하는 진정성 있는 사람이라는 사실에서 비롯한 것이다. 앞에서 언급했듯이 라이스는 기업의 목표나 윤리, 지향점과 맞지 않으면 수익성 있는 거래들을 거절하는 것으로 유명하다. 라이스한테는 그런 결정이 고민되지 않았다. 그런 결정은 순식간에 이루어졌고, 이는 그의 기업과 그가 산파 역할을 한 산업 내부에서 그의 진정성과 정직성에 대한 평판을 확립하는 데 큰 도움이 되었다.

라이스는 또 배려하기로 유명하다. 내가 그를 처음 만났을 때 그의 젊은 동료 한 사람이 암 진단을 받은 상태였다. 그 동료는 재능 있고 똑똑한 젊은 친구로 자녀가 아직 어렸는데 병의 예후가 좋지 않았다. 그 동료는 화학요법 치료를 받느라 결근이 잦았다. 다른 냉혹한 금융 기업 같으면 그 사람을 해고했을지 모르지만, 라이스는 동료가 복귀하도록 동료의 사무실을 계속 유지했고 동료의 가족과 정기적으로 연락했다. 그리고 동료의 병세가 더 나빠지자 그의 가족을 잘 돌보겠다고 약속했다.

나는 라이스가 이혼을 비롯한 온갖 종류의 문제를 겪는 사람들을 도와준다는 이야기를 들었다. 그리고 그의 온정과 배려가 진심이라는 것을 다들 알고 있었다. 라이스의 회사는 시장에서 경쟁자들이 상대하기에 벅찬 기업이다. 하지만 라이스와 그가 함께 일하는 리더들이 서로 공명하기 때문에 특별한 곳이기도 하다.

라이스에게 본인의 리더십 스타일을 물었더니 '우리'를 '나'보다 훨씬 중요하게 여기는 해병대 경험을 자세히 이야기했다. "그 유대감은 절대 사라지지 않아요. 항상 간직하고 있죠. 그리고 그것이 제 경영 방식인 것 같고요. '나'가 아니라 '우리'가 중요해요."

라이스는 기업을 설립하기만 한 것이 아니었다. 그는 산업을 창조했다.

## 접착제와 풀

내 경험으로 보면 공동 목적이 없는 조직은 공동 목적이 있는 조직보다 훨씬 허약하다. 왜 안 그렇겠는가? 배려와 온정 같은 따뜻한 정서가 진정성 같은 가치와 더불어 공동 목적 조직을 뭉치게 하는 힘이라면, 비공동 목적 조직을 뭉치게 하는 요인은 무엇일까?

대체로 그들은 배려와 온정이라는 '접착제'가 아니라 흥미 있는 일과 다양한 혜택과 돈이라는 '풀'로 결합된다. 비공동 목적 조직은 직원의 성취에 대해 장기적인 보상을 제공하는, 각별한 인재 유지 정책이 필요하다. 하지만 공동 목적 조직은 이러한 정책이 훨씬 덜 필요하다.

한 가지 분명히 해둘 점이 있다. 공동 목적과 공명 리더십에 관한 한, 한 가지 기준이 모두에게 통하지는 않는다는 점이다. 사람은 각기 다른 개성을 지닌 존새고, 한 회사에서 성공한 사람이 다른 회사에서도 성공한다는 보장은 없다. 교감, 코드, 가치관을 비롯한 여러 가지 특성에 대한 인식은 사람마다 다르기 마련이다. 수영장 중앙에 상어 수조가 설치돼 있어 상어와 함께 수영하는 느낌이 드는 샤크 탱크에서 수영하는 걸 따뜻하고 푸근하고 더할 나위 없이 편안하게 느끼는 사람이 있는가 하면, 해변의 따뜻함과 평온함을 원하는 사람도 있다. 내가 보기에 공명하는 리더는 함께 일하는 사람들이 공통점을 충분히 갖고 있기만 하면 얼마든지 조화를 이루어 낼 수 있다. 그렇다면 팀을 위해서나 전체 조직을 위해서나 어떤 리더를 골라야 할지 선택은 분명하다.

## 불일치와 스트레스

보이애치스가 자신의 연구를 시작한 이유 가운데 하나는 많은 조직이 이른바 불일치로 지독히 고전하는 걸 발견했기 때문이었다. 보이애치스가 말하는 불일치란 많은 조직이 일을 제대로 해내기보다 갈등과 불화, 반대가 보편화한 문화에 시달리는 걸 뜻한다. 무언가 조처를 해야 하거나 해결할 문제에 맞닥뜨릴 때 아무런 행동도 할 수 없는 조직이 너무나 많았다.

이런 조직은 만성 부조화 상태에 빠져 있었다. 이러한 조직 분위기에서는 일을 제대로 해내기가 몹시 어려웠다. 그곳에는 행동 대신 말다툼이 있었다. 성취 대신 불평불만이 있었다. 성과는 떨어졌다. 유능한 인재들은 조직을 떠나거나 동기 의식을 잃었다.

보이애치스가 발견한 것은 조직의 불일치 가운데 상당 부분이 기업 내부에서 겪는 심한 스트레스와 관련이 있다는 것이었다. "사람들이 자기 자신, 자신의 몸, 자신의 가족, 자신의 일터와 더욱 불일치하게 되는 것은 만성 스트레스가 누적된 영향이라는 거죠. 그들은 감각을 잃고 그러다가 결국 잘못된 결정을 내리고 무력해져요. 시야도 좁아지고요."

도전에 맞닥뜨릴 때 시야가 좁아지고 창의성이 떨어지는 조직을 상상해 보라. 역경에 부닥칠 때 문제 해결을 더 잘하게 되는 것이 아니라 더 못 하게 되는 조직을 상상해 보라.

보이애치스는 이러한 현상을 30년 가까이 연구하고서 다음과 같은 결론을 내렸다. "자료를 찬찬히 들여다보면 경영진과 리더십 위치에 있는 사람들 가운데 50퍼센트는 조직의 가치를 떨어뜨리고 있는 것으로 일관되게 나와요. 또 다른 20~30퍼센트는 가치를 늘리지도 줄이지도 않죠. 이런 사람들을 내보내면 조직이 아마 더 효과적으로 움직일 거예요. 사실 가장 많은 가치를 추가하는 사람은 최고위 리더의 5퍼센트 정도에 불과해요. 1980년대의 GE처럼 정말로 높은 성과를 내는 조직에서는 그 비율이 높으면 10퍼센트가 되었을지도 모르죠. 하지만 연구 결과를 보면 그 이상은 절대로 아니에요." 보이애치스의 결론은 그야말로 충격적이다. 그리고 이러한 결론이 더 많은 주목을 받지 못했다는 것이 놀랍다.

스트레스가 쌓인 조직이 어떻게 망하는지는 직감으로 쉽게 이해

**스트레스가 쌓인 조직**

- 스트레스는 부정적 스트레스와 긍정적 스트레스 두 종류가 있다.
- 긍정적 스트레스는 목표 달성이라는 도전과 관련이 있다.
- 부정적 스트레스는 리더와 관리자가 팀원들을 무시하고, 시시콜콜 관리하고(마이크로경영), 감독하고, 너무나 보잘것없는 과제를 팀원들에게 맡기는 데서 생긴다.
- 부정적 스트레스는 말을 해도 귀를 기울여 주지 않을 때 생긴다.
- 부정적 스트레스는 회복력과 적응력이 약하고 문제 해결에 실패하는 조직을 만든다.
- 부정적 스트레스가 쌓인 조직은 독이 되는 조직이다.
- 부정적 스트레스가 쌓인 조직은 병든 조직이 될 수 있고, 이러한 조직에서는 리더십 방식 때문에 사람들이 실제로 몸에 병을 얻는다.

할 수 있다. 스트레스로 지친 사람들이 서로 다투고 뒤로 미루는 일이 늘어나면서 온정과 배려와 진정성이라는, 꼭 필요한 리더십 접착제는 어디론가 사라진다. 사람들이 그럭저럭 대처하기는 하지만 결국 리더십에 문제가 생기고, 시간이 갈수록 유능한 인재들이 조직을 떠난다. 이와 같은 조직에서는 인재 집단이 줄어들고 아이디어가 감소하고 결국 조직이 망한다.

하지만 스트레스라고 해서 다 똑같지는 않다는 걸 분명히 해두자.

긍정적 스트레스가 있다는 사실은 캐나다에서 한스 셀리에가 진행한 선도적 연구 결과로 1930년대부터 알려졌다. 긍정적 스트레스는 어떤 목표나 프로젝트를 성취하는 일로 들떠 있을 때 간혹 느끼는 스트레스다. 대회를 앞두고 열심히 훈련하는 운동선수는 지구력이나 힘, 정확성, 속도를 높이기 위해 날마다 자신을 담금질할 때 이러한 스트레스를 느낄지도 모른다. 관심 있는 주제를 정복하기 위해 부지런히 공부하는 학생도 긍정적 스트레스를 느낄 수 있다. 새로운 목표를 달성하기 위해 애쓰는 조직에서 일하는 사람도 긍정적 스트레스를 느낄지 모른다.

부정적 스트레스는 딴판이다. 부정적 스트레스는 두렵거나, 분노하거나, 내가 동의하지 않는 방식으로 무언가를 하라는 압력을 받을 때 느끼는 것이다. 부정적 스트레스는 상사가 '나를 이해'하지 못하거나 '나를 몰라'주거나 나를 존중하지 않을 때, 곧 상사가 내 의견에 귀를 기울이지 않을 때 느끼는 스트레스다. 부정적 스트레스는 역설적으로 하찮은 일만 맡게 되거나 무시당할 때 느끼는 스트레스다. 이러한 스트레스는 사람을 낙담하게 하거나, 의욕을 잃게 하거나, 희망을 잃게 하거나, 지루하게 할 수 있다.

보이애치스에 따르면 최선을 다하기 위해서는 도전이 필요하다. 지침도 필요하다. 하지만 그것 못지않게 중요한 것은 목표를 달성하기 위해 간섭받지 않아야 한다는 것이다.

신의가 실적에 따라 좌우되는 새로운 고용 계약 시대에 왜 팀원들이 자기 힘으로 성공하거나 실패하게 놔두지 않는가? 왜 그들이 자기 일의 주인이 되게 하지 않는가? 수평조직에서 마이크로경영은 역

효과를 내는 바보 같은 짓일 뿐 아니라 지독한 부정적 스트레스를 낳는 탓에 개인의 행복감을 망친다.

기업에 부정적 스트레스가 넘치면 "그 스트레스가 실제로 조직을 굳게 만들어서 조직의 적응력이 떨어지고 회복력이 약해지죠" 하고 보이애치스가 말했다. "조직 안에 퍼진 이러한 스트레스가 실제로 개인들한테 생리적 반응을 일으켜요. 개인들의 교감신경계가 변하는 거죠. 말 그대로 사람들이 조직 환경에 점점 중독되고 있다는 소리예요."

이러한 문제의 원인은 무능한 리더십이다. 독이 되는 독불장군형 리더는 "모두의 초점을 좁히고 좁혀서 성과라는 스펙트럼에 다시 맞춰 놓죠. 일반적으로 이러한 부류의 리더는 다른 사람들이 재무 결과 말고는 거의 아무것도 생각하지 못하게 해요. 아, 당연히 재무 결과를 관리해야죠. 하지만 다른 것을 전부 배제할 정도까지는 아니죠." 보이애치스의 말이다.

이 모든 것이 일러 주는 점이 있다. 사람들을 기죽게 하고, 억지로 초점을 좁혀 놓고, 창의성을 꺾고, 공헌 능력을 제한하는 리더십이야말로 가장 독이 되는 형태의 리더십에 속한다는 것이다. 물론 집중해야 한다. 하지만 집중하는 것과 억지로 팀원들의 시야를 좁혀 놓는 것은 다르다. 억지로 사람들을 더 작고 작은 상자 속으로 몰아넣는 것은, 보이애치스에 따르면 조직에 피해를 주는 데 그치지 않는다. 사람을 병들게 할 수도 있다.

보이애치스가 자신의 주장을 뒷받침할 자료가 있다면, 나는 그가 내린 결론이 현실에서 전개되는 상황을 목격했다. 내가 아는 한 자본가가 1990년대에 기업 수십 곳을 인수했다. 그는 재무적 시각으로 똘똘 뭉친 사람이었는데, 사람들이 전략이나 품질이나 브랜드에 관한 대화에 그를 끌어들이려고 하면 그들이 초점을 잃었다며 화를 낼 정도였다. 그는 이렇게 말하곤 했다. "우리 일은 돈을 버는 거지 컨설턴트 흉내를 내는 게 아니에요." 그러다 보니 그는 팀원 전체, 그리고 자신이 인수한 기업의 모든 CEO에게 한눈팔지 말고 오로지 재무 결과에만 집중하라고 강요했다.

그 결과는 어땠을까? 6년 동안 그 자본가는 자신이 보유한 여러 회사의 모든 직급에서 인재들이 쑥쑥 빠져나가는 걸 지켜보았다. 그는 대다수 CEO와 최고 애널리스트 그리고 동업자 몇 명을 잃었다. 그가 인수한 많은 기업이 그 기간에 파산해 일부는 매각하고 일부는 문을 닫았다. 또 남은 기업들을 이끌 새로운 인재를 찾으면서 사태를 수습하는 데 약 4년이 걸렸다.

그 시기에 나는 그 자본가와 함께 일할 준비를 하면서 후속 연구가 필요한 묘한 우연의 일치거나 아니면 보이애치스의 견해를 확인해 주는 어떤 사태를 관찰했다. 그 자본가의 스트레스 심한 본사와 그가 운영하는 여러 기업에서 근무하는 사람들이 항상 몸이 아프다고 호소한 것이었다. 그 정도가 어찌나 심한지 건물에 곰팡이가 끼었거나 환기 시스템에 문제가 있을지도 모른다는 주장이 나오기 시작했다. '병든 건물'로 생각했다는 사람도 있었다.

내가 아는 그 회사 사람 누구도 갑자기 죽거나 어떤 중병이 들어서 고통을 겪지는 않았다. 하지만 아무도 행복해하거나 마음 편안해하지 않았다. 그 회사와 그가 인수한 여러 기업에서 일하는 사람들 모두 안절부절못하고 스트레스를 받고 불만스러워했다.

사람들과 이야기를 나누며 복도를 거닐 때 이런 생각이 자주 들었다. 병이 나면 쓴 약을 참고 먹듯이 일을 그냥 꾹 참고 하는 것이어서는 안 된다는 생각 말이다. 우리는 일을 즐겨야 한다. 일은 인생에서 큰 비중을 차지한다. 하기 싫은 일을 그냥 참고 하는 것이어서는 안 된다는 소리다. 우리는 일이 흥미진진하고 도전적이라고 느껴야 한다. 그리고 세상에 스트레스 없는 일은 없지만 그 스트레스의 대부분은 긍정적 스트레스여야 한다.

불경기 때나 흔히 있는 침체기에는 선택권이 제한되기 쉽다. 하지만 일자리가 풍부하고 세상이 발전하고 있을 때에는 누구나 긍정적 방식으로 이끌어야 하고 또 그렇게 이끄는 리더와 함께 일해야 한다. 우리가 전부 천재는 아닐지 모르지만, 대부분은 충분한 능력이 있어서 자기 재능을 발휘할 만한 곳을 여러 군데에서 찾을 수 있다. 이 말이 맞는다면 (나는 맞는다고 믿는데) 독이 되는 환경을 만드는 사람과 함께 일할 이유가 어디 있는가? 공동 목적 조직을 만드는 것이 목표인 사람을 찾아 나서지 않을 이유가 어디 있는가?

– 10장 –

# 리더십은 멘탈 게임이다

## 리더십을 이용해 지식을 전수하라

아무리 수평조직이라 해도 더 많은 권력을 가진 사람이 있기 마련이다. 조직 구성원들은 책임 범위가 서로 다르다. 그리고 각자 책임진 일을 수행할 수단을 가지고 있어야 한다. 리더들도 그러한 수단이 필요한데, 그 가운데 일부는 '통제 범위'(관리 범위)라는 형태를 띠고 있다. CFO는 재무 결과 보고 방식에 대한 권한을 행사해야 하고, 마케팅 중역은 기업의 브랜드와 이미지를 창조하고 보호해야 한다. 이사들은 주주의 이익을 보호해야 한다. 하지만 조직은 왕국이 아니며 조직 내부에서 갖는 권력은 제한되어야 한다.

공동 목적 조직에서는 다른 사람과 협의할 때 좋은 결정이 더 좋아진다. 공동 목적 조직에서는 내부 경쟁이 드물고 조직 전체의 성공을 다들 함께 누리기 때문에 문제를 충분히 생각하고 동료의 도움과 조언을 구하는 것이 합리적이다.

하지만 도움 요청을 나약함의 표시로 여기는 조직이 많다. 리더들은 그러한 믿음을 경계하고 단호하게 대처해야 한다. 조직은 정보가 원활하게 교환될 때 성장하고 더 유능해진다. 어떤 직원이든지 회장 겸 CEO의 사무실에 들어가 조언을 구할 수 있을 때 그것이 조직 전체에 얼마나 큰 파급효과를 내게 될지 생각해 보라. 그것은 회사 전체에 메시지를 보내는 데 그치지 않는다. 지식도 옮겨 준다.

리더십을 이용한 지식 전수는 아는 조직만 아는, 크고 의미 있는 비밀이다. 윈리조트에서는 직원들이 어떤 식으로 손님을 도와주었는지 서로 이야기하게 하는데, 이 방식은 개인의 노력을 인정해 주는 데 그치지 않는다. 비공식으로 지식도 이전해 준다. 사람들은 동료의 행동을 보고 따라 한다. 이 말은 리더가 조직의 행동 능력을 강화하는 데 주안점을 두어야 한다는 뜻이기도 하다.

컨설턴트 출신으로 보스턴에 있는 대규모 반도체 회사 아나로그 디바이스에 몸담았던 아트 슈나이더만은 기업의 학습 능력을 분석하기 위해 채점표를 이용하는 방식을 고안했다. 기업의 효율성과 효과 향상이 사실상 그 기업의 학습 능력을 알려 주는 지표라는 것이 슈나이더만의 생각이었다. 그는 품질, 납기 시간, 고객 만족, 그리고 신제품 수익률 같은 그 밖의 요인들을 포함한 성과측정 기준 채점표를 만들었다.

슈나이더만이 보기에 세계 곳곳에서 경쟁에 맞닥뜨린 아나로그디바이스 같은 기업의 주된 과제는 경쟁사보다 더 똑똑해지고 학습 내용을 더 빨리 이행하는 것이어야 했다. 그는 성과측정 기준을 학습의 지표로 삼음으로써 훈련이 곧바로 기업의 성과로 이어지게 할 수 있었다. 20년 넘게 특수 반도체 설계와 제조 분야의 선두를 달려온 아나로그디바이스의 리더들에게 슈나이더만의 성과측정 기준은 신이 보내 준 선물이었다. 이 측정 기준을 이용하면서 이 회사 고위 리더들은 어느 틈엔가 자사의 지식을 강화하고 워크숍 같은 지식 전수 수단을 개발함으로써 전략에 변화를 주고 성과를 개선할 수 있었다. 이 회사가 시장에서 선두자리를 지키는 것은 이 회사 리더들의 뛰어난 리더십 그리고 학습에 몰입하는 태도와 긴밀히 연결되어 있었다.

## 리더십과 학습의 결합

리더십과 학습을 동일시하는 것은 다소 이례적일지 모른다. 하지만 아나로그디바이스가 보여 주듯이 학습을 존중할 뿐 아니라 학습 수단을 이용하는 능력은 위대한 리더십의 필요조건이다. FM글로벌과 아나로그디바이스는 자신들만의 학습 프로그램을 고안할 만큼 규모가 큰 기업이다. 다른 위대한 조직들은 리더십과 학습을 결합할 여러 가지 방법을 찾아내고 있다.

내가 좋아하는 도시 가운데 한 곳은 훌륭한 건축물과 흐드러진 벚나무, 매혹적인 선禪 정원이 있는 멋있는 도시 일본 교토다. 한번은 교토에 갔을 때 나를 초청한 일본 자동차 회사 중역들이 나를 이탈리아 식당으로 데려갔다. 나는 어리둥절했다. 우리는 전통 음식점과 찻집, 전통 숙박시설인 료칸(여관)이 있는 예스러운 일본의 한복판에 있었는데 그들은 하필 이탈리아 음식이 먹고 싶었을까? 그들은 내가 세련되지 못하고 촌스러워서 일본 요리 맛을 제대로 모를 걸로 생각했을까?

사실 그들이 나를 이 식당에 데려가고 싶어 한 이유는 그들이 리더십에 관해 중요하게 생각하는 무언가를 내게 보여 주기 위해서였다. 그 식당은 밖에서는 전통 일본 식당처럼 보였지만 내부는 딱 이탈리아풍이어서 따뜻한 파스텔 색깔, 하얀 식탁보, 양초, 그리고 젓가락 대신 서양식 숟가락과 포크와 나이프를 사용했다.

나는 파스타와 송아지 고기 요리를 먹은 것으로 기억한다. 소스가 이탈리아 북부에서 먹었던 것과 다를 바 없이 맛있었다. 함께 나온 포도주도 나무랄 데 없었다. 이탈리아 포도주의 선택 폭이 굉장히 넓었다. 훌륭한 식사였다. 그런데 왜 굳이 이탈리아 식당일까? 내가 물어보았다.

"선생님께 특별한 걸 보여 드리고 싶었습니다" 하고 한 중역이 대답했다. "저희는 그것이 리더십에 관한 좋은 교훈을 준다고 생각하거든요."

"그게 뭔데요?" 내가 잔을 기울여 포도주의 마지막 한 모금을 음미하며 물었다.

"이 식당 주인은 1년에 한 번 열흘 동안 식당 문을 닫고 직원 전체를 이탈리아에 데리고 갑니다. 해마다 다른 지역으로 가죠. 웨이터도 가고, 주방장도 가고, 설거지하는 사람들까지 가는 거예요. 이탈리아 여행을 할 때 그들은 당연히 음식을 관심 있게 살펴보죠. 하지만 식당 분위기, 요리를 준비하는 방법, 서비스, 각기 다른 음식을 차려 내는 방법도 주의 깊게 살피죠. 그 경험을 하려고 이탈리아에 가는 거고, 돌아와서는 그 경험을 이 식당에서 재현하는 거예요."

"비용이 꽤 많이 들지 않을까요?" 하고 내가 물었다.

"많이 들죠" 하고 다른 중역이 대답했다. "한데 주인과 식당 직원들이 돌아오면 동네에서는 다들 그들이 배워 온 것과 곧 내놓을 새로운 요리에 대한 기대가 크죠. 식당은 항상 잘되고요."

게다가 이탈리아 여행은 이 식당의 팀워크를 새롭게 다져 준다. 이 식당에서 일하는 사람은 누구나 특별하다고 느낀다. 마치 자신이 고객을 대신해서 무엇이 고객을 기쁘게 해줄지 알아내는 임무를 띠고 있는 것처럼 말이다.

이 식당의 주인은 부자가 아니다. 2주일 가까이 식당 문을 닫으면 손해를 본다. 하지만 그는 이 식당을 열 때 교토에서, 어쩌면 일본 전체에서 가장 좋은 정통 이탈리아 식당을 만들겠다고 마음먹었다. 그는 자신의 식당이 요리법뿐만 아니라 손님한테 안겨 주는 경험 면에서도 정통성 있는 식당이 되기를 원했다. 이러한 설명을 듣고 보니 리더로서 그 주인은 자기 식당이 책에서 요리법을 배우는 다른 식당보다 운영비가 더 많이 드는 것에 크게 개의치 않음을 알 수 있었다. 그는 정기적으로 이탈리아 순례를 하는 것이 자신의 노력에 신비감을 자아낸다는 사실을 알고 있었고, 손님들이 새롭고 근사한 무언가를 맛보는 경험을 하기 위해 더 많은 돈을 쓸 것임을 알고 있었다.

그런데 정말 놀라운 것은 수십억 달러 규모의 세계적인 일본 자동차 회사 중역이 리더십의 본보기로 가게가 단 한 곳밖에 없는, 이 식당 같은 작은 사업체에 관심을 두고 있다는 것이었다.

"저는 많은 분을 이 식당에 모시고 옵니다." 그가 내게 말했다. "세계 곳곳의 대리점, 공급업체, 여러 지역의 관리자를 모시고 오죠.

가끔은 이 식당이 제 덕분에 운영되는 게 아닌가 하는 생각을 합니다." 그가 웃으며 말했다. "하지만 그것은 중요한 교훈이에요. 중요한 것은 조직의 규모가 아닙니다. 어떻게 이끌고 운영하느냐가 중요하죠. 그래서 제가 손님들을 이곳에 모시고 오는 거고요."

교토의 이탈리아 식당이 주는 교훈은, 진정한 리더십이란 주로 지식에 바탕을 둔 자원이고 그 지식은 새롭게 보충해야 한다는 것이다. 대학이나 대학원에서 배운 지식, 첫 직장에서 배운 지식이 아마 여러분이 발휘하는 리더십의 기초를 이룰 것이다. 하지만 여러분은 혁신적 리더들이 무엇을 하고 있는지 알아보기 위해 정기적으로 '순례'를 떠나야 한다.

아나로그디바이스에서 슈나이더만은 지식에 반감기가 있음을 발견했다. 어제 효과를 본 지식이 오늘은 효과가 덜하고 내일은 아예 소용없을 것이다. 그래서 훈련이 진화해야 하고, 학습이 진화해야 하고, 실행하고 이끄는 방식이 진화해야 하고, 조직을 구성하는 방식까지도 진화해야 한다. 발상이 참신한 채점표는 지식 보충 과정이 제대로 작동하고 있는지 추적해 줄 수 있다. 그러나 핵심은 늘 조직의 성과를 개선하기 위해 조직을 변화시키는 데 필요한 수단을 리더가 갖고 있도록 쉼 없이 지식을 보완해야 한다는 것이다.

## 무분별한 폴로어십 조심

리더에 대한 정의는 간단해야 한다고 리더십과 심리학 분야의 뛰어난 학자이자 정신분석학자인 마이클 맥코비가 내게 말한 적이 있다. 리더는 사람들이 따르는 인물이라고 그는 말했다. 공동 목표를 추구하여 다른 사람들이 동조하는 인물이 공동 목적 리더라고 본다면 맥코비의 정의는 일리가 있다. 리더에게는 폴로어가 있다. 아니, 적어도 리더에게는 목표를 추구하는 데 동참하는 사람들이 있다.

맥코비가 보기에 어떤 사람은 두려움 때문에 리더를 따른다. 만일 사담 후세인이 통치하는 동안 이라크에 산다면, 아마 여러분은 두려워서 후세인의 명령을 따를 거라고 맥코비는 주장했다. 두려워서 따르는 리더의 명단은 끝이 없을 것이다. 무자비함은 아무튼 별나게도 인간의 특징이다.

두려움의 요인은 큰 것일 수도 있고 작은 것일 수도 있다. 예를 들어 맥코비는 한 강의에서 다음과 같이 추측했다. 2004년 미국 대통령 선거 기간 중 재선에 도전한 부시 대통령이 자신의 지지도를 높여야 할 때 색깔별 테러 경보 시스템을 이용해 테러 위협 수준을 노란색에서 주황색으로 직접 높임으로써 유권자에게 겁을 줘 자신에게 투표하게 했다는 추측이다. 부시가 이 시스템을 이용했다는 맥코비의 주장은 증명된 바 없지만, 이것은 두려움을 조장하는 리더가 폴로어를 자극하기 위해 이용할 수 있는 수단의 좋은 예를 제공한다.

물론 다른 유형의 리더도 있다. 많은 사람이 사랑이나 헌신, 존경심에서 종교 지도자를 따른다. 관심의 한가운데에 있는 사람은 기분이 좋겠지만 이런 형태의 리더십은 위험하다. 사교집단의 교주 짐 존스는 헌신적인 신도들을 데리고 샌프란시스코에서 가이아나로 갔고 그곳에서 청산가리를 탄 쿨에이드라는 음료를 신도들한테 마시게 했다. 존스의 리더십이 낳은 결과는 909명의 죽음이었다. 이들은 사랑과 맹목적 헌신 탓에 자살 유혹에 넘어간 것이었다.

내 생각에 리더를 따른다는 것은 아무리 잘해 봤자 위험한 일이다. 제2차 세계 대전이 끝난 뒤 열린 뉘른베르크 재판에서 세계는 무분별한 추종이 때로는 극악무도한 범죄를 저지르는 행위가 될 수 있음을 공식 선언했다. 그런 맥락으로 이 재판에서는 명령을 따르는 부하의 신분이었다는 점이 악행을 저지른 데 대한 변명이 되지 못하고, 선출된 리더의 명령을 따른 것이었다 해도 결론은 마찬가지라고 판결했다. 또 환경이 어떻든지 간에 우리의 행동은 우리가 책임지는 거라고 판결했다. 명령을 따르는 길이 파멸로 이어진다면, 우리한테는 그런 방향으로 이끄는 어떠한 리더도 따르지 않을 도덕적 의무가 있다. 명령을 따른 거라며 악행을 정당화할 수는 없다. 결국 우리가 어떤 조직에 참여하든, 어떤 리더가 책임자든 간에 우리의 행동은 우리가 책임지는 것이다.

이 점을 짚고 넘어가는 것이 중요하다. 왜냐하면 누군가를 따른다는 것이 우리의 의지는 말할 것도 없고 우리의 판단력까지 포기하는 걸 의미한다면 누군가를 따르는 폴로어십이 몹시 위험할 수 있기 때문이다. 내가 보기에 우리의 의지를 리더나 집단에 넘겨주어야 할 때는 항상 뭔가 잘못된 것이다. 그래서 나는 개인의 이해관계를 집단이 추구하는 목표와 조화시킬 때, 그것도 자신의 의견을 밝히거나 결정에 반대하거나 필요하다면 집단에서 빠질 권리를 포기하지 않으면서 그렇게 할 때가 훨씬 더 편안하다. 주위에서 가장 강하고 장수하는 조직들을 보면 두려워하지 않고 반대의견을 허용하는 조직들이다. 반세기 넘게 IBM을 이끌어온 '생각하라'는 신조는 강력하고 매력 있다. 개인의 공헌 능력을 존중하는 신조이기 때문이다. 사람들한테 생각하게 하는 조직은 복종하게 하는 조직보다 더 어수선하고 더 시끄러울지 모르지만, IBM의 장기적 성공은 자유롭게 생각하는 개인들이 자신들의 이해관계를 집단이 추구하는 목표와 조화시킬 때 생기는 힘을 보여 주는 증거다.

폴로어십을 바탕으로 하는 리더십 방식보다 더 온화하고 강력한 리더십 방식이 있다. 가장 눈에 띄는 방식은 가치와 역량에 집중하는 리더십 방식이다. 콘티넨털항공의 회장 겸 CEO였던 고든 베튠이 바로 가치와 역량에 기반을 둔 리더였다.

베튠이 이 항공사에 있는 동안 베튠과 함께 일해 보고 싶어서 다른 항공사에서 콘티넨털항공으로 자리를 옮겼다고 말하는 사람이 적지 않았다. 그렇게 함으로써 그들은 리더십 기술을 기르는 한편 항공 산업에 대한 지식을 깊이 쌓았다고 말했다. 어떤 면에서 베튠은 사람들이 무언가를 배우기 위해 따르고 싶어 하거나, 아니면 적어도 동조하고 싶어 하는 리더에 가장 가깝다. 어떤 면에서 베튠의 최대 강점 가운데 하나는 자기 팀을 대등한 사람들의 팀으로 생각한다는 것이었다. 사실 베튠은 실권을 쥐고 있었고 최종 결정권자이기도 했지만, 독재자는 절대 아니었다. 첨단산업인데다가 위험이 큰 상업용 항공 업계에서는 조종사가 400명의 승객으로 꽉 찬 비행기를 시속 1천 킬로미터 정도의 속도로 조종하고 있을 때 CEO의 생각이 끼어들 여지가 딱히 없다는 걸 CEO도 안다. 항공사에서 일하는 사람은 누구나 공동 목표를 위해 자신의 힘과 판단력을 총동원해서 본인의 임무를 다해야 한다. 목표를 정하고 직원들이 그 목표를 이루게 하는 베튠의 리더십 스타일은 상호 존중에 바탕을 두었기 때문에 힘이 있었고 성공을 거두었다.

어떤 유형의 리더에게나 지지자가 있지만, 베튠 같은 리더가 가장 가치 있는 리더다. 베튠 같은 리더가 조직을 발전시키는 이유는 상호 존중과 학습, 공동 목적 수립이 리더가 하는 모든 활동의 토대임을 알기 때문이다. 이런 리더는 또 개방적이고 조직 구성원들과 공동 목적을 공유하기 때문에(보상을 공유하는 것은 말할 것도 없고) 구성원들이 발전할 수 있고 조직을 위해 기꺼이 희생하는 환경을 조성한다.

베튠 같은 리더는 권력을 행사하도록 신이 내려 준 권리가 자신한테 있는 것도 아니고(베튠은 군대에서 정비병으로 경력을 시작했고 명문대 졸업생도 아니다), 고도로 정치화되거나 독이 되는 환경에서는 권력을 효과적으로 행사할 수 없다는 것도 안다. 오히려 이러한 리더는 자신의 권력이 다른 사람의 능력과 기회를 증진하는 데서 나오고, 또 조직의 진로를 방해할지도 모르는 장애물을 치워 주는 데서 나온다는 걸 안다.

결국 콘티넨털항공에서 베튠의 저력은 단순히 그가 조직 구성원들을 대하는 방식에서 나온 것이 아니었다. 베튠의 저력은 그의 리더십 방식이 경쟁사보다 더 뛰어난 성과를 낳고, 승객과 주주와 직원을 위한 가치를 창출한 데서 나온 것이었다. 내가 보기에 리더십은 공동 목적을 수립하는 것이 중요하지만, 뛰어난 성과를 내는 것 또한 중요하다. 궁극적으로 팀이 느낄 수 있는 가장 행복한 순간의 하나는 팀원들을 포함한 모든 이의 기대치를 뛰어넘는 성과를 낼 때니까 말이다.

팀이 기대 이상의 목표를 달성하는 데 도움을 주는 리더는 팀원을 뽑는 데 전혀 어려움을 겪지 않는다. 당연하지 않은가? 신의가 더는 과거와 같은 미덕이 아닌, 자유계약제 형태의 새로운 고용 계약이 성행하는 세상에서 어느 조직의 가장 잘나가는 팀의 일원이 된다는 것은 앞으로 스카우트 제의가 끊이지 않을 것임을 뜻한다. 일례로 GE에서 잭 웰치의 뒤를 이을 것으로 점쳐진 2인자 세 사람이 모두 대기업 CEO가 된 것은 놀라운 일이 아니다. 위대한 리더와 함께 위대한 팀에서 일하는 것은 개인의 경력에 날개를 다는 일이다.

## 폴로어십보다 협력, 협력보다 동조

무언가를 배울 수 있는 리더와 함께 일하는 것보다 훨씬 더 중요한 것은 여러분이 공유하는 목적을 가진 리더와 함께 일하는 거라고 매코비는 주장한다. 요즘처럼 상호작용이 활발한 세상에서는 사람들이 누군가를 따르는 데 과거보다 훨씬 무관심하다. 요즘처럼 지식으로 움직이는 사회에서는 사람들이 누군가를 따르기보다 협력하길 원한다고 매코비는 주장한다.

오래전, 사람들이 경력 대부분을 한 회사에서 보내던 때에는 상사가 시키는 일을 해냄으로써 승진할 수 있었다. 그 당시에는 모든 사람이 전자적으로 또 웹으로 함께 연결되기 전이라 지식의 민주화가 이루어지지 않았다. 조직의 맨 윗사람들은 정보를 공유하기보다 정보를 개발해서 간직해 두었다가 조금씩 나누어 주었다. 부즈앤컴퍼니의 선임 전략 파트너인 척 루시어에 따르면 당시에는 지식 공유를 자연스럽게 여기지 않았다. 적어도 1990년대 초까지 조직의 구조는 리더가 있고 폴로어가 있었다. 그리고 거의 당연히 폴로어는 리더보다 정보가 훨씬 적었다. 폴로어는 리더가 자신보다 더 많이 아는 걸 당연하게 여겼기 때문에, 가끔은 자신이 동의하지 않는 명령을 따르면서 리더가 더 많이 아니까 이런 명령을 내리는 거라고 스스로 타일러 가며 정당화하곤 했다.

정보가 아주 널리 퍼져 있어서 어디서나 이용할 수 있는 지금, 그러한 모델은 시대착오적이고 통제를 앞세우는 조직에서나 존재할 뿐이다. 오늘날 대다수 조직에서는 사람들이 풍부한 정보를 가지고 있다. 또 정보를 다루는 조건이 과거 어느 때보다 공평해서 협력이 폴로어십보다 훨씬 적절한 업무 관계다.

그런데 나는 맥코비의 주장을 한 발 더 밀고 나간다. 나는 업무 관계를 정의하는 데 협력보다 동조라는 개념을 좋아한다. 그 이유는 동조란 대등한 개인들 그리고 공동 목표를 추구해 자발적으로 행동하는 개인들 사이에서 일이 이루어지는 걸 뜻하기 때문이다. 따지고 보면 이것이 바로 조직이 형성된 이유이기도 하다. 개인이 혼자서 감당하기에는 역부족인 목표를 달성하기 위해 조직이 생겼다는 말이다. 동조라는 개념은 어렵지 않게 이 사실에 대해 주의를 환기시킨다.

협력과 동조는 미묘한 차이가 있거나 혹은 말만 다른 것처럼 보일지도 모르지만, 새로운 고용 계약이 보편화한 시기를 묘사하기에는

'동조'라는 말이 잘 맞는 것 같다. 내가 이렇게 말하는 이유는 조직 구성원들이 조직의 소유도 아니고 도제살이를 하는 것도 아니기 때문이다. 그들은 자유롭게 합류하고 자유롭게 떠난다. 그리고 협력은 거래나 프로젝트와 관련된 어감이지만, 동조는 장기적인 과제에 개인이 자발적으로 참여하는 걸 암시하는 좀 더 깊이 있는 개념이다.

## 리더의 세 가지 유형

맥코비는 조직에 세 종류의 리더십 역할이 있다고 말하는데 이 견해에 나도 동의한다.

- 전략형 리더
- 실무형 리더
- 다리 건설형 리더

전략형 리더는 장기적인 관점에서 생각하고 계획을 세우는 조직 내부 사람이다. 이러한 유형의 팀 리더는 예컨대 CEO나 사업부 대표를 맡고 있으면서 팀원들과 협력해 기업의 전반적인 목표를 정한다. 그리고 이 일을 선장처럼 해낸다. 배가 어떤 목적지로 가야 하고, 어떤 항로를 선택해야 하고, 목적지에 닿으려면 연료가 얼마나 필요한지를 결정하기 위해 선장이 항법사를 비롯한 여러 선원과 협력하면서 계획을 세우듯이 한다는 것이다.

전략형 리더는 일반적으로 먼 미래를 생각할 수 있다. 대체로 분석력 있고 숫자에 밝은 사람이 많다. 이들이 만일 기술을 다루는 일을 한다면 현재의 기술만 아는 것이 아니라 그 기술이 어떻게 진화하고 무엇이 그 기술을 대체할지도 알고 있다. 세일즈포스닷컴의 창업자 마크 베니오프 같은 사람이 그러한 예다. 그가 오라클에서 일하던 때는 데스크톱 시대였는데 이때 그는 네트워킹 시대가 올 것을 내다보았고, 네트워크 시대에는 웹 기반 애플리케이션 시대가 올 것을 예견했다. 또 웹 기반 애플리케이션 시대에는 클라우드 컴퓨팅 시대가 올 것으로 전망했다.

가장 우수한 전략형 리더는 미래가 어디로 갈지 또 어떻게 갈지를 알고 있다. 나는 이들을 정말 높이 평가하는데, 이들 가운데 다수는 놀이하는 기분으로 변화를 바라본다. 이들은 미래에 닥칠 도전을 일찌감치 알아내려고 이리저리 궁리하는 걸 좋아한다.

보통은 CEO가 이끄는 팀이 전략형 리더십 역할을 맡지만, 전략형 리더는 최고위 직급만이 아니라 훨씬 더 많은 직급에서 필요하다. 카니발크루즈에서는 미키 애리슨 회장이 최고위 전략형 리더겠지만, 다른 사람들도 전략적 책임을 지고 있다. 예를 들어 브랜드 관리, 인재 관리, 엔터테인먼트 이사도 각각 전략적 역할을 맡고 있다.

군대의 전반적이고 포괄적인 전략 운영은 국방장관의 소관일 것이다. 하지만 장관 외에도 다양한 작전 구역을 책임지는 장군들이 있고, 전투가 한창일 때에는 전략적 역할을 맡는 하사관들도 있다. 중요한 것은 전략형 리더가 모든 직급에서 필요하다는 것이다.

내가 아는 가장 똑똑한 전략형 리더의 한 사람인 마이클 밀켄은 기업을 경영한 적이 없다. 1980년 드렉셀번햄램버트에서 전성기를 보낼 때 그는 기업 수백 곳에 신용대출을 제공해 그들 기업이 세운 계획을 밀고 나가도록 도와주었다. 그 과정에서 밀켄은 각 기업이 자신들의 선택권을 평가하고, 새로운 자본구조를 짜고, 목표 시장에 집중하도록 도와주었다. 그렇게 함으로써 기업들은 그가 제공한 펀드를 케이블TV 산업, 휴대전화 산업, 현대식 주택건설 산업, 게임 산업을 창조하는 데 썼다. 산업을 창조하려면 세계가 어디로 가고 있는지를 읽어 내는 장기적인 시각이 필요하다. 다른 리더들이 꿈을 추구할 수 있도록 2천억 달러의 자본을 제공하고 미래에 대한 상세한 분석적 조언을 해주려면 해박한 지식과 세계가 나아가는 방향을 파악하는 감각이 필요하다. 하지만 밀켄은 CEO를 지낸 적도 없고, 기업의 회장이었던 적도 없다. 그는 뉴욕에 본사를 둔 기업의 베벌리힐스 위성 사무실에서 부서장으로 일했다. 전략형 리더십은 모든 곳에, 또 조직의 모든 직급에 있어야 한다.

실무형 리더의 역할은 전략형 리더와는 아주 다르다. 실무형 리더는 열차가 제시간에 다니게 하고, 적절한 제조 과정을 보장하고, 물류 시스템이 돌아가게 하고, 기술자를 잘 훈련하고, 트럭이 목적지에 도착하게 한다. 어떤 조직은 전략형 리더십보다 실무형 리더십을 강조한다. 어떤 조직은 그 반대로 한다. 하지만 전략형 리더처럼 실무형 리더도 조직의 성공에 꼭 필요하다.

거의 독점체제였던 예전의 AT&T가 1984년 분할되기 이전의 전화 산업처럼 변화 속도가 느린 산업에서는 전략보다 운영이 훨씬 중요했다. 분할되기 전(모기업 격인 AT&T는 마벨, AT&T에서 분리된

시내전화 사업자들은 베이비벨이라 함) 마벨은 사실상 경쟁상대가 없었고 전화요금은 주 단위로 정해졌다. 그리고 누구도 마벨보다 뛰어난 혁신을 이뤄 이 회사를 업계에서 밀어내려 하지 않았다.

그러한 환경에서 중요한 것은 운영의 우수성이었다. 시스템과 전화망이 설치되다 못해 과잉 설치되었다. 마벨을 운영한 실무형 리더들의 목표는 사용자가 아무리 많아도 시스템이 절대 장애를 일으키지 않게 하는 것이었다. 그래서 마벨의 운영 전문가들은 음성 통화량이 아무리 많아도 완벽하게 작동하도록 전체 시스템을 설계했다. 엔지니어와 기술자, 시스템 설계자들에게 예전의 AT&T보다 더 좋은 직장은 없었다. 그곳에서 일하는 것은 실무형 리더의 꿈이었다.

AT&T가 분할되자 상황이 달라졌다. 실무형 리더보다 전략형 리더가 실권을 갖는 MCI 같은 새로운 경쟁자가 등장했고, 이러한 리더십 변화에 마벨은 비틀거렸다. MCI, 베이비벨, 그리고 스프린트 같은 신생기업들이 AT&T의 자리를 더욱 파고들었다. AT&T가 잃어버린 시장점유율을 일부 되찾게 되는 데 10년이 넘게 걸렸다.

왜 그렇게 오래 걸렸을까?

AT&T는 수많은 합병이 필요했다. 더 중요한 것은 실무형 리더십을 새로운 전략형 리더들로 대체할 필요가 있었다는 점이다. 일단 그러한 전환이 완료되자 이 회사는 다시 한 번 성장하기 시작했다.

이와는 대조적으로 리먼브러더스 같은 월가의 대기업에서는 실무형 리더십이 몹시 부족했다. 이 회사의 최고위층은 우수한 교육을 받고 지능이 높고 전략적 사고에 뛰어난 사람들이 즐비했다. 그리고 이들은 회장 겸 CEO인 딕 펄드와 긴밀하게 협력했다. 시간이 갈수록 리먼은 성장했고 미국에서부터 유럽과 아시아, 그리고 마침내 중동까지 사업 범위를 확장했다. 리먼은 세계 시장의 증권화된 모기지 사업과 파생상품 거래에서 큰 몫을 차지했다.

이 회사는 전략적 비전은 풍부했지만 실무형 리더십이 부족했다. 모기지 사업을 따내고 유지하기 위해 이 회사는 큰돈을 빌리기 시작했고, 결국엔 자기자본의 44배나 되는 돈을 빌리게 되었다. 평균 나이 68세인 리먼의 이사 11명은 대부분 전략형 리더였고 실무형 리더가 거의 없었다. 나야 68세의 이사들한테 나쁜 감정이 있을 턱이 없지만, 문제는 그들이 최신 감각을 유지하고 있느냐 하는 것이다. 1990년에 활동한 금융 전문가는 온갖 새로운 금융상품이 시장에서 거래되는 지금, 자신의 기술 대부분이 시대에 뒤떨어졌다고 느낄 것이다. 그런 탓에 리먼의 이사회는 엉뚱한 바늘의 움직임을 지켜보면서 환호했다. 수익과 이윤이 증가하면 환호했지만, 위험이 증가하는 것은 외면했다. 그 결과 2000년대 초 월가의 여러 다른 기업처럼 리먼도 차차 세상에서 잊히게 되었다.

기업의 일생에서는 시기별로 다른 유형의 리더가 필요하다. 조직들은 구식이 된 기업구조와 조직구조에 너무 오래 집착하는 경향이 있듯이, 엉뚱한 유형의 리더에게 너무 오래 집착하기도 한다. 조직은 그들이 마주한 도전을 평가한 다음 거기에 맞게 인력을 배치해야 한다. 치열한 경쟁을 벌이는 시기에는 기업의 전략형 리더십이 들려주는 조언을 더 중시하는 쪽이 현명하다. 다른 때에는 조직의 실무형 리더십이 들려주는 지침을 더 중시해야 한다. 하지만 때로는 이 두 종류의 리더십을 똑같이 중시해야 한다.

그 밖에 맥코비는 이른바 '다리 건설자'라는 또 다른 유형의 리더십 역할을 제시한다. 미국에서는 다리 건설자가 항상 리더로 간주되지는 않는다. 이들은 사람들을 서로 연결해 주고, 지식과 정보를 전해 주고, 무언가를 소개하고, 다른 사람들이 각자의 목표를 이루도록 도와주는 사람이다. 이를테면 벤처 자본가가 다리 건설자다. 이들은 파트너들한테서 자본을 모아 다른 사람들, 예컨대 전략형 리더와 실무형 리더의 꿈을 이루게 해주려고 고안된 프로젝트에 파트너들을 대신해 투자한다.

개척자 격인 벤처 자본가 아서 록은 애플의 공동 창업자 스티브 잡스와 스티브 워즈니악에게 자본을 대줌으로써 다리 건설자 구실을 했다. 또 페어차일드반도체, 인텔, 텔레다인, SDS Scientific Data Systems 창업자들에게 창업 자금을 대주었을 때도 마찬가지 구실을 했다. 록을 비롯한 벤처 자본가들은 사람들을 서로 연결해 준다. 하지만 그들이 추구하는 것이 자신의 꿈이거나 전략인 경우는 좀처럼 드물다. 대신 그들은 무언가를 이루어 내도록 사람들을 이어 준다.

다리 건설형 리더 역시 조직에서 굉장히 중요하다. 앞에서 언급했듯이 로버트 켈리와 재닛 캐플런의 벨연구소 조사 결과는 관계망을 구축하고, 측면적(수평적)으로 일하고, 팀을 결속하는 능력이 모든 팀의 성공에 중요한 요소임을 보여 준다. 켈리와 캐플런의 연구가 일러 주듯이 전략형 리더 그리고 실무형 리더와 긴밀히 협력하는 다리 건설자는 리더십과 변화를 위해 엄청난 힘을 발휘한다. 다리 건설자는 기업과 개인 사이의 협력을 조성하는 데도 아주 능숙하다.

다리 놓기가 얼마나 중요할까? 빌 클린턴이 미국 대통령에 출마

했을 때 그에게는 5만 명의 연락처를 담은 명단이 있다고 알려졌다. 이들 한 사람 한 사람은 클린턴이나 그의 측근이 전화를 걸어 도움을 요청하면 다른 사람한테 전화를 걸어 줄 수 있었고, 그 사람은 다시 다른 사람한테 전화를 걸어 줄 수 있었다. '빌의 친구들' 5만 명이 얼마나 많은 비용과 시간과 노력을 클린턴의 대통령 선거 운동에 보태 줄 수 있었을까를 생각해 보라. 조지 부시와 버락 오바마도 클린턴의 적극적인 다리 놓기 기법을 배웠다.

## 내게 맞는 리더 역할

전략형, 실무형, 다리 건설형 리더라는 세 가지 리더십 역할 모두 공동 목적 조직을 만드는 데 아주 중요하다. 목표를 정하고(전략형 리더십), 그 목표를 이루는 데 필요한 모든 일이 제대로 이루어지게 하고(실무형 리더십), 다들 같은 목표를 이루기 위해 협력하게 하는(다리 건설형 리더십) 조치야말로 모든 노력이 성공하는 데 필수적이다.

사실 이러한 명칭들은 타당성이야 충분히 있지만 절대성이 있는 건 아니다. 전략형 리더라고 해서 전적으로 전략적인 일이나 사람이 있는 건 아니라는 소리다. 또 오로지 실무적이거나 다리 놓기만 하는 역할이 조직에 있는 것도 아니다. 사람이든 조직이든 이 세 가지 특징을 다 가지고 있다. 다만 그 가운데 더 두드러지게 나타나는 특징이 있을 뿐이다.

과거, 그러니까 1990년대에는 '사람은 선천적으로 전략적'이라고 생각했다. 사람들이 실무적 역할이나 다리 놓기 역할에는 맞지 않는다는 뜻이었다. 이러한 관점은 각 유형의 리더가 생각하는 것이 다르고, 또 가령 실무형 리더의 정신구조는 다리 건설자나 전략형 리더의 정신구조와 아주 달라서 아무리 많은 훈련을 해도 한 가지 유형의 리더를 다른 유형의 리더로 변화시킬 수 없다는 믿음에 바탕을 두고 있었다. 물론 사람은 저마다 강점과 약점이 있다. 하지만 나는 한 가지 형태의 리더십에 뛰어나다는 것이 다른 형태의 리더십은 엉망인 것을 뜻한다고는 생각하지 않는다.

캐나다 출신의 정신분석학자이자 조직 행동학 연구자였고 사려 깊은 리더십 연구자이기도 했던 엘리엇 자크는 어떤 사람이 어떤 유형의 리더십 역할을 맡을 수 있을지를 결정하는 중요한 요인은 그 사람이 얼마나 먼 미래를 생각할 수 있는지와 관련이 있다고 생각했다. 자크에 따르면 우리가 얼마나 먼 미래를 생각할 수 있는지는 우리 안에 프로그램되어 있다.

자크는 대기업의 CEO로 성공하려면 어림잡아 20년 앞을 전략적으로 생각할 수 있어야 한다고 보았다. 그 이유는 5~10년의 투자 주기로 움직이는 IBM, GM, 도요타, 인텔 같은 대기업에서는 경쟁 상대를 앞서기 위해 그만한 시간 범위를 뛰어넘어 생각할 수 있는 리더가 필요하기 때문이다. 유효 수명이 10~15년인 칩 생산 공장에 투자한다면, 리더는 경쟁사를 앞서기 위해 착공 즉시 그 공장의 유효 수명 이후를 생각해야 한다.

여러분이 장기 전략을 계획하는 CEO라면 미래를 생각할 수 있는 능력이 필요하겠지만, 여러분이 영업사원이라면 그러한 능력이 오히려 방해될 수 있다. 영업사원으로 성공하려면 앞으로 며칠, 아니 어쩌면 몇 주만 생각해야 한다고 자크는 주장했다. 그보다 더 긴 시간 범위는 사실상 여러분을 탈선시킬 수 있다.

**리더십에 필요한 시간 범위**

- 워렌 버핏: 무제한(늘 기업을 인수하고 좀처럼 매각하지 않음)
- 포천 500대 기업 CEO: 20년(기업 설립, 인수, 매각)
- 최고기술책임자: 10년(연구실 단계부터 기술 구현까지)
- 영업이사: 1년(연간 보너스 지급 기간)
- 영업사원: 1~3개월(영업 할당량)
- 회계이사: 하루(계정 결산)
- 회계 담당자: 다음 휴식 때까지

여러 직종이 대체로 종 모양의 곡선을 따라 분포되어 있는데 이 가운데 소수 직종만 20년이라는 시간 지평이 필요하고, 또 다른 소수 직종은 몇 시간 또는 며칠 정도의 시간 지평이 필요하다. 대다수 직종은 시간 지평이 1년에서 약 5년 범위에 해당하는 가운데에 모여 있다. 의사 특히 응급실 의사는 몇 분이나 몇 시간 혹은 며칠이라는 아주 짧은 시간 지평으로 일한다. 기자는 며칠이나 몇 주의 시간 범위로 일할 것이다. 변호사는 몇 달이나 1~2년의 시간 범위로 일할 것이고, 도로를 건설하는 토목기사는 2~5년의 시간 지평으로 일할 것이다. 이러한 시간 범위에 따라 전략형, 실무형, 다리 건설형 리더 역할이 있는 것이다.

자크는 미래를 생각하는 능력을 후천적으로 배울 수 있다고 믿지 않았다. 그러한 능력은 타고나는 걸로 생각했다. 그래서 탁월한 영업사원이 승진해서 CEO가 되면 실패할지도 모르고, 대기업 CEO 재목인 사람이 단기적 사고를 중시하는 영업을 하면서 승진해야 한다면 절대 CEO가 못 될지도 모른다고 믿었다.

자크가 1970년대와 1980년대에 선구적 연구를 한 이후에 분명해진 사실이 있다. 사람들은 자크가 생각했던 것보다 훨씬 적응을 잘한다는 것이다. 사람마다 가장 편안하게 느끼는 특정 시간 범위가 있을 수는 있지만, 그래도 자신이 맡은 일에 따라 더 먼 미래나 더 가까운 미래를 생각하는 데 익숙해질 수 있다.

그뿐만 아니라 전략적 사고가 뛰어난 사람도 실무형 리더 역할과 다리 놓기 역할을 배울 수 있다. 물론 전략형 리더 역할을 다른 역할보다 더 편안하게 느낄 수는 있겠지만 말이다. 중요한 것은 사람들이 생각보다 훨씬 적응을 잘한다는 것이다.

## 새로운 리더십 기술을 익히자

나는 모든 직급에서 리더십이 필요하다고 굳게 믿는다. 전략형, 실무형, 다리 건설형 리더십 역할은 조직이 순조롭게 돌아가는 데 모두 중요하다. 사람들은 적절한 훈련을 받아 각 유형의 리더십 역할에 필요한 기술을 배울 수 있고 이를 각자의 리더십 기술 목록에 추가할 수 있다. 조직 개발 전문가 캐런 워너는 특별히 고안한 '네트워킹 카드' 한 벌을 이용해 실무형 리더와 전략형 리더가 다리 놓기 기술을 기르는 데 도움을 주고 있다. 하버드 경영대학원 교수를 지낸 프랭크 세스페데스는 다리 건설자와 실무형 리더가 더 크고 더 미래 지향적이고 전략적인 시각을 기르는 데 도움을 주고 있다. 또 여러 학교와 연수원, 워크숍에서는 실무형 리더십을 갈고닦는 데 도움을 주고 있다.

중요한 것은 사람마다 가장 편안해하는 리더십 분야가 있기는 하지만, 또 다른 유형의 리더십 기술을 익힐 방법도 있다는 것이다. 우리는 새로운 리더십 기술을 익혀서 우리가 잘할 수 있는 리더십 행동 목록에 추가할 수 있다.

– 11장 –

# 다른 세대, 다른 가치관, 다른 리더십

## 최신 세대 이해하기, 하나

소크라테스 시대 이후로, 어쩌면 그 이전에도 사람들은 각각의 신세대 근로자와 그들의 성향에 대해 불만을 터뜨렸다. 베이비붐 세대인 나는 X세대와 Y세대가 지금 그렇듯이 우리도 꽤 많은 비판을 받았다는 사실을 증언할 수 있다. 우선 우리 베이비붐 세대는 1960년대 말과 1970년대에 노동시장에 들어갈 때 당시의 기준을 따르지 않는다고 부모님 세대한테 야단맞았다. 우리는 지금 또다시 비난받고 있는데, 이번에는 자녀 세대에게 받는 것이다. 우리가 노동시장에 너무 오래 남아 있어서 자신들의 앞길을 가로막고 있다는 것이다! 베이비붐 세대가 하나의 현상이었던 이유는 다름 아닌 세대의 규모 때문이었다. 인구통계학에서는 이 세대가 인구 증가 그래프에서 툭 불거져 나왔다고 해서 비단뱀 속에 들어간 돼지라고 부른다. 오늘날의 X세대는 베이비붐 세대보다 규모가 훨씬 작고, Y세대가 X세대보다 크지만(때로는 이들을 에코붐 세대 혹은 밀레니엄 세대라고 부른다) 이

두 세대는 베이비붐 세대와 차이가 있고 또 그들끼리도 서로 다르다(문학과 언론에서는 이 주제가 최근 약방의 감초가 된 듯하지만, 나는 워렌 베니스의 동료인 제이 콩거 서던캘리포니아대학 교수의 연구에서 이런 세대 차이에 대해 처음 알게 되었다).

X세대와 Y세대에 대해 일반적으로 통용되는 이야기가 여러 가지 있다. 우선 두 세대 모두 이전의 어느 세대보다도 아마 기술을 다루는 솜씨가 뛰어날 것이다. 또 두 세대 모두 베이비붐 세대보다 집단지향적인데, Y세대가 특히 그래서 이들은 어디를 가든지 몰려다니는 것으로 보인다.

이들은 또 주의 집중 시간이 더 짧고, 동시에 여러 가지 일을 하는 멀티태스킹에 능하다. 두 세대 모두 이상주의적이고 대의를 중시하는 경향이 있다. 단, Y세대가 X세대보다 더 그렇고 X세대는 돈에 대한 인식이 건전하다.

자신들이 공유하지 않는 사명, 마음에 들지 않는 사업 관행, 사회와 환경 의식이 없는 제품을 다루는 조직에서 일하고 싶어 하지 않는 성향은 X세대보다 Y세대 구성원이 더 강하다. X세대와 Y세대는 베이비붐 세대보다 욕심이 덜한 경향이 있지만, 이는 바뀔 수 있다. 따지고 보면 베이비붐 세대 역시 과거에는 물질주의에 반대하고 정신적이고 이상주의적이라는 평가를 받은 세대였다.

X세대와 Y세대 모두 성별, 인종, 민족 배경, 성 지향성 같은 문제에 대해 이전 세대보다 더 평등주의를 지지하는 경향이 있다. 이들을 비판하는 사람들한테 이들은 '무관심' 세대다. 이들을 옹호하는 사람들한테 이들은 밝은 새 희망이다.

종합해 보면, 젊은 근로자들 특히 Y세대 근로자들은 공동 목적 리더십의 기본 조건을 갖춘 듯하다. 개인 차이를 최대한 존중하는 것이야말로 좋은 출발 지점이다. 게다가 젊은 근로자들 특히 지식근로자들은 새로운 고용 계약이 이미 본격화한 시기에 직장에 들어갔다. 그들은 고용이 결코 언제든지 해고하고 언제든지 떠날 수 있다는 합의에 따른 결정이 아니던 때를 알지 못한다. 고용자와 피고용자, 피고용자와 고용자 사이의 신의가 결코 임의로 쉽게 변하지 않던 때가 있었지만 그때는 그들이 성년이 되기 전이었다.

X세대와 Y세대는 직장에서 실망을 맛보았다. X세대는 닷컴 거품이 일어나던 시기에 성년이 되어 그 거품이 꺼지는 걸 직접 지켜보았다. X세대와 Y세대 모두 9.11이라는 비극적 사건을 겪었고, 이 사건이 정신과 경제에 끼친 영향을 받았다. 두 세대 구성원들은 집값이 뛰어오르는 바람에 자기 집을 마련하기 어려웠고, 집을 마련할 수 있었더라도 주택과 신용 시장의 붕괴를 겪었다. 두 세대는 대공황 이후 가장 심각한 경제침체기에 사회생활을 하고 있었다.

긍정적인 면을 보면, X세대와 Y세대는 최초의 아프리카계 미국 대통령 버락 오바마를 압도적으로 지지했고 자신의 투표가 오바마의 승리로 보상받는 걸 확인했다. 이 승리로 X세대와 Y세대는 정치의 힘을 이해하기 시작했다.

X세대와 Y세대는 부모 세대와 정말 다르다. 세계에서 가장 큰 식품 회사 가운데 한 곳인 타이슨푸드의 회장 겸 CEO 존 타이슨은 기업이 젊은 근로자를 다른 곳에 빼앗기지 않으려면 부모 세대보다 더 많은 다양성을 경험하게 해주어야 한다고 말했다. 그 이유 가운데

하나로 타이슨은 젊은 리더들이 부모 세대보다 훨씬 많은 선택권과 오락거리를 즐기며 자란 점을 들었다. 부모 세대와는 달리 젊은 근로자들은 컴퓨터, 비디오 게임, 휴대전화, TV와 함께 자랐다. 때로는 이 모든 걸 한꺼번에 이용하기도 한다. 그뿐 아니라 그들 다수가 운동과 방과 후 프로그램 같은 잘 짜인 활동을 했다. 그 결과 젊은 근로자들은 더 많은 다양성과 더 풍부한 자극을 기대하고, 이 모든 것을 좀 더 짧은 시간 범위 속에 다 집어넣는다.

타이슨은 이를 젊은 사람들이 판에 박힌 생활을 한다고 느끼지 않게 해주어야 한다는 뜻으로 풀이한다. "이 친구들은 여가에 취미 생활을 할 수 있어야 해요. 주말에 록 밴드에서 연주할 수 있어야 해요." 20대와 30대 그리고 약간 더 연장자들도 꼭 한 번에 한 가지씩 차례로 일을 하지는 않는다고 타이슨은 말했다. 그들은 여러 가지 일을 동시에 한다. "그들이 흥미를 잃지 않게 해주어야 합니다."

### 최신 세대 이해하기, 둘

공동 목적 리더십은 가장 기본적인 차원에서 조직 구성원들을 개인으로 인정해 주는 것이 중요하다. 그들이 젊은지 아니면 나이가 들었는지, 주말에 밴드에서 연주하는지, 철저히 집중하는지 아니면 동시에 여러 가지 일을 하는지, 활동적인 사람인지 아니면 책벌레인지는 중요하지 않다. 공동 목적 리더십의 출발점은 개인 차이를 존중하는 것이고, 이어서 개인의 장점을 인정해 주는 쪽으로 나아간다. 공동 목적 리더십은 개인들이 동조해 목표를 달성하는 것이란 점에서 서로의 약점을 보완해 주는 것 역시 중요하다.

베이비붐 세대인 내가 보기에 X세대와 Y세대는 베이비붐 세대와 다르게 자랐다. X세대와 Y세대 구성원 다수는 보육 시설이나 어린이 조기교육 시설에 다녔고, 그래서 아주 어릴 때 각양각색의 아이들을 폭넓게 만났다. 그들 다수는 부모가 학교생활과 방과 후 프로그램, 일상생활에 신경 써 주었다. 그 결과 이들은 이전 세대들보다 사교적이고 집단지향적으로 성장했다. 이러한 집단지향성은 X세대와 Y세대에게 커다란 이점이 되었고, 이들이 적응력을 갖게 해주었다. 이들이 소속 집단의 가치관을 의식하게 된 것도 집단지향성의 영향이다. 게다가 이들은 어릴 때부터 기술과 친해져 기술을 잘 다루고 멀티태스킹을 잘한다.

국방부의 군사력 변혁 책임자였던 세브로스키 부제독의 초청을 받아 몇몇 장군이 참석하는 회의에 갔을 때 한 장군이 휴식 시간에 내게 한 말이 기억난다. 그는 신병들이 편안하게 느끼도록 국방부가 탱크 같은 장비의 조종 장치를 비디오 게임에 좀 더 가깝게 다시 설계해야 했다고 밝혔다. 그는 탱크의 내부도 멀티태스킹 환경으로 설계된다고 설명했다. "나는 이해가 안 돼요" 하고 그 장군은 인정했다. "그런데 제 딸이 숙제하는 걸 지켜봤어요. 이 녀석은 제 방에서 TV를 켜 놓은 채 책을 읽는가 하면, 친구한테 문자를 보내고 노트북 컴퓨터로 인터넷 검색을 하는 거예요. 성적이 좋으니까 그냥 두지, 안 그러면 못 하게 할 거예요. 그런데 그게 요즘 아이들 방식인 거죠. 사정이 그렇다면 우리 무기 체계도 멀티태스킹 할 수 있게 설계해야 하는 거고요."

10년이 넘은 책 제목을 빌려 표현하면, 하이테크와 하이터치의 이러한 혼합이 X세대와 Y세대 리더들을 키워 낸 방식이다. 이러한 방식으로 그들은 생각한다. 또 이러한 방식으로 그들은 이끈다. 그리고 아직 단정 짓기는 이를지 모르지만 X세대와 Y세대는 부모 세대보다 물질을 중시하지 않는 것으로 보인다. X세대와 Y세대 다수가

**X세대와 Y세대 리더의 특징**

- 부모 세대보다 컴퓨터를 잘 다룬다(하지만 그들이 일부 베이비부머처럼 쇼트 블록 쉐보레 엔진을 분해할 수 있는지는 의문이다).
- 구세대 근로자보다 다양성을 훨씬 반긴다.
- X세대가 직장에 들어간 시기가 1991년 경기침체, 닷컴 거품 폭발, 9.11, 그리고 엔론 사태가 일어난 때라 이들은 필요 이상의 회의적 시각을 지니고 있다.
- Y세대는 주의 집중 시간이 짧고 쉽게 지루해한다.
- Y세대는 환경보호 의식이 강하다.
- X세대와 Y세대는 자신이 공감하는 사명을 가진 조직에 들어간다.
- X세대와 Y세대는 집단에 소속되어 있을 때 편안하게 느낀다.
- X세대와 Y세대는 베이비붐 세대만큼 물질주의를 추구하지는 않는다. 물론 베이비붐 세대도 처음부터 물질을 중시하지는 않았다.

적어도 경력을 시작할 때는 '미국을 위한 교육' 같은 비영리조직에서 일하는 데 관심을 두고 있다.

X세대와 Y세대 구성원들은 리더가 될 독특한 자격을 갖추었다. 하지만 운명적인 여러 사건과 경제 상황 탓에 아직 리더십을 발휘할 기회를 잡지 못했다. 다수가 월가에 고용되었지만 2007년부터 경제가 침체에 빠지자 결국 해고되었다. 그 밖의 사람들은 경제가 위태위태할 때 전통 산업 분야에서 일하고 있었다.

X세대와 Y세대 구성원들의 경력 경로는 "직선으로 가기보다 갈지자형으로 움직여야" 한다고 존 타이슨은 말한다. 젊은 사람들 특히 X세대와 Y세대 젊은이들은 변화에 익숙하다. 따라서 이들이 조직의 곳곳을 경험하며 여러 집단과 교류하는 가운데 발전하게 하는 프로그램을 마련할 필요가 있다.

X세대와 Y세대는 일에 대한 가치관이 부모 세대와 다르다. 그 이유를 타이슨은 이렇게 설명했다. "그들은 부모 세대가 경력의 오솔길에 들어서서 30년 동안 계속 그 길을 가는 걸 지켜봤어요. 또 그 결과가 썩 좋지는 않았다는 것과 부모 세대가 좌절하는 모습을 지켜보았죠. 그리고 부모 세대가 일할 때보다 일에서 벗어나 있을 때, 예를 들면 주말에 조촐한 바비큐 파티를 열 때 더 행복해하는 걸 지켜보았고요." 이러한 관찰 결과가 일에 대한 X세대와 Y세대의 가치관을 결정하는 토대가 되었다. 그들은 틀에 박힌 생활을 하거나 자신한테 아무런 의미도 없는 일에 갇히고 싶어 하지 않는다. 그들은 물론 숭고한 목적이 없는 조직에서 공동 목적을 창출하고 싶어 하지도 않는다.

여러모로 나는 오늘날의 X세대와 Y세대가 이 세상에서 담당할 중요한 역할이 있다고 믿는다.

베이비붐 세대는 이전 세대들보다 더 오래 일하고 있다. 이들이 은퇴 자금을 충분히 마련하지 못했거나 경기침체 때 뭉칫돈을 잃어서가 아니다. 이들이 더 오래 일하는 이유는 이전 세대들보다 더 건강하고 교육 수준이 높기 때문이다. 또 특정 경제 분야에서 일부 중요한 리더십과 노동력이 부족하기 때문이기도 하다. 베이비붐 세대가 현업에 더 오래 남아 있다 보니 월급봉투가 인생의 전부가 아님을 이 나이 든 동료에게 상기시키는 일은 젊은 근로자의 몫이 되었다. X세대와 Y세대 리더들은 머리가 희끗희끗한 동료의 마음속에 젊음과 이상주의의 불꽃을 다시 붙여 주기에 딱 좋은 세대다. 그 이유는 이들 세대가 다른 세대에 개방적이기 때문이고(Y세대는 보호 성향이 강했던 부모 세대에 특별한 연대감을 느낀다) 또 이들 세대가 다양성을 받아들이기 때문이다.

하지만 X세대와 Y세대는 그들 몫의 운명이 있어서 자신들의 가장 가까운, 나이 든 동료 몇백만 명을 챙기는 데 모든 경력을 바칠 수는 없다. 그렇다고는 해도 그들의 목표 가운데 하나는 아마 포용성과 이상주의라는 그들 세대의 가치관을 지켜 내는 일일 것이다. 조직은 순이익만을 좇을 것이 아니라 그 이상의 것을 지향해야 한다. 혹시 베이비붐 세대가 이 일을 게을리해 왔다면, 이 일을 자신들의 리더십 요소로 받아들이는 것은 이제 뒤따르는 세대 구성원들의 몫이다.

문제는 이들이 하지 않으면 누가 할 것인가 하는 것이다.

## 일과 사생활

일과 사생활을 별개의 범주로 여긴다면 크게 실수하는 거라고 나는 항상 주장해 왔다. 요즘에는 24시간 내내, 또 세계 어느 곳에 있든지 우리를 일과 연결해 주는 다양한 기술이 있어서 일과 사생활이 별개라고 주장하기 어렵다. 일과 사생활은 사실 완벽하게 결합되어 있다. 우리가 일이나 사생활 중 어느 하나에 만족하지 못하면 다른 하나에서도 만족하지 못할 가능성이 크다. 따라서 일과 사생활 사이에 리더십 구별을 짓지 말아야 한다. 우리가 가족 그리고 친구와 함께 있을 때 지지하는 가치가 동료와 함께 있을 때 지지하는 가치와 같아야 한다.

조직에는 커다란 목표를 추구하면서 우리가 벌이는 여러 활동이 조화를 이루게 하려고 우리가 따르는 규칙과 관례와 행동이 있다. 조직은 사무실에 있는 책상이나, 책상 위에 놓인 컴퓨터나, 부품을 틀로 찍어 내는 기계가 아니다. 어떻게 보면 조직은 바로 우리다. 그리고 조직은 우리가 일하는 방식을 체계화하고 구체화한다.

여러 해 전에 내가 시스템 분석을 연구하면서 과학철학자 어빈 라즐로와 함께 일할 때, 우리는 시스템 관점에서 조직에 대해 생각하는 데 많은 시간을 할애했다. 몇 년에 걸친 토론과 논쟁 끝에 우리가 얻은 결론은, 가치관은 선택 사항이 아니라는 것이었다. 가치관은 사실상 조직의 운영 방식이다. 어떤 조직이 구성원들끼리 서로 무시하게 내버려 둔다면, 그러한 행동을 어쩌다 보게 되는 예외적인 일로 여길 수는 없다. 그것은 가치관이다. 어떤 조직이 터무니없이 높은 비율의 차입금을 동원해 투기하는 행동을 용인한다면, 이것은 그 조직의 가치관이다. 어떤 조직이 중역들에게 현실을 제대로 알리지 않아 구제금융을 요청하기 위한 의회 청문회에 CEO가 개인 전용기를 타고 간다면, CEO의 눈과 귀를 가리는 것이 그 조직의 가치관이다.

간단히 말해서 조직의 가치관은 그 조직의 경영 방식과 일치한다. 예외적으로 하는 행동은 없고, 실수로 하는 행동도 없다. 조직에서 허용되는 행동이 그 조직이 가치 있게 여기는 행동이다. 가치관은 말보다 행동으로 훨씬 분명하게 표현된다.

많은 경우에 우리가 일하는 조직은 우리가 사는 집과는 전혀 다른 일련의 가치관을 드러낸다. 하지만 대체로 우리는 집에서 익히는 행동보다 직장에서 익히는 행동을 훨씬 잘 따른다. 그러면서도 자녀에게는 우리가 직장에서 일상적으로 경험하는 행동에 물들지 말라고 가르치는 데 시간을 들이는 것이 보통이다.

리더는 자기 조직이 올바른 가치를 지향하게 해야 한다. 이렇게 말하는 이유는 시스템에 관한 내 초창기 연구에서 얻은 또 한 가지 결론 때문이다. 그 결론은 바로 가치관이 조직의 성패를 가른다는 것이다.

2007년부터 경기침체로 치달으면서 베어스턴스와 리먼브러더스가 사라지고, 메릴린치 같은 기업이 독립성을 잃고, 크라이슬러를 비롯한 여러 기업이 파산했는데, 이들 기업과 조직의 문제는 그들의 (잘못된) 가치관과 그러한 가치관을 바꾸지 못하는 리더의 무능력, 아니 소극적 태도에 원인이 있었다. 조직 구성원들의 욕심, 부주의,

무모한 행동, 편협성, 비타협적 태도는 정전, 치솟는 자원 가격, 변덕스러운 시장보다 훨씬 치명적이다.

가치관이 중요하다. 하지만 여러분이나 내가 조직의 리더에게 그렇게 말한다고 해서 그들이 항상 그 말을 이해하는 건 아니다. 더 안 좋은 것은 리더들이 조직의 가치관 보호에 마음 쓰는 척하는 것일 수도 있다.

리더, 진정한 리더, 특히 X세대와 Y세대 리더의 과제는 가치관의 중요성을 당당하게 옹호하고 일과 사생활은 어쨌든 다르다는 환상을 깨뜨리는 것이다. 오늘날 리더의 목표는 자기 조직이 미래에도 살아남아 번영할 수 있게 하는 일일 것이다. 그리고 그 일을 가치관의 중요성을 증명함으로써 해내야 한다. 경쟁력에 관련된 가치만 중요하다는 것이 아니다. 모든 가치가 중요하다. 긍정적 가치와 조직의 생존 능력을 방해하는 부정적 가치 모두 말이다. 가치관은 간단히 말해서 '우리한테는 우리 방식이 있다'는 것이다. 리더의 과제는 그러한 가치관이 매장에 나온 최신 컴퓨터나 최신 디자인이나 개선된 절차처럼 계속 빛나게, 새롭게, 살아남게 하는 것이다.

– 12장 –

# 부드러운 리더십이 좋다

## 누가 더 중요한 리더인가

어느 쪽이 기업의 성공에 더 중요할까? 유능한 리더일까 아니면 좋은 리더일까? 내가 생각하기에 유능한 인력은 부족하지 않다. 해마다 미국의 경영대학들은 마케팅, 재무, HR 관리, 회계, 일반 관리, 전략, 은행업 분야에서 실력 있는 졸업생을 수만 명씩 배출한다. 해마다 미국의 공과대학들은 건축 시공을 이해하고 토네이도와 화제가 창고에 어떤 영향을 끼칠지 알아낼 수 있는 졸업생을 수만 명씩 배출한다. 게다가 보험업계는 아주 높은 수준에 맞춰 자사 인력을 훈련한다. 두뇌, 타고난 재능, 교육, 훈련이 중요하기는 하지만 이 가운데 어떤 요인도 그것 자체만으로 성공을 낳지는 않는다. 내가 보기에는, 그리고 컬럼비아대학에서 사회지능을 가르치는 윌리엄 베이커 교수가 보기에는, 친절과 배려와 공감이 성공의 주요 요인이다.

우리가 케이스웨스턴리저브대학 리처드 보이애치스 교수의 연구로 다시 돌아가 두려움이 가득한 독이 되는 환경에서는 꽤 많은 문제가 벌어진다는 그의 견해를 고려해 보고, 또 독이 되는 조직에서는 결국 근로자들이 기가 죽고 비생산적이 되고 몸이 자주 아프다는 그의 견해를 고려해 본다면, 친절과 공감과 배려가 팀에 활력을 불어넣는다는 것이 놀라운 일은 아닐 것이다.

하지만 일부에서는 친절과 공감, 배려가 어딘가 좀 허약한 것 같지 않으냐고 물을지도 모른다. 사람이 좋기만 해서야 어떻게 경쟁할 수 있겠는가? 그 대답은 친절과 공감, 배려야말로 위대한 결과를 낳는 강력한 힘이라는 것이다. 리더들이 이러한 정서를 보여 주면 집중력을 흐리고 생산성을 둔화시키는 정서적 독성을 없앨 수 있을 것이다.

배려는 폴로어가 누구인지에 상관없이 중요한 리더십 수단이다. 제1차 걸프전 때 미국과 동맹국들을 이끈 콜린 파월은 이렇게 말했다. "병사들이 자신의 문제를 여러분에게 말하지 않는 날이 바로 여러분의 리더십이 끝난 날입니다. 병사들은 여러분이 도와줄 수 있다는 신뢰감을 잃었거나, 여러분이 아예 상관하지 않는다는 결론을 내린 겁니다. 어떤 경우든 리더십의 실패입니다." 파월의 친절하고 공감하는 리더십 스타일이 임무에 실패하는 걸 뜻하지는 않는다. 오히려 그 반대다. 파월은 쿠웨이트를 침공한 사담 후세인의 병력을 몰아내고, 전략적으로 배치된 압도적인 아군 병력을 이용해 독재자 사담 후세인을 굴복시킬 수 있었다.

공감 리더십의 힘이 널리 알려졌는데도, 리더들은 흔히 너무 머뭇거리며 공감 리더십을 시도하지 못하고 있다. 대신 자신이 진로를 정한 다음 남들이 따라와 주기를 바란다. 혹은 그룹을 이뤄 함께 진로를 결정한다. 그들의 문제는 다른 팀원들도 사람이고, 사람은 제대로 존중받을 때 훨씬 좋은 성과를 낸다는 사실에 충분히 주의를 기울이지 않는다는 것이다.

그렇다고 해서 일부 무리한 요구를 하는 사람들이 있음을 부정하는 것은 아니다. 그런 사람들이 분명히 있다. 그리고 장르네 포르투가 말했듯이 지나친 요구를 하거나, 아무런 공헌도 하지 않거나, 반대를 일삼으며 부정적인 사람들은 틈만 나면 리더의 시간을 모조리 빼앗아 갈 것이다. 단도직입으로 말해서 이런 사람들은 해고해야 한다. 이들은 분열을 일으키고 역효과를 내고 다른 사람의 실적을 떨어뜨린다. 친절한 리더라고 해서 멍청한 리더나 동네북이 되어야 하는 것은 아니다.

**위대한 리더들은 어떻게 하나**

- 긍정적이고 성취지향적인 조직 분위기를 조성한다.
- 독이 되는 정서를 조직에서 제거한다. 단, 맹목적 낙천주의자가 됨으로써 그렇게 하는 것이 아니라 긍정적 방향으로 노력하는 데 집중함으로써 그렇게 한다.
- 만성적으로 부정적인 사람과 조직의 장기적 이익을 위해 창조적인 견해 차이를 보이는 사람을 구분한다.
- 만성적으로 부정적인 사람이 끝내 긍정적으로 변하지 않으면 해고한다.

FM글로벌의 리더들은 친절하고 공감하고 배려한다. 그들이 구내 식당에서 어울리는 방식, 회의하는 방식, 서로의 성향과 단점을 고려해 주는 방식에서 그런 것이 다 보인다. 그들은 팀으로 일하는 개인이다. 그리고 서로의 상황을 배려해 준다.

배려하는 리더는 약하다고 잘못 생각하지 마라. 그들은 약하지 않다. 사실 친절과 공감, 배려는 사람들의 약점보다 강점을 이끌어 낼 가능성이 훨씬 크다. 또 리더가 팀원들을 배려한다고 해서 경쟁상대한테 밀리는 것도 아니다. 실제로 FM글로벌은 경쟁자들이 함부로 대하기 어려운 상대다. 이 회사에서는 너나없이 새로운 사업을 따내고 기존 사업을 유지하기 위해 최선을 다한다. 이것 말고 달리 무엇으로 95퍼센트라는 FM글로벌의 높은 고객 정착률을 설명하겠는가?

이것이 그렇게 생소한 일은 아니다. 군인들은 동료를 위해 기꺼이 자신의 목숨을 걸 정도로 아주 강력한 유대를 형성한다. 군인들이 그렇게 하는 이유는 그들이 같은 방식으로 훈련했고, 같은 임무를 띠고, 같은 위험을 마주하고, 서로의 뒤를 지켜 주는 위치에 자리 잡기 때문이다. 이렇게 해서 한 사람의 성공과 안전이 다른 사람의 행동에 달린, 끈끈한 상호의존 관계가 형성된다. 함께 복무하는 군인들끼리는 친밀한 관계가 형성되고 돈독한 유대가 생겨난다.

상호 배려와 염려에 바탕을 둔 이러한 유대는 인간이 형성하는 가장 강력한 유대에 속한다. 전투 상황에서는 한 병사가 다른 병사를 위해 자신의 목숨을 거는 일이 드물지 않다. 군인들 사이의 유대는 때로 군인과 그 가족 사이의 유대보다 더 강하다. 또 군인들이 서로 이런저런 근심 걱정을 몇 시간씩 이야기하는 것도 드문 일이 아니다. 군인들은 정서적으로 무심하거나 냉담하거나 단절되기는커녕 서로에게 친절하고 또 공감하는 경향이 있다. 제2차 세계 대전 당시 부하들에게 '피와 내장'으로 통한 조지 패튼 장군 같은 리더는 오늘날의 군에서는 찾아보기 어렵다.

최고의 리더는 팀원을 진심으로 배려하는 리더다. 실제로 성공하는 리더의 한 가지 필수 자질은 사람을 좋아하고 사람한테 관심을 두는 거라고 나는 생각한다. 에이브러햄 잘레즈닉 하버드대학 교수가 하버드 경영대학원의 사례연구와 〈하버드 비즈니스 리뷰〉에 최고의 리더는 대개 신경과민의 아웃사이더라고 쓴 글이 있는데, 이러한 그의 생각과 견줘 보면 논쟁의 여지가 있을지 모르지만 그래도 나는 내 주장을 고수해서 최고의 리더는 다른 사람을 소중히 여기거나 아니면 적어도 좋아하고 또 관심을 두는 사람이라고 생각한다.

하지만 성공을 리더십과 혼동하지는 말자. 큰 성공을 거두기는 했지만 사람을 싫어하는 이들을 나는 알고 있다. 몇백만, 어떤 경우에는 몇십억 달러를 벌었지만 사람들한테는 아무런 관심도 없는 투자자와 애널리스트, 컨설턴트, 기업 인수자를 나는 알고 있다. 그들은 사업에서 성공했고 일부는 거물이 되기까지 했지만 리더는 아니었다.

그들은 왜 리더가 아니었을까? 대가를 기대하고 그들을 따를 뿐, 대가가 없으면 아무도 그들을 따르지 않았기 때문이다. 또 그들을 따를 때에도 마지못해 따랐고 등 뒤에서 마구 험담을 해댔다. 사람을 싫어하는 이 거물들이 공통되게 갖고 있던 유일한 목적은 자신들의 은행 계좌를 채우는 것이었다. 또 펀드나 투자 그룹의 실적이 부진한 해에는 이른바 충성스러운 팀원들이 그들 곁을 떠난 것도 공통

점이었다.

살다 보면 이런저런 편의를 좇는 관계를 맺기도 한다. 그런데 다른 이유는 없고 오로지 돈을 벌겠다는 이유만으로 기업에 들어가는, '돈 많이 벌면 됐지 뭐' 하는 식의 관계보다 더 실망스러운 것도 없다.

내가 돈을 싫어하는 건 아니다. 사실 나는 돈을 참 좋아한다. 하지만 회사에 들어가거나 팀에서 일하는 이유가 오로지 돈 때문이라면 그러한 관계에는 뭔가 서글픈 구석이 있다.

일과 사생활은 별개의 영역이 아니다. 또 이 둘은 같은 규율을 따라야 한다. 보이애치스를 비롯한 여러 사람이 지적하듯이, 어떤 유형의 업무 관계는 독이 될 수 있다. 그렇게 되면 집단의 목표가 좌절되고 개인이 고통을 겪을 수 있다. 사람들이 오로지 돈 때문에 일한다면, 그들이 직장을 선택할 때 이용하는 필터는 돈만 많이 준다면 조직에 퍼진 독성을 심각한 문제점으로 걸러 내지 못할 것이다. 그 결과 돈을 좇는 사람은 자신이 간절히 원하는 목적을 이루지도 못하고 결국 자신이 혐오하는 상황에 빠질 가능성이 아주 크다. 그것이 슬픈 진실이다.

## 친절한 리더가 살아남는다

남성적 리더, 즉 주도하고 지배하는 성향의 남녀가 가장 유능한 사람이라고 생각하기 쉽다. 하지만 항상 그런 것은 아니다. 사실 그런 경우는 가뭄에 콩 나듯이 있을지 모른다. 알고 보면 가장 유능한 리더는 팀원들한테서 최상의 기량을 이끌어 내는 사람이다. 이들이 유능한 이유는 조직의 목적이, 개인이 혼자서 달성하기에는 버거운 목표를 이루어 낼 수 있도록 여러 사람의 노력을 조화시키는 것이기 때문이다. 따라서 팀원들이 최선을 다하도록 동기부여를 하고 그들의 길잡이가 될 수 있는 사람이 최고의 리더이자 가장 유능한 리더인 것이 당연하다. 이러한 리더는 높은 성과를 내는 것이 기본인 업무 환경과 조직 환경을 만든다. 이들은 클레이턴더빌리어라이스의 조 라이스가 그렇게 하듯이 서로 존중하는 환경에서 겸손함, 분명한 의사소통, 공통 언어, 실용적인 코칭을 섞어서 그 일을 해낸다. 위대한 리더는 팀원들이 최선을 다하도록 도와주는 사람이다. 그리고 그렇게 함으로써 긍정적이고 활기차고 더 나아가 행복한 조직 환경을 만든다.

바로 그런 리더인 로버트 맥슨은 학생 수 2만8천 명의 라스베이거스대학과 학생 수 3만8천 명의 캘리포니아주립대학 롱비치 캠퍼스 같은 몇몇 초대형 대학을 이끈 교육자로 지금은 레이크 타호에 있는 시에라네바다칼리지 총장인데, 그는 행복이 리더십의 중요한 요소라고 믿는다. 맥슨에 따르면 행복이 중요한 이유는 개인의 에너지를 자유롭게 풀어 줘 충만한 삶을 사는 데 도움을 주기 때문이다. "행복은 마음먹는 거예요." 맥슨의 말이다. "행복해지기로 마음먹으면 여러분의 성취 능력이 향상됩니다."

리처드 보이애치스의 연구 결과가 나오기 전만 해도 맥슨의 관점은 흥미로웠을지는 몰라도 뚜렷한 근거가 없었다. 하지만 보이애치스의 연구 결과가 나온 이후 공감, 친절, 배려, 심지어 행복이 강력한 리더십 수단인 이유가 갑자기 분명해졌다. 이들은 독이 되는 일터의 해독제여서 리더십에 도움을 주는 것이다.

이 말은 한 가지 주된, 그러나 보통은 간과되는 리더의 임무가 조직에 독소가 쌓이지 않게 예방하는 것임을 뜻한다. 리더는 직장의 정서적 분위기에 큰 관심을 쏟아야 한다. 공감하고 친절하고 배려하고 행복한 분위기가 조성되면 좋은 정도가 아니라 직장의 필수조건으로 여기고 말이다.

이렇게 하는 방법 면에서는 역설적으로 리더가 다소 모질어져야 한다. 좋은 소식과 좋은 결과를 마주하고서도 시종일관 부정적인 사람들은 상담과 코치를 받게 해야 한다. 그리고 두 가지 접근방식 모두 효과가 없으면 그때는 그들을 내보내야 한다. 빠르게 성장하는 교육 기업 레볼루션프렙의 공동 창업자 라미트 발마와 제이크 뉴버그는 이 점을 알고 있다. 부정적인 사람들하고는 긍정적이고 발전하는 기업을 만들 수 없다는 걸 그들은 알고 있다.

하지만 우리는 지나치게 관대하기 일쑤다. 이런저런 평가가 항상 팀원의 태도를 고려하는 것도 아니고, 또 고려할 때에도 대개는 비중이 아주 낮다. 그러나 태도는 중요하다. 8장에서 설명한 멘즈웨어하우스의 예가 보여 주듯이 개인의 성과가 항상 집단의 성과를 알려주는 좋은 지표는 아니다. 부정적이고 뒤에서 험담하고 사기를 꺾는 팀원은 자신의 속내를 드러내지 않을 만큼 영리할지도 모르고, 자신이 전체 조직에 끼쳐 온 피해를 감춰 주는 개인 통계, 예컨대 높은 판매실적을 보이고 있을지도 모른다.

한때 내 밑에서 일한 한 친구는 뛰어난 직원이자 팀원이었다. 겉으로는 그랬다. 그는 사려 깊고 염려하고 배려하는 사람으로 보였다. 팀원 모두에게 재치 있는 크리스마스카드와 생일카드를 보내기도 했다. 또 숙련되고 교육 수준도 높고 겉으로 보기에 뛰어난 직원이었다. 하지만 내 등 뒤에서는 다른 사람의 사기를 떨어뜨릴 정도로 부정적인 경향도 있었다. 그는 종종 우리 회사를 안 좋게 말했고 (어떤 회사인지는 밝히지 않겠다) 리더십을 비판했다. 좋았던 옛 시절을 그리워하는가 하면, 우리가 아무리 노력해도 예전만은 못 할 거라는 말을 수시로 들먹인다는 소리가 들렸다. 하지만 내가 지적할 수 있는 확실한 증거는 아무것도 없었다. 이 친구의 말 때문에 기분이 언짢고 심지어 사기가 떨어진다고 내 동료와 팀원들이 가끔 말하기는 했지만 말이다.

그때 회사 회계 책임자 가운데 한 사람이 이 친구의 지출결의서 몇 건을 함께 검토해 달라고 내게 부탁했다. 정말 놀라웠다! 우리가 한 쪽 한 쪽 살펴본 지출결의서는 가짜이거나 부풀려졌거나 정확하지 않았다. 우리는 이 문제를 더 자세히 들여다보면서 이 친구와 일부 우리 공급업체 사이에 뇌물이 오갔을 가능성이 크다는 것도 알게 되었다. 물론 호출을 받은 이 친구는 모든 비용에 대해 설명했다. 하지만 추가 조사를 해본 결과 그의 설명이 모두 엉터리인 것으로 나타났다. 그는 그 자리에서 해고되었다.

나는 지금 부정적인 사람 모두가 조직의 돈을 빼돌리고 있다고 말하는 것이 아니다. 다만 나는 불만을 품은 사람이 조직에 있고, 여러분이 그들의 불만을 처리하고 상담하기 위해 선의의 노력을 하고 있다면, 그들은 아마 조직에 도움을 주기보다 훨씬 큰 손해를 끼치고 있을 거라고 말하는 것이다.

한번은 내가 CEO 후임자 선정 작업을 벌이던, 화려한 명성의 금융 서비스 회사에 컨설팅을 해준 적이 있다. 경쟁이 아주 치열하고 위험이 큰 금융 서비스 분야에 몸담고 있던 몇몇 인물이 후임 CEO 자리를 놓고 경쟁하고 있었다. 후임자 선정 위원회가 구성되었다.

후보자 가운데 한 사람은 기가 막힌 딜 메이커고 사실상 천재라는 평판을 얻고 있었다. 그는 남들보다 훨씬 똑똑해서 다른 사람에 대한 인내심이 없었다. 그래서 퉁명스럽기 예사였고 자기보다 어린 사람은 물론이고 자기 동료까지 무시할 때가 잦았다. 그는 종종 사람들을 주눅 들게 했지만, 후임자 선정 위원회에는 그의 강력한 지지자가 몇 사람 있었다. 그들은 그의 거친 면을 부드럽게 다듬으면 위대한 리더가 될 걸로 생각했다.

후임 CEO가 될 적임자인지 알아보기 위해 내가 그 후보를 처음 면접할 때 그는 나오지 않았다. 한마디로 나를 바람맞힌 것이었다. 딜 메이커의 세계에서는 거래가 면접보다 우선이고, 그래서 나는 개의치 않았다.

두 번째로 내가 그를 만나러 갔을 때 그는 아주 적대적이었다. "우리한테 선생이 왜 필요합니까?" 그가 물었다. "우리가 알아서 결정할 수 있어요. 선생이 있어 봤자 우리한테는 돈만 들죠. 그건 누군가의 돈이나 시간을 잘 쓰는 게 아니에요."

나는 이 사람의 말을 경청했고 금세 수세에 몰렸다. 그는 공격적이고 몹시 호전적이기만 한 것이 아니라 대놓고 무례했다. 사실 나는 그가 CEO 후보에 끼어 있다는 사실에 놀라움을 금치 못하며 그 자리를 나왔다.

"선생님이 이해를 못 하셔서 그래요." 후임자 선정 위원회의 한 위원이 내게 말했다. "그 사람은 천재예요. 다른 회사들이 손해 볼 때 우리한테 이윤을 안겨 준 거래들을 성사시킨 사람이죠. 타고난 금융인이에요."

그래도 나는 이 위원한테 문제의 후보가 여전히 적임자라는 생각이 들지 않는다고 말했다. 사실 나는 그의 태도와 을러대는 능력으로 볼 때 그가 회사를 갈가리 찢어 놓을지도 모른다고 생각했다.

나는 한 달 넘게 이 회사 사람들과 이야기하며 CEO 승계와 관련한 온갖 문제를 충분히 논의했다. 그리고 결국 회사는 내 조언에 귀를 기울여 훨씬 덜 공격적이고, 말솜씨가 더 좋고 친절하고 배려하고, 또 일부에서는 다른 후보보다 조금 덜 똑똑하다고 말할지도 모르는 리더를 선택했다.

이 결정이 나자 그 무례한 딜 메이커는 이 회사를 떠나 자신의 회사를 창업하겠다고 발표했다. 그는 회사를 박차고 나가 길 건너편에 새 회사를 차렸다. 불과 며칠 만에 10억 달러가 넘는 창업 자금을 모은 것이었다. 이렇게 되자 후임자 선정 위원회의 한 위원이 어쩌면 위원회가 잘못된 선택을 한 건지도 모른다는 견해를 내게 밝혔다.

하지만 예상대로 새 회사는 인재들이 끊임없이 들어오고 나가는 회전문이 되었다. 쟁쟁한 사람들을 고용하기는 했지만 오래가지 못했다. 얼마 안 가서 새 회사는 보수는 좋은데 사람대접은 안 해주는 곳이라는 평판을 얻었다. 묘한 역설인데, 천재가 이끈 이 회사는 결국 돈만 생각하고 들어오는 이류급 사람들로 채워지게 되었다. 2년 뒤에 이 회사는 문을 닫았다.

## 가슴으로 이끌기

모든 직급에서 내가 가장 존경하는 리더는 사람들을 배려하고 가슴으로 이끄는 리더다. 이런 리더는 자신의 임무 가운데 하나가 자기 팀과 조직에서 부정적 태도를 없애는 것임을 안다. 또 가장 좋은 해결책을 찾기 위해 창의적인 견해 차이를 권장하는 환경을 조성하는 것과 부정적 태도가 쌓이고 쌓여 독이 되는 환경을 만드는 것 사이의 엄청난 차이를 안다.

– 13장 –

# 아이디어가 중요하다

## 모든 리더십은 생각의 리더십

생각의 리더십이 없으면, 다시 말해서 활용할 수 있는 좋은 아이디어가 없으면 어떤 리더도 그다지 많은 것을 이루어 내지 못할 것이다. 리더십은 개인의 성패가 주로 손목의 움직임으로 판가름 나는 골프나 테니스하고는 다르다. 진정한 리더십은 생각의 리더십이다. 공동 목적은 좋은 생각으로 시작해서 그 생각을 진척시켜 나간다. 또 시간이 지나면서 낡은 생각을 새로운 생각으로 다시 채워 나간다. 조직이 새로운 생각을 하지 못할 때, 그 조직의 생명과 생존은 위험에 빠진다. 그러나 나는 자신의 생각을 다시 채우지 못하는 리더, 특히 최고위 리더들을 너무나 자주 보았다.

하버드대학 교수였고 정치인이었던 헨리 키신저의 말을 살짝 바꿔 보면, 중책을 맡기 전에는 지적 자본의 창조자이던 개인이 중책을 맡은 뒤에는 지적 자본의 소비자가 되는 경향이 있다. 아쉬운 일이다. 중역의 자리에 있는 동안 아이디어가 가장 중요한 때는 바로 리더십 역할을 맡고 있을 때다.

여러 해에 걸쳐 CEO를 비롯한 최고위 리더를 인터뷰할 때마다 나는 항상 그들에게 무엇을 읽고 있는지 물었다. 그 질문을 받으면 그들은 대체로 깜짝 놀랐다. 위대한 리더들은 줄기차게 읽고, 줄기차게 자신의 지적 자본을 다시 채우고, 줄기차게 새로운 생각을 하고 또 이를 발전시키고 있다. 무능한 리더, 즉 공동 목적을 창출하지 못하는 리더는 일반적으로 아이디어가 없다.

사려 깊은 많은 리더가 피터 드러커나 마이클 포터의 애독자들이다. C. K. 프라할라드나 짐 쿠제스, 베리 포스너를 읽는 리더도 있다. 리더들이 새로운 발상을 하는 데 도움을 줄 만한 생각의 리더들은 많다. 내가 인터뷰한 몇몇 리더는 자신이 좋아하는 기업과 조직 문제 전문 저자들의 글을 읽고 또 읽는다. 또 어떤 리더는 〈하버드 비즈니스 리뷰〉나 그 밖의 몇 가지 권위 있는 인쇄 혹은 웹 출판물을 애독한다고 한다. 전문적인 내용을 다루는 출판물이나 전문가를 위한 자료의 목록을 길게 제시하는 리더도 여전히 있다. 그러나 슬프게도 나는 자신의 지적 자원을 계속 보충하는 리더의 비율이 소수에 그치는 걸 관찰했다.

굳이 기업이나 조직의 사명에 관한 출판물만 읽어야 하는 것은 아니다. 전기를 즐겨 읽는다는 리더도 많다. 그들은 미국이나 유럽의 역사에 애정을 보이고, 처칠이나 애덤스나 트루먼이나 그 밖의 지도자에 대해 읽으면서 날마다 활용하는 통찰을 얻는다고 한다. (아주 정직한 예외가 한 사람 있었는데 바로 조지 피셔였다. 그는 코닥 회장 겸 CEO일 때 자신은 수학자라서 경영 서적을 읽어 본 적이 없다고 내게 말했다. 그는 정직하고 솔직했다. 그는 자신이 옳다고 생각하는 방안을 바탕으로 각각의 상황을 여러 번 분석해 봄으로써 경영에 관한 결정을 내린다고 했다.)

나는 전기를 읽는 것이 조직의 어떤 직급에서나 리더십 역할을 맡은 사람 모두에게 큰 도움이 된다는 데 분명히 동의한다. 그들이 읽는다고 하는 전기를 정말로 읽는다면 그렇다는 것이다. 문제는 너무나 많은 리더가 읽는 척한다는 것이다. 그들은 처칠이나 아이젠하워나 루스벨트를 읽는다고 하지만, 실제로는 읽지 않고 있다. 사실 리더들을 인터뷰할 때 무엇을 읽고 있느냐고 묻고서 그들이 좀 오래된 처칠의 전기를 읽는다고 대답하면 나는 항상 의심한다. 너무나 틀에 박힌 대답이니까.

지금 나는 처칠의 삶에 대해 읽는 것이 아무런 가치도 없다고 말하는 것이 아니다. 그것은 분명히 가치 있다. 그는 몇 차례 낙선 경험도 있는 위대한 지도자였다. 내 말은 CEO를 비롯한 여러 리더가 독서의 폭을 훨씬 넓혀야 한다는 것이다. 오늘날 리더들이 부닥치는 문제는 큰 것일 수도 있고 작은 것일 수도 있지만, 새로운 것은 여간해서 없다. 병사들과 코끼리 부대를 이베리아 해안까지 이끌고 올라간 다음, 알프스산맥의 좁은 통로를 통과해 이탈리아로 내려오기까지 한니발은 사기 문제뿐 아니라 오늘날 어떤 리더라도 당황할 수밖에 없는 병참 문제를 안고 있었다. 나폴레옹 보나파르트는 유능한 전략가였다. 알렉산더 해밀턴은 세계에서 가장 선견지명 있는 은행가 중 한 사람이었다. 요점은, 우리가 씨름하는 문제 가운데 다수는 전에 누군가 이미 부닥친 문제라는 것이다. 그러한 문제들을 혼자서 뒤쫓을 필요가 없다. 독서를 부담으로 여기지 말고 도움을 받는다고 생각하라.

생각의 리더십과 관련해 리더들이 안고 있는 또 다른 문제는 왜 생각의 리더가 되어야 하는지를 제대로 이해하지 못하고 있다는 것이다. 그들은 아이디어와 경쟁력의 연관성을 이해하지 못하고 있다. 혁신의 중요성을 이해하지 못하고 있다.

조직과 그 조직을 이끄는 리더는 없는 아이디어를 있는 척 꾸며 낼 수가 없다. 괜찮은 전략이 있거나 혹은 없거나 둘 중 하나다. 혁신적이거나, 그렇지 않거나 둘 중 하나다. 그리고 만일 그렇지 않은 쪽이라면 아이디어를 발굴해서 이를 조직 전체에 퍼뜨리기 위해 모든 노력을 아끼지 않을 의무가 있다. 또 새로운 생각과 혁신을 편안하게 받아들이는 환경을 조성할 책임이 있다. 리더십은 어떤 직급에서나 생각의 리더을 뜻한다는 것을 팀원 모두에게 이해시켜야 한다.

따라서 오늘날의 리더에게는 책임 하나가 추가된 셈이다. 단순히 팀을 뭉치게 하는 데 그치는 것이 아니라 아이디어를 중요하게 여기는 환경을 조성해야 하는 책임 말이다. 리더십을 유지한다는 것은 생각의 리더가 된다는 뜻이다.

## 유명 콘퍼런스를 제대로 활용하라

많은 대기업이 아이디어를 강조하는 기관들을 활용하고 있다. 조직의 중역들은 여러 콘퍼런스 중에서도 특히 세계경제포럼, 밀켄연구소 글로벌콘퍼런스, 애스펀 아이디어 향연, 테드(TED는 1984년에 창립된 미국의 비영리 재단. TED는 기술Technology, 엔터테인먼트Entertainment, 디자인Design의 약자로 해마다 이 세 가지 주제를 가지고 전 세계 지식인들이 모여 강연하고 토론한다)에 참석하고 있다. 어떤 경우에는 회사에서 수천 달러를 들여 중역들을 이런 회의에 보내기도 한다.

하지만 이런 포럼과 콘퍼런스에 참석하는 진짜 이유를 물어보면, 많은 CEO급 리더가 인맥 구축을 하러 간다고 말할 것이다.

나는 인맥 구축을 나쁘게 생각하지 않는다. 사업을 하려면 인맥 구축은 필수다. 하지만 다른 유명 인사들을 만나려고 세미나장 밖에서 서성이는 리더는 자기 조직의 학습 욕구에 별다른 도움이 되지 않는다. 이것 못지않게 나쁜 것은 고위급 회의에 참석하는 고위 리더가 일반적으로 회의 내용을 자기 팀이나 조직의 구성원들과 공유하지 않는 것이다. 그들은 강의를 듣거나 토론단에 참여하지만 자신이 배운 내용을 좀처럼 정리하지 않는다. 본인은 이런 회의에 참가해서 성장하고 통찰을 얻을지 몰라도 다른 사람은 그러지 못할 것이다. 지식이 효과를 발휘하려면 조직 내에서 널리 소통되어야 한다.

## 아이디어의 중요성을 교육하는 방법

아이디어가 효과를 보려면 널리 전파되어야 한다. 더 널리 퍼질수록 효과가 더 크다. 그러나 대다수 조직은 남들이 이용할 수 있도록 자신의 지식을 전파하는 데 영 서툴다.

나는 부즈앤컴퍼니(당시 이름은 부즈앨런해밀턴)의 제휴 파트너였을 때 〈스트래티지 플러스 비즈니스〉라는 잡지를 창간했다. 이 잡지의 목적은 이 회사가 가진 생각의 리더십을 보여 주고, 세계 곳곳에 퍼져 있는 생각의 리더들을 모아 그들의 생각을 들어 보고 이를 고객과 공유하는 것이었다. 이 잡지는 큰 인기를 끌었고, 폭넓고 깊이 있는 내용으로 계속 호평받고 있다. 주목할 만한 아이디어를 내놓은 사람을 가리켜 '생각의 리더십'이라는 표현을 처음 쓴 곳도 바로 이 잡지였다.

그런데 우리가 이 잡지를 성공리에 시작하고 고객들이 이 잡지를 읽기 시작하면서 한 가지 사실이 분명해졌다. 이 잡지가 소개하는 온갖 아이디어에 대해 아무것도 모르는 거대 집단이 우리 회사에 있다는 사실이었다. 바로 부즈앤컴퍼니 직원과 파트너들이었다!

여러분이 비즈니스 분야에서 최고의 아이디어를 다루는 잡지를 발행하는데 정작 여러분 회사 직원들이 그 잡지를 읽지 않는다면 어떻게 하겠는가? 어떻게 그들에게 아이디어의 중요성을 인식시키겠는가? 한 가지 해결책은 회사의 승인을 받아 비행기를 타고 세계 곳곳의 거의 모든 부즈앤컴퍼니 사무소로 날아가 직원들에게 이 잡지를 읽는 법, 이 잡지를 고객과 함께 이용하는 법, 이 잡지에 기고하는 법을 직접 설명하는 것이었다. 다시 말해서 나는 생각의 리더십에 관한 설명회를 진행했다.

컨설턴트 앞에 서는 일은 굉장히 재미있었다. 주로 점심시간을 이용했는데, 이 잡지를 보여 주고 그동안 이 잡지에 글을 쓴 필자의 명단을 소개했다. 그리고 이 잡지가 어떤 점에서 새로운 경지를 개척

했는지 짚어 주고, 우리가 특정인을 인터뷰한 이유를 설명했다.

이 설명회는 늘 활기찼다. 설명회는 이 잡지에 대한 소개로 시작하지만, 얼마 안 있어 잡지에 실린 아이디어에 관한 논쟁으로 발전했다. 초점이 잡지에 대한 이야기에서 아이디어에 대한 논쟁으로 옮겨 가면 내 역할은 발표자에서 진행자로 바뀌었다.

나는 최대한 매끄럽게 이러한 변화가 일어나게 하려고 애썼다. 이러한 회의에서 나는 전략에 대한 C.K. 프라할라드의 생각, 지식관리의 중요성, 할리데이비슨이 브랜드를 구축한 방법, 웹이 상거래에 미친 영향, 록그룹 그레이트풀 데드가 차트 1위에 오른 히트곡 하나 없이 어떻게 그렇게 성공한 밴드가 될 수 있었는지에 관한 논쟁의 사회를 보았다.

이렇게 회사 이곳저곳을 돌아다니면서 나는 사람들이 아이디어에 대해 생각하는 걸 얼마나 좋아하는지 알게 되었다. 또 컨설턴트들이 고객을 대신해서 생각하는 걸 얼마나 좋아하는지 알게 되었다. 우리가 컨설턴트와 고객을 한자리에 모아 놓고 어떤 문제를 마음껏 요리하게 했을 때 그 결과는 그야말로 놀라웠다.

우리가 뉴욕에서 개최한 그런 아침식사 모임에 나는 보스턴 외곽에 있는 할리데이비슨 대리점의 점장, 하버드 경영대학원 마케팅 교수 스티븐 그레이저, 부즈의 최고마케팅책임자 샘 힐을 토론단으로 초청했다. 어림잡아 100명이 이 아침식사 모임에 참석했다. 내가 토론단에 던진 질문은 인구 구성이 아주 다른 시장을 공략하는 방법이었다. 할리데이비슨이 그런 경우였는데 이 회사는 한편으로는 '지옥의 천사들'이라는 자사 오토바이 클럽 회원들을, 다른 한편으로는 의

사와 변호사를 비롯한 전문직 종사자를 고객으로 두고 있다. 토론자들이 서로 주고받는 이야기는 흥미진진했고 참석자들의 질문은 예리했다. 하지만 정말로 사람들의 관심을 끈 것은 대리점 점장이 의견을 밝힐 때였다. 뭐니 뭐니 해도 그는 두 달 동안 일한 돈을 모아 커스텀 펜더를 사는 고객과 오토바이 한 대를 현금으로 사는 고객의 욕구를 솜씨 있게 다뤄야 하는 사람이었다. 그의 설명은 간단히 말해서 여러 소득 계층을 하나로 꿰뚫는 공통점이 있는데 그것은 바로 자유에 대한 욕구라는 것이었다. 손님이 매장으로 들어오면 그의 일은 그저 오토바이를 파는 것이 아니라 자유를 파는 것이었다. 그의 일은 얽매인 직장생활에서 해방될 자유, 걱정을 벗어던질 자유, 두려움을 느끼지 않을 자유, 고된 일을 훌훌 털어 버릴 자유를 파는 것이었다. 그가 판매하는 것은 물건이 아니라 생활방식과 꿈이었다.

아이디어에 대해 이야기하면서 전 세계를 돌아다니는 것 외에도, 나는 소박한 상품(두 사람의 저녁식사권)을 마련해 가장 흥미로운 장소에서 이 잡지를 찾아낸 우리 회사 직원에게 다달이 그 상품을 주었다. 나는 직원들한테 이 잡지와 거기 실린 아이디어를 알리고, 또 고객들이 실제로 이 잡지를 읽는다는 사실을 확인시키기 위해 한 달에 한 번씩 상품을 주는 아이디어를 이용한 것이었다.

직원들은 각양각색의 흥미로운 장소에서 이 잡지를 찾아냈다. CEO의 사무실, 사설 비행장, 전직 교수 집의 욕실, 공항 라운지, 상업용 제트기 뒷좌석에서 이 잡지를 발견했는가 하면 짐 캐리 영화의 소품으로 쓰인 걸 찾아내기도 했다. 우리가 이 시합을 더 많이 알릴수록 더 많은 사람이 이 잡지에 관심을 기울였다.

부즈앤컴퍼니 같은 컨설팅 회사한테는 아이디어의 힘이 절대적이다. 컨설팅 회사는 생각으로 먹고산다. 그리고 고객과 직원을 위한 잡지 발행은 아이디어의 중요성을 교육하는 좋은 방법이다.

아이디어는 컨설팅 회사뿐만 아니라 다른 조직에도 중요한데, 내가 함께 일한 몇몇 기업은 이 점을 알고 있었다. 여러 해 동안 월풀과 휴렛패커드는 독자적으로 경영지를 발행한 바 있다. 내가 함께 일해온 많은 기업이 생각의 지평을 넓히고 늘 새로운 생각을 하기 위해 정기적으로 강사들을 초청하고 있다.

내가 아는 한 제약 회사는 '아프리카 민족회의'의 일원이었고 넬슨 만델라와 함께 투쟁한 자유의 투사를 자사의 뉴저지 본사로 초청했다. 이 제약 회사는 사회적, 정치적 불의에 맞서 생사를 건 투쟁을 벌인 인물과 하루를 함께 지내는 것이 자사의 신약 발굴 노력에 담긴 의미를 다시 한 번 환기하는 데 도움이 될 걸로 생각한 것이었다.

생각의 리더를 초청해 자신들의 활동과 관련된 주제를 논의할 때마다 조직은 분명한 혜택을 본다. 구성원들의 목표가 높아지고, 임무를 완수하는 길은 한 가지만 있는 것이 아니라는 점과 아이디어가 중요하다는 점을 일깨워 주게 되니까 말이다.

## 혁신은 개인과 팀의 합작품

경쟁이 치열한 오늘날의 경제 환경에서는 아이디어가 특히 중요하다. 경쟁상대를 능가하는 혁신을 이루는 것이 가장 확실한 성공

비결이기 때문이다. 혁신이란 문제를 해결하고 지속적인 우위를 창출하기 위해 창의성을 발휘하는 것이다. 하지만 나는 '지속적'이라는 말을 신중하게 쓴다. 경쟁상대가 사방에서 등장하는 요즘 같은 세상에서는 한번 차지한 우위가 오래가지 않기 때문이다. 오늘날의 환경에서는 우위 지속 기간이 산업에 따라 다르다. 그러다 보니 혁신 자체가 달라졌다. 혁신은 과거처럼 조직이 이따금 해내는 무언가가 아니다. 조직은 이제 끊임없이 혁신해야 한다.

혁신적인 리더가 되려면 새로운 아이디어를 끊임없이 개발해야 한다. 아무것도 금지해서는 안 되고, 모든 일에 혁신적 시선으로 다가가야 한다.

혁신에 일가견이 있고 디자인과 창작력으로 셀 수 없이 많은 상을 받은 기업인 아이디오의 회장 겸 CEO 톰 켈리는 혁신이 개인과 집단의 공동 책임이라고 말한다. 조직 구성원 중 누군가에게 새로운 제품이나 서비스를 위한 좋은 아이디어가 있을 수 있다. 그럼 이제 어떻게 할까? 그 아이디어를 구체적이고 지속성 있는 결과물로 만들어 내려면 다른 사람과 협력해야 할 것이다. 바로 이 팀이 원래의 아이디어를 정말 새롭고 효과 있는 제품이나 서비스로 다듬어 내야 한다. 바꿔 말해서 새로운 묘안은 개인한테 있을 수 있지만, 그 묘안을 실용적 결과물로 만들어 내는 일은 팀의 몫이다.

이로써 리더에게 아주 중요한 임무가 생긴다. 무엇보다 조직이 실제로 새로운 아이디어를 찾고 있다는 사실을 분명하게 밝혀야 한다. 이것은 말처럼 쉽지 않다. 회사가 '이제' 혁신사가 되기로 했다고 하면 많은 직원이 적잖이 의심한다. 그래서 리더는 종종 이번은 진짜

라고 팀원들을 설득해야 한다. 이를 위해 리더는 조직이 혁신을 가치 있게 여긴다는 사실을 보여 주는 새로운 증거로 무장하고 있어야 한다. 또 혁신에 대한 자신의 열정을 증명해야 한다. 그런 다음 누군가 좋은 아이디어를 내놓으면(모든 아이디어가 좋은 것은 아니다) 조직의 적극적인 지원 의지를 보여 주는 조치를 해야 한다.

켈리는 이렇게 말했다. "때로는 애초의 발상이 대단할 수도 있지만, 그래도 그것은 전체의 1퍼센트밖에 안 될지도 몰라요. 나머지 99퍼센트는 팀이 해내야 하는 거죠. 팀이란 제품을 만들고, 판매하고, 고장 나지 않게 하고, 홍보하고, 유통하는 법을 아는 사람들의 팀을 말하는 겁니다. 그래서 혁신은 긴밀한 협력이에요."

제품 분야에 적용되는 이 방식은 서비스 분야에도 적용된다. 새로운 서비스에 대한 아이디어는 한 사람의 머리에서 불쑥 떠오를 수 있지만, 팀이 그 아이디어를 발전시켜야 한다. 그래서 생각의 리더십은 생각의 관리이기도 하다. 리더는 우선 혁신을 가로막는 조직의 장애물을 모조리 제거한 다음 조직이 정말로 혁신을 지지하게 해야 한다.

여기에는 용기가 필요하다. 많은 조직이 말로는 혁신자를 자처하지만 정작 혁신에 자원을 투입하기는 꺼린다. CEO나 다른 누군가가 "우리는 혁신으로 움직이는 조직입니다" 하는 메모를 적기도 하고, 이메일을 보내기도 하고, 혹은 다른 방법으로 이를 알리기도 한다. 하지만 거짓말도 그런 거짓말이 없다. 대다수 조직이 새로운 아이디어에 대해 가장 먼저 보이는 본능적 반응은 그 아이디어를 억누르는 것이다.

생각의 리더십이 일반적으로 가장 중요한 리더십의 하나인 이유가 바로 여기에 있다. 앞으로 경쟁력 있는 조직이 되기 위해서는 거의 끊임없이 변화해야 한다. 생각의 리더들은 분명히 용기 있는 사람들이지만 비판의 표적이기도 하다. 생각의 리더들은 (1) 그 많은 돈을 쓰고 (2) 기업을 검증되지 않은 길로 이끌고 (3) 우리 시간을 낭비하고, 아니면 (4) 우리를 헛고생시키고 싶어 하는 사람들이라는 것이다. 그래서 조직이 공개적으로 아무리 혁신 의지를 밝히더라도 각각의 새로운 아이디어는 반대에 부닥칠 가능성이 있다.

이것은 내 경험에서 하는 말이다. 프라이스워터하우스쿠퍼스에서 내 직책은 '생각의 리더십과 혁신 부문 글로벌 리드 파트너'였다. 세상에서 가장 멋지고 가장 긴 직책 가운데 하나를 수행하면서 나는 사람의 습관을 바꾸기가 얼마나 어려운지를 아주 힘들게 배웠다.

하지만 모두가 새로운 생각에 반대한 것은 아니었다. 내가 역시 프라이스워터하우스쿠퍼스에서 배운 건데, 변화와 새로운 생각은 일부 자연적 동맹자가 있고 특히 젊은 사람들이 그 동맹자라는 것이었다. 또 생각의 리더십과 새로운 생각, 혁신 문제를 다룰 때에는 장년층과 젊은 층을 섞어 놓아야 한다는 것도 배웠다. 혹시 회장과 CEO(둘 다 보통은 흰머리가 많은 나이)가 끼어 있는 팀을 관리하게 되더라도 반드시 젊은 친구 몇 사람을 팀에 포함하라. 그들은 젊음의 에너지를 더해 줄 뿐 아니라 '이런 게 우리 방식이야' 하는 생각에 세뇌되지 않았다. 그들은 열려 있다. 혁신이 효과를 발휘하려면 경험 많은 사람과 젊은 리더를 섞어 놓아야 한다.

## 다르게 생각하라

1990년대 중반부터 2004년까지 나는 마이크로소프트의 연례 CEO 서밋을 운영했다. 해마다 마이크로소프트가 세계적으로 약 120명의 CEO를 초청해 하루 반나절을 마이크로소프트 캠퍼스에서 보낸 다음, 예술 작품으로 가득한 빌 게이츠의 멋진 집에서 리셉션과 저녁식사를 하는 행사였다.

처음 몇 년간은 CEO들이 관심 있어 하는 주제에 대해 강의할 수 있는 강사들을 세계 곳곳에서 초청했다. CEO들은 인맥을 구축하고, 마이크로소프트 캠퍼스를 방문하고, 빌 게이츠를 만나고 또 그의 집도 둘러보고, 기술과 경영에 대해 배우려고 이 서밋에 왔다.

이 모임은 항상 흥미진진했다. 니콜라스 네그로폰테 MIT 미디어랩 소장, 와해성 기술(기존 기술을 꾸준히 개선하고 향상하는 것이 아니라 기존 기술을 완전히 무력화할 정도로 혁신적인 신기술. 필름카메라에 대해 디지털카메라가, 무선호출기에 대해 휴대전화가 와해성 기술의 예)이라는 개념을 제시한 클레이턴 크리스텐슨 하버드대학 교수, 마케팅 전문가 페이스 팝콘을 비롯한 세계 최고의 경영 사상가들이 이 서밋에서 강연했다. 경영의 대가와 함께하는 이 시간에 앞서, 빌 게이츠나 또 다른 마이크로소프트 관계자가 기술의 미래에 대해 논의하는 시간을 이끌었다.

아무도 프로그램에 대해 불평하지 않았다. 사실 CEO들은 우리가 준비한 프로그램을 좋아하는 것 같았다. 하지만 어느 해인가 우리는 새로운 형식을 시도했다. 오후 시간을 외부 강사의 강의로 채우기보다 CEO들 스스로 이야기하게 한 것이었다. 이것은 생각만큼 위험하지 않았다. 초대 손님 대부분이 유명인사들, 곧 포천 500대 기업 CEO들이었으니까. 그리고 이들이 이 서밋에서 처음 만나는 사이라 해도, 적어도 서로에 대해 들어 보기는 했을 테고 어쩌면 서로 거래를 했을지도 모르는 일이었다. 그 자리에는 또 경영에 관련된 거의 모든 주제에 대해 이야기할 수 있는 워렌 버핏 같은 거장들이 있었고, 빌 게이츠와 스티브 발머 그리고 그 밖의 마이크로소프트 고위 인사들로 구성된 마이크로소프트 팀이 있었다.

흥미롭게도 CEO들은 프로그램에 더 많이 참여할수록 프로그램을 더 즐기고 더 많이 배우는 것으로 보였다. 한번은 보잉, GM, 프라이스워터하우스쿠퍼스의 회장 겸 CEO들이 기업 간B2B 웹 상거래에 대해 발표하고 논의하는 시간을 가졌다. 이 시간에는 이 세 CEO가 각각 주장을 펼친 다음 게이츠를 비롯한 기업 리더들이 서로의 의견을 이야기했다.

이 자리에 모인 리더들은 동료 리더한테 많이 배운 것으로 나타났다. 그들은 열심히 들었고, 남의 말을 끊지 않았고, 자신의 생각을 이야기하고 반응을 살폈다. 진행하고 지켜보는 것도 흥미로웠다.

이러한 토의를 지켜보면서, 조직이나 기업의 문제를 해결하려고 할 때 리더가 반드시 모든 답을 가지고 있어야 하는 건 아니라는 생각이 들었다. 대신 적극적인 관심이 아주 중요하다. 충분한 준비와 호의, 지적 위험을 감수하려는 의지도 중요하다. 결국 중요한 것은 진정성이다. CEO들이 서로의 말에 귀를 기울이는 이유는 그들의 견해에 진정성이 있기 때문이었고, 또 자신이 해결하려는 문제에 마음을 쓰고 있었기 때문이었다. CEO들이 박사 학위가 없거나, 연구를 수행한 적이 없거나, 논문이나 책을 쓴 적이 없다는 사실보다는 진정성 있는 리더라는 사실이 훨씬 중요했다.

이런 모임을 진행할 때는 CEO들에게 철저한 준비를 시키는 것만 중요한 것이 아니었다. 자신과 직접 관련된 문제를 이야기하도록 하는 것 또한 중요했다. CEO들이 미리 준비했을 때, 최신 자료를 읽었을 때, 자신이 직접 영향을 받는 문제였을 때, 그들은 전문가 뺨칠 정도로 능수능란하게 자신의 생각을 발표했다.

내 말은 아이디어를 컨설턴트와 교수와 권위자의 전유물로 여겨서는 안 된다는 것이다. 아이디어는 경쟁 우위를 확보하는 중요한 원천이라서 조직 구성원 누구나 관심을 쏟아야 할 문제다. 따라서 리더는 상어가 먹잇감을 찾듯이 집요하게 지칠 줄 모르고 사정없이 새로운 아이디어를 찾아야 한다.

마이크로소프트의 CEO 서밋이 이런 종류의 유일한 모임은 아니다. 기업에 유익한 생각의 리더십 모임이 여럿 있다. 어떤 것은 정기적으로 열리고, 어떤 것은 흥미진진한 일회성 모임이다. 하지만 이들 모두 중요하고 참석자들에게 호평받고 있다.

나는 뉴욕에 있는 한 보험회사의 회의에 참석해 왔는데 이 회의에서는 중간급 관리자들이 이 회사가 생각해 볼 주제에 대해, 특히 위험에 대해 토론하기 위해 2주마다 다른 강사를 초청했다.

옴니콤의 계열사로 보스턴에 기반을 둔 광고 홍보 회사 브로더파트너스에서는 대다수 직원이 정기적으로 도시락 점심을 함께 먹으면서 고객을 위한 아이디어 회의에 참여한다. 브로더는 또 생각의 리더 위원회를 두고 1년에 한두 번씩 모여 소비자 동향과 그 동향이 시장에 미치는 영향에 대해 의견을 나눈다.

나는 피델리티자산운용에서 펀드매니저를 대상으로 시장 동향에 초점을 맞춰 한 달에 한 번씩 여는 생각의 리더십 회의에 참석했다. 이 회의를 이끈 펀드매니저 닐 밀러는 측면적 상호작용, 즉 한 가지 사건이 어떻게 뜻밖의 방식으로 또 다른 사건과 이어지는지에 주로 관심을 두었다. 밀러는 다음과 같이 내게 설명했다. 자신이 투자를 고려하던 어느 공장을 방문했는데 생산직 근로자 상당수가 이른바 명품 청바지를 입은 것이 눈에 띄었다. 가격이 비싼 이런 청바지를 제트 여객기를 타고 세계를 오가는 중역이 아니라 노동자 계층이 주로 입고 있는 것이었다. 그래서 그는 이러한 제품들을 생산하는 기업이 아마 예컨대 프랑스의 에르메스 같은 진정한 명품 생산업체보다 경기순환의 상승과 하강에 훨씬 민감할 거라는 점을 깨달았다. 이러한 통찰이 직선적이지 않고 측면적인 거라고 그는 말했다. 그리고 이러한 통찰은 밀러의 투자에서 진가를 발휘했다.

이 회의에 초청된 한 강사는 활황기이던 1990년대, 그러니까 자금이 풍부하고 많은 사람이 부자가 된 이 시기에 어떻게 두 가지 흥미로운 동향이 동시에 일어났는지를 설명했다. 하나는 등대가 기업 로고로 널리 쓰인 것이었고, 다른 하나는 이른바 원더브라의 판매가 놀랄 만큼 증가한 것이었다. 이 두 가지 동향은 그 당시의 풍요를 상징한다고 그 전문가는 말했다.

나는 어느 세계적 은행이 사업 현황과 미래에 대한 구상을 논의하기 위해 분기마다 여는 브레인스토밍 회의에 참석해 왔다. 또 에너지 회사가 세계 에너지 수요에 영향을 미치는 동향을 토론하기 위해 런던에서 이틀 동안 여는 회의에 초청받아 왔다. 그리고 일본의 대규모 자동차 회사가 고객을 하루 초청해 자사 자동차의 어떤 점을 좋아하고 싫어하는지 논의하는 모습도 지켜보았다.

이 각각의 사례에서 그리고 더 많은 사례에서 나는 어떻게 조직에서 일하는 개인들이 기업을 발전시키고 생각의 지평을 넓히기 위해 깊이 있고 진지하게 아이디어와 씨름하는지 지켜보았다. 각 사례에서는 이러한 회의 참석을 특전으로, 다시 말해서 그 회사에서 일하면서 얻는 혜택으로 여겼을 뿐 아니라 리더들이 업무를 수행하는 데에도 이러한 회의 참석을 중요하게 여겼다. 이들 사례에서 여러 초대형 조직이 아이디어를 믿고 두려움 없이 중요한 문제들을 터놓고 논쟁하고 토의하는 걸 지켜보는 것은 힘이 나는 일이었다. 그리고 단 하나의 예외를 빼고는, 생각의 리더십 전략을 진지하게 추구하는 기업이 자기 분야의 리더였는데 이것은 전혀 놀라운 일이 아니었다.

아이디어는 중요하기만 한 것이 아니다. 아이디어는 경쟁력을 가르는 요소다. 생각의 리더십을 받아들이는 기업이 성공하는 이유는 자사의 강점과 약점을 평가하는 데 두려움을 느끼지 않기 때문이다. 이보다 훨씬 중요한 점이 있는데, 생각의 리더십을 받아들이는 기업은 세계가 멈춰 서 있지 않다는 사실을 알기 때문에 성공한다는 것이다. 그들은 세계가 끊임없이 변한다는 것과 이러한 변화에 보조를 맞추려면 소크라테스의 권고를 따라야 한다는 것을 안다. 그 권고란 바로 모든 생각을 의심하라는 것이다.

## 공부하는 리더여야 한다

리더십은 목표를 이루기 위해 팀과 함께 일하는 것이다. 그러한 목표는 대부분 도전적 목표라서 달성하기가 쉽지는 않다. 진전을 보려면 노력과 헌신이 필요하다. 또 전략이 필요하고 이용할 수 있는 모든 전술에 대한 사려 깊은 분석이 필요하다. 적극적인 사고방식은 훌륭한 리더십의 필요조건이다.

이 말은 리더가 저지를 수 있는 가장 나쁜 잘못 가운데 하나가 지적으로 게을러지는 것임을 뜻한다. 진정한 리더는 엄청난 양의 정보와 지식을 받아들여 이를 팀 관점에서, 또 조직과 조직의 사명이라는 관점에서 활용해야 한다. 진정한 리더는 신문과 잡지와 책을 부지런히 읽어야 한다. 또 웹에는 어떤 정보가 있는지 살펴보아야 한다. 리더는 아이디어를 찾는 데 많은 시간을 써야 한다.

뻔한 소리처럼 들릴지 모르지만 학습하는 조직은 조직 구성원 누구에게나 학습 기회를 제공해야 한다. 그리고 그 기회는 회사의 독서클럽부터 세미나와 콘퍼런스를 위한 예산 지원과 학비 제공까지 여러 형태를 띨 수 있다.

생각의 리더십은 추가 항목이 아니다. 생각의 리더십은 모든 기업의 전략에 기본으로 들어가야 한다. 지금까지 생각의 리더십이라는 말을 받아들인 기업은 많지만, 그 뜻을 제대로 받아들인 기업은 거의 없다. 생각의 리더십은 강력한 힘을 발휘하지만 쉽게 이루어지지는 않는다. 성공하는 기업이 되려면 모든 것에 의문을 품을 만큼 개방적이고 투명해야 한다.

맺는 글

# 리더십의 미래

리더십은 진화하고 있다. 왜 안 그렇겠는가? 조직은 더 수평적이 되었고 그러한 조직에서 활동하는 리더는 거기에 맞게 적응해야 했다. 큰 조직의 신입사원들은 이제 기업의 계층구조를 보여 주는 조직도와 경력 설계도 대신 물음표를 건네받고 있다. 이 회사는 어떤 목적지로 가려 하는가? 그 목적지에 이를 가능성은 어느 정도인가? 리더가 신뢰할 만한가? 윤리적인가? 이 조직은 긍정적 일터인가 아니면 독이 되는 일터인가? 회사가 독립성을 유지할 것인가 아니면 인수될지도 모르는가? 회사가 정부의 보호를 받을 것인가(그리고 어쩌면 생기를 잃고 쇠약해질 것인가?) 아니면 결과를 장담할 수 없는 싸움에서 거센 외국 적수들과 경쟁해야 할 것인가? 신입사원의 기술과 지식을 존중해 줄 것인가? 신입사원이 이 회사에서 일하기에는 이미 너무 '큰' 사람인가? 이 조직에서 일하는 동안 신입사원이 무엇을 배울 것이며(배울 것이 있다면), 그것이 지속적 가치가 있을 것인가?

오늘날 조직생활을 시작하는 개인들은 설렘만큼이나 의심을 품고 조직에 다가갈 가능성이 있다. 젊은 사람들은 흔히 "이 조직이 나한테 뭘 해줄 수 있는지 한번 보겠어" 하는 분위기다. 오늘날 직장생활을 시작하는 젊은이들은 그들보다 먼저 직장생활을 시작한 선배들보다 훨씬 당당하다. 또 선배들보다 한 조직에 헌신할 가능성이 훨씬 낮다.

의심하는 눈길로 조직을 바라보는 건 좋기도 하고 나쁘기도 하다. 이런 태도가 좋은 이유는 약속을 제대로 지키는 조직이 워낙 드물어서다. 조직들은 자기 분야에서 1위가 되겠다고 그 많은 연례 보고서에서 밝혀 놓고는 정작 그렇게 되지 못했고, 또 혁신 엔진이나 학습하는 조직이 되지 못했다. 대신 그럭저럭 버텨 왔을 따름이다. 인텔이나 홈디포나 애플이나 코카콜라나 IBM 같은 기업이 하나 있다면, 대다수 근로자와 최고위 팀 사이에 지독한 불신과 의심과 노골적 반감에 휩싸인 기업은 수십 개나 있다. 너무나 많은 기업이 불신에 빠져 CEO는 직원들을 믿지 못하고 직원들은 CEO를 믿지 못한다.

한편 조직을 의심하며 바라보는 건 나쁘기도 하다. 조직은 무게도 없고 생각도 없고 눈에 보이지도 않기 때문이다. 조직은 혼자 힘으로는 성취할 수 없는 목표를 이루어 내기 위해 우리가 서로 협력해서 일하는 데 필요한 일련의 규칙과 절차일 뿐이다. 따라서 의심하는 눈으로 조직을 바라본다면 그것은 우리가 기업에 끼칠 수 있는 영향을 스스로 부정하는 것이다. 우리가 몸담은 이 조직은 변화할 리 없고, 현재와 같은 일 처리 방식과 규칙은 우리 힘으로 바꿀 수 없다고 말함으로써 리더인 우리 자신을 무용지물로 만드는 것이다. 게다가 조직이란 무엇인가를 다시 한 번 생각해 본다면 조직을 함부로 침범할 수 없는 신성한 대상으로 여겨야 할 이유가 어디에 있는가?

리더가 되려면 우리 스스로 변화를 창조할 수 있다고 생각해야 한다. 우리가 일하는 조직은 사려 깊은 사람들의 뜻을 존중하며 운영해 나갈 수 있고, 또 조직의 구조가 조직의 목적을 망치게 해서는 안 된다는 믿음을 가지고 아침마다 잠자리에서 일어나야 한다.

조직의 목적은 일련의 목표를 꾸준히 달성하는 것이다. 하지만 그 일을 해내는 주체는 조직이 아니라 바로 우리다. 조직은 말이 없다. 모든 사람이 같은 목적에 동조하도록 설득하기 위해 비행기를 타고 회의에 참석하는 주체는 바로 우리다. 우리가 일을 해내는 주인공이다.

## 우리에게 필요한 사람은 누구?

이끌기와 관리하기에 차이가 있다는 건 이제 상식이다. 분석가들에 따르면 이 두 가지 중요한 일은 사뭇 다르다. 정말 많은 관찰자가 이 사실에 관한 글을 썼다. 하지만 나는 여기서 한 걸음 더 나간다. 내가 보기에 우리는 전통적 의미의 관리자, 곧 리더들을 대신해서 계획하고 실행하는 사람이 더는 필요하지 않다. 대신 누구나 실행하고 누구나 리더십을 발휘하도록 공동 목적의식을 창출할 수 있는 리더가 필요하다. 숙련되고, 생각의 리더십을 받아들이고, 긍정적이고, 기꺼이 공동 목표를 이루기 위해 노력하는 사람이 필요하다. 동료와 함께 리더십을 발휘할 수 있는, 말 그대로 '개인들'이 필요하다. 다양한 기술과 진정한 정신적 민첩성을 지닌 사람이 필요하다. 기업의 브랜드와 사명과 주요 가치 같은 기업의 가치관을 내면화해서 이를 바탕으로 결정을 내릴 수 있는 사람이 필요하다. 우리는 새로운 유형의 리더가 필요하다.

사실 관리는 여전히 필요하다. 우리는 열차가 제시간에 다니게 할 수 있고, 택배가 제대로 도착하게 할 수 있고, 시스템과 과정을 책임질 수 있는 사람들이 필요하다. 하지만 다른 사람의 지시를 받는 사람, 항상 누군가의 허락을 받고 나서야 행동할 수 있는 사람을 뜻하는 구식 개념의 관리자는 필요하지 않다.

우리에게 필요한 것은 전적으로 본인의 판단에 따라 라스베이거스에서 로스앤젤레스까지 자신의 차를 몰고 가서 손님의 약을 가져온, 윈리조트의 벨맨 같은 사람이다. 우리에게 필요한 것은 스프레드시트 분석하기처럼 자신이 좋아하는 일에서 과감하게 손을 떼고 다른 사람들이 그 일을 하게 해서 그들이 계속 성장하고 리더십과 자율 의식을 기르게 하는 원칙을 가진 FM글로벌의 시반 수브라마니암 같은 CEO다. 우리가 사람들을 훈련하고 사람들과 협력해야 하는 이유가 바로 여기에 있다.

이 두 가지 본보기, 즉 기업의 이른바 맨 아래인 벨맨의 예와 기업의 맨 위인 CEO의 예를 극과 극으로 바라보아서는 안 된다. 이 두 개인은 공동 목적의 힘을 비탕으로 각자의 조직과 하나가 되어 있다. 이들은 자신이 해야 할 일을 하고, 가야 할 곳을 가고(야간 비행기 탑승 포함), 자신이 도와야 하는 조직 구성원을 돕는다. 왜냐하면 이들은 단지 '나'가 아니라 '우리'의 관점에서 생각하도록 단련하고 훈련해 왔기 때문이다. 이 두 개인은 교육 수준과 능력, 기술, 관점이 다르지만 둘 다 공동 목적의식에 따라 행동한다는 점에서 하나다.

## 공동 목적 리더가 돼라

조직은 끊임없이 변하고 리더십도 마찬가지다. 좋든 싫든 조직은 계속 더 수평적이 되고, 첨단기술에 더 의존하게 되고, 더 세계적이 될 것이다. 개인의 경력이 달라질 것이고 사람들이 일하는 방식이 달라질 것이다. 페이스북, 링크드인, 트위터, 그리고 또 무엇이 등장할지 알 수 없는 시대에, 전통적인 조직구조가 앞으로도 계속 존재할 걸로 생각하는 건 합리적이지 않다. 특히 지식근로자들 사이에서 여러 종류의 업무 관계가 발전할 것이다.

조직은 세계 곳곳에 자리 잡은 주요 거점들의 능력을 첨단기술로 함께 연결한 별자리 형태를 닮아갈 것이다. 이들 거점 가운데 일부는 독립적일 것이고, 일부는 100퍼센트 소유 형태일 것이다. 또 일부는 장기 제휴 관계일 것이다. 그리고 정치인들이 뭐라고 하건 아웃소싱은 계속될 것이다.

이러한 지표들이 가리키는 미래에는 작은 구성요소들이 모여 대기업을 이룰 것이고, 각 요소는 저마다 독특한 특징과 소유 구조와 관계를 유지할 것이다. 그리고 이 각각의 요소가 결합하면 엄청난 가치를 창출할 것이다.

무엇이 이 요소들을 결합해 줄까? 보상을 해주는 것으로는 한계가 있을 수 있다. 특히 젊은 근로자들한테는 돈보다 더 중요한 것들이 있다. 사명, 가치관, 목표, 목적이 아주 중요하다. 물론 우수한 팀에서 일하게 되는 기회 또한 중요하다.

내 생각에는 조직들이 진화할수록 공동 목적의 힘이 성공하는 조직과 뒤처지는 조직을 가르는 요인이 될 것이다. 리더는 팀원들의 이해관계를 조화시키기 위해 공동 목적의 힘을 이용할 것이다. 공동 목적은 강력한 힘이다.

앞으로는 공동 목적을 창출할 수 있는 리더가 큰 인기를 얻을 것이다. 이러한 리더는 과거의 리더보다 더 친절하고 더 배려하고 더 공감할 것이다. 그리고 팀원들과 인간적으로 교감하고 그들을 수단이 아닌 목적으로 대함으로써 이전의 그 어떤 조직보다 더 우수한 조직을 만들어 낼 것이다.

## 리더십 도서 목록

오랜 세월에 걸쳐 나는 리더십의 기술과 실제에 관한 많은 책을 읽었다. 그 가운데 다수는 그냥 평범했다. 즉 흥미롭기는 했지만 크게 유용하지는 않았고 그다지 변혁적이지 않았다. 하지만 여기에 소개하는 책들은 이끈다는 것의 의미와 리더가 극복해야 하는 어려움을 사려 깊게 다루고 있다. 이 목록에 오른 책 중에는 내가 무척 아끼는 책이 몇 권 있다. 예를 들어 리처드 보이애치스나 로널드 하이페츠의 책은 어느 것이나 그렇다.

목록에 오른 그 밖의 책 가운데 몇 권은 새로운 방식으로 생각하게 한다는 점에서 반드시 읽어야 할 책이다. 《멘탈 모델이 미래를 결정한다*The Power of Impossible Thinking*》를 포함한 이유가 그것이다. 또 리더라면 누구나 활용법을 알아야 하는, 간단하고 유용한 여러 수단을 제공하는 책도 몇 권 있다. 《열띤 대화*Fierce Conversations*》가 그 예다. 나는 이 책을 직장생활에 활용하면서 이 책의 엄청난 힘을 실감했다.

목록에 오른 또 다른 책은 조셉 자보르스키와 베티 수 플라워스의 《리더란 무엇인가*Synchronicity*》다. 특이하고 묘하기까지 한 작은 책이다. 내가 이 책을 좋아하는 이유는 이 책이 간단한 진실을 밝혀 주기 때문이다. 그 진실이란 리더는 개인이고 각 개인은 독특하다는 것이다. 리더는 자신만의 방식으로 생각하고, 자신만의 방식으로 행동하고, 심지어 자신만의 방식으로 현실을 바라본다. 아니라고 부정하기 전에 한번 생각해 보라. 스티브 잡스나 빌 게이츠나 알베르트 아인슈타인이나 윈스턴 처칠이 현실을 남들과 똑같은 방식으로 바라보았다면 이 세상은 훨씬 다른 곳이 되었을 것이다.

그리고 나를 포함한 모든 이의 멘토인 워렌 베니스와 영국의 워렌 베니스라 할 수 있는 찰스 핸디의 책이 여기에 포함되어 있다.

이 책들을 한번 살펴보고 아직 못 읽은 책이 있으면 챙겨 읽어라. 그리고 자신만의 리더십 도서 목록을 만들어라. 그렇게 할 때 리더십에 관한 한 가지 가장 중요한 핵심을 이해하게 될 것이다. 그 핵심이란 자신을 더 잘 알고 남을 더 잘 이해할수록 더 잘 이끌게 된다는 것이다.

《*The Art of the Long View: Planning for the Future in an Uncertain World*》 by Peter Schwartz. New York: Doubleday, 1991.

《*Beyond Race and Gender: Unleashing the Power of Your Total Work Force by Managing Diversity*》 by R. Roosevelt Thomas Jr. New York: Amacom, 1991.

《*The Corporate Culture Survival Guide*》 by Edgar H. Schein. San Francisco: Jossey-Bass, 1999.

《*Creating Value Through People*》 by Mercer Consulting. Hoboken, N.J.: Wiley, 2008.

《*The Essential Bennis*》 by Warren Bennis and Patricia Ward Biederman. San Francisco, Jossey-Bass, 2009.

《*Execution: The Discipline of Getting Things Done*》 by Larry Bossidy, Ram Charan, and Charles Burck. New York: Crown, 2002.

《*Fierce Conversations: Achieving Success at Work and in Life, One Conversation at a Time*》 by Susan Scott. New York: Viking, 2002.

《*Finding Flow: The Psychology of Engagement with Everyday Life*》 by Mihaly Csikszentmihalyi. New York: HarperCollins, 1990.

《*First, Break All the Rules: What the World's Greatest Managers Do Differently*》 by Marcus Buckingham and Curt Coffman. New York: Simon & Schuster, 1999.

《*Getting to Yes: Negotiating Agreement Without Giving In*》 by Bruce Patton, Roger Fisher, and William Ury. Boston: Houghton Mifflin, 1981, 1991.

《*Good to Great: Why Some Companies Make the Leap ... and Others Don't*》 by Jim Collins. New York: HarperCollins, 2001.

《*The Handbook of Coaching: A Comprehensive Resource Guide for Managers, Executives, Consultants, and HR*》 by Frederic M. Hudson. San Francisco: Jossey-Bass, 1999.

《*The Heart of Change: Real-Life Stories of How People Change Their Organizations*》 by John P. Kotter and Dan S. Cohen. Boston: Harvard Business School Press, 2002.

《*The Leadership Challenge*(4th ed.)》 by James M. Kouzes and Barry Z. Posner. San Francisco: Jossey-Bass, 2007.

《*Leadership Without Easy Answers*》 by Ronald Heifetz. Cambridge, Mass.: Harvard University Press, 1998.

《*Managing Transitions: Making the Most of Change*》 by William Bridges. Cambridge, Mass.: Da Capo Press, 1991, 2003.

《*MBA in a Book: Mastering Business with Attitude*》 by Joel Kurtzman, Glenn Rifkin, and Victoria Griffith. New York: Crown, 2008.

《*Myself*》 by Charles Handy. New York: Amacom, 2006, 2008.

《*On Becoming a Leader*》 by Warren Bennis. Philadelphia: Perseus Books Group, 1989, 2004.

《*The Power of Impossible Thinking: Transform the Business of Your Life and the Life of Your Business*》 by Jerry Wind, Colin Crook, and Robert Gunther. Philadelphia: Wharton School Publishing, 2006.

《*The Power of Purpose: Creating Meaning in Your Life and Work*》 by Richard J. Leider. San Francisco: Berrett-Koehler, 1997, 2004.

《*Presence: Human Purpose and the Field of the Future*》 by Peter M. Senge, C. Otto Scharmer, Joseph Jaworski, and Betty Sue Flowers. New York: Doubleday, 2004.

《*Primal Leadership: Learning to Lead with Emotional Intelligence*》 by Daniel Goleman, Richard Boyatzis, and Anne McKee. Boston: Harvard Business School Press, 2002.

《*Resonant Leadership: Renewing Yourself and Connecting with Others Through Mindfulness, Hope, and Compassion*》 by Richard E. Boyatzis and Anne McKee. Boston: Harvard Business School Press, 2005.

《*Synchronicity: The Inner Path of Leadership*》 by Joseph Jaworski and Betty Sue Flowers. San Francisco: Berrett-Koehler, 1996, 1998.

《*What Got You Here Won't Get You There: How Successful People Become Even More Successful*》 by Marshall Goldsmith and Mark Reiter. New York, New York: Hyperion, 2007.

지은이 **조엘 커츠먼**Joel Kurtzman
지식관리, 전략, 경제발전, 세계적 위험, 생각의 리더십과 관련한 문제에 중점을 둔 조사 컨설팅 기업인 커츠먼그룹의 회장이다. 또 밀켄연구소 선임 연구원이자 〈밀켄 인스티튜트 리뷰〉 발행인, MIT 〈슬론 매니지먼트 리뷰〉 편집위원, 와튼스쿨 SEI센터 선임 연구원이다. 세계경제포럼과 미국 경쟁력위원회 자문위원이기도 하다. 전에는 〈하버드 비즈니스 리뷰〉 편집자, 〈스트래티지 플러스 비즈니스〉 창간자 겸 편집자, 〈포춘〉 칼럼니스트, 〈뉴욕 타임스〉 편집자 겸 칼럼니스트로 활동한 바 있다. 30년 넘게 세계 최대 기업 여러 곳의 CEO들을 인터뷰하고, 함께 일하고, 그들에게 컨설팅해 왔다.

옮긴이 **신순미**
서강대학교 영문과를 졸업했다. 옮긴 책으로 《변화를 이끄는 방식을 바꿔라》가 있다.

## 공동 목적의 힘

1판 1쇄 발행 2011년 10월 26일

지은이 조엘 커츠먼
옮긴이 신순미

펴낸이 이웅녕
펴낸곳 리드리드출판(주)
출판등록 1978년 5월 15일(제13-19호)

주소 서울 마포구 도화동 544 고려빌딩 210호
홈페이지 www.readlead.kr
이메일 readlead@naver.com
전화 (02)719-1424
팩시밀리 (02)719-1404

값 14,000원

ISBN 978-89-7277-260-6 03320